일상의 공간과 미디어

- 욕망하는 도시의 시학 -

최효찬 지음

연세대학교 출판부

일상의 공간과 미디어

지 은 이 최효찬
펴 낸 곳 연세대학교 출판부

주 소 서울특별시 서대문구 성산로 262
전 화 2123-3380~2
팩 스 2123-8673
E-mail ysup@yonsei.ac.kr
홈페이지 http://www.yonsei.ac.kr/press
등 록 1955년 10월 13일, 제 9-60 호
본문편집 조경선
인 쇄 (주)태화북스

2007년 5월 10일 1판 1쇄
2008년 10월 10일 1판 2쇄
ISBN 978-89-7147-774-4(03600)

값 15,000원

머 리 말

개인들은 사회가 욕망과 소비를 강제하고 또 소비로부터 소외되는 것을 알면서도 그 체제 속에서 자발적으로 한 사람의 구성원으로 역할을 다하려 노력한다. 여기에 알뛰세가 분석한 바와 같이 국가는 이데올로기적 장치에 의해 매일 아침 무장을 하고 침대에서 뛰쳐나오는 국민이 아니라, 상징질서 속에서 다양한 역할에 맞게 훈련된 국민을 반복 재생산해내는데 성공하고 있다. 평생 집 한칸을 마련하기 위해 일을 해야 하는 노동자들은 이러한 상징질서에서 빠져나올 수가 없다. 자본의 힘이 커지면 커질수록 노동자들의 힘은 더 약해진다. 그래서 마르크스는 주택문제는 자본주의의 산물로 자본주의가 발전할수록 노동빈민은 늘어나고 주택문제는 해결되지 않는다고 주장한다.

근대의 계몽주의를 거치면서 인간의 물리적 억압상태가 개선되었다고 하지만 현대에 이르러 다른 측면에서는 더 심화되고 있다. 물리적인 억압은 해소되었지만 국가와 자본가의 이윤확보를 위해 개인들이 조작의 대상이 됨으로써 훨씬 정교하고도 광범위하게 억압의 사슬에 포위되고 있는 것이다.

주택부족 문제만 해도 그렇다. 노동자는 일생 큰 평수의 아파트를 마련하기 위해 노동에 종사하지 않으면 안된다. 그리고 갈수록 그 가능성은 점점 줄어들고 있다. 아니 자본과 관료제가 그렇게 작동하도록 만들고 있는지도 모른다. 여기에 또 미디어는 전방위적으로 '차이'의 욕망을 부채질하고 차이의 소비를 촉진한다. 차이의 소비를 하지 못하면 소비로부터 소외를 당한다. 자본가와 관료기구는 소비이데올로기의 조장과 조작을 통해 자본의 욕망을 투입하고 이를 소비하게 하는 '소비의 소비' 시대를 살아가게 만든다.

그런데 문제는 국민들이 이를 자연스럽게 받아들인다는 것이다. 사람들은 반복 재생산되는 소비이데올로기에 포획되고 '냉소주의적 주체'가 되지만 그 사슬에서 헤어나지 못하고 자연스럽게 받아들이기조차 한다. 즉 개별적인 주체들은 현존하는 자본주의 사회 체제를 자연적인 것으로 받아들인다. 자본주의 체제의 이러한 자연성은 교묘한 이데올로기적 형성물에 의한 것이다. 그래서 지젝은 이 구조를 바꾸기 위한 첫 단계로 그 '자연성'이 이데올로기적 형성물임을 폭로하는 것이 자신이 지향하는 모델의 목표라고 한다.

이 책은 이러한 의문점에서 출발한다. 르페브르가 말한 현대의 '소비조작의 관료사회'에서 개인은 관료제와 자본에 의한 소비 조작의 대상이 되면서 일상생활은 파괴된다. 주체적인 개인은 없고 기호에 의한 소비의 대상이 될 뿐이다. 그런데 이러한 소비조작의 관료사회에서 각 개인은 무기력하게 "될 대로 되라"식으로 절망한 상태로 살아가는 게 아니라, 더 적극적으로 상징적 질서 속으로 '자연스럽게' 들어간다. 여기에 이데올로기적 장치로서 학교가 큰 역할을 한다. 개인들은 학교교육을 통해 자신의 꿈을 세우게 된다. 즉 '냉소주의적 주체'로서 무장을 하게 되는 것이다.

문제는 사회적 경쟁이 격화될수록 '냉소주의적 주체'들은 더 억압당한다는 것이다. 전유보다 강제가 우세한 사회에서 자본의 욕망에 이끌려 자기 자신의 테러리스트가 되는 것이다.

이 책에서는 개인들이 어떻게 자본주의 도시공간의 억압적인 소비사회에서 스스로 테러리스트가 되면서 억압사회에서도 구성원으로서의 역할을 자연스럽게 다하고 있는지를 살펴보고자 한다. 이미 알튀세나 하버마스 등이 현대사회의 재생산 체제에 대해서 분석을 했지만, 여기서는 르페브르(Henri Lefebvre)가 말한 '테러리스트 사회' 에서의 억압과 매체와의 관련성을 분석하며 문화정치학적 접근을 시도하고자 한다.

이 책은 문학을 매개로 근대와 탈 근대에 걸친 자본주의 공간을 문화정치학적으로 분석하기 위해 특정한 하나의 이론을 채택하기보다 관련 이론들을 유기적으로 가로지르는 연구방법을 취했다.

최근의 문화정치학적 접근은 권력 등의 거대담론에 대한 비판에서 시작해 거대담론이 은폐했거나 소홀했던 부분을 통해 일상생활의 파편화를 극복하고 총체성을 이루려는 시도이다. 이러한 접근에 따라 문화정치학적 연구는 역사와 철학, 사회학, 인류학, 문학비평 등 학제적 연구의 성격을 띠는 접근법을 시도하고 있다.

이 책에서 원용되는 각각의 이론들은 공통적으로 마르크스주의를 비판적으로 수용한다. 먼저 인간주의적 마르크스주의로는 르페브르와 그의 이론을 수용한 하비 등의 도시마르크스주의, 보드리야르 등의 매체미학이 포함될 것이다. 반면 구조주의적 마르크스주의로는 생활세계와 공개장의 '재봉건화' 를 비판한 하버마스 커뮤니케이션 사회학 이론이 여기에 속한다. 그리고 지젝의 이데올로기 분석의 기저에도 알튀세의 마르크스주의가 연결돼 있다.

문화연구는 인간주의적 마르크스주의와 구조주의적 마르크스주의와의 화해를 모색한다. 문화연구는 인간 주체와 구조를 화해시키려고 노력한 홀(S. Hall)이 대표적이다. 그는 문화연구 전통 자체가 인간-구조간 중간서기의 연속이었다고 밝히면서 문화주의와 구조주의의 중간 지점을 모색하는 노력, 인간 주체와 구조를 화해시키는 작업을 지속적으로 행했다고 말한다.

이와 같이 다층적으로 접근하는 이유는 자본주의 사회의 억압문제는 구조주의적 마르크스주의나 휴머니즘적 마르크스주의에 의존해 접근할 경우 이론적 전제부터 달라지기 때문이다. 구조주의적 마르크스주의의 경우 구조적 변혁의 필요성을 강조하기 때문에 개인에 대한 구조의 우위성을 주장한다. 개인의 변혁 능력을 인정할 여지가 없다는 문제점을 내포하는 것이다. 여기에 자본주의 사회에서 개인을 억압하는 주체의 내밀한 삶과 고통의 문제를 생각할 수 있는 이론적 도구를 갖고 있지 못하는 한계가 있다.

휴머니즘적 마르크스주의는 구조주의적 마르크스주의와 달리 인간주체의 사회적 변혁능력을 강조한다. 인간주체의 사회 변혁능력을 과대평가한 나머지 사회변혁을 통한 모든 사회적 억압을 제거할 수 있을 것이라는 역사주의적 오류에 빠지는 것이다. 이 때문에 구조주의의 과도한 보편화는 사회의 역사성을 숨기고, 인간주의의 과도한 역사화는 다양한 역사에서 항상 똑같이 반복되는 억압의 현실을 보지 못한다는 지적을 받는다.

이글턴(T. Eagleton)에 따르면 현실의 대상을 괄호 안에 묶는 순간에 구조주의는 인간 주체마저 괄호 안에 묶어버렸다. 이 체계(구조)는 자신의 독자적 삶을 누리며 개별적 의도의 부름에 순종하지 않는다. 주체는 비인격적인 구조의 기능으로 축소된다. 달리 말하자면 새로운 주체는 체계 자체이며 체계는 전통적 개인의 모든 속성인 자율성, 자기교정능력, 통일성 등을 갖추고 있는 것이다. 반면 휴머니즘 전통에서 의미는 내가 창조하거나 우리가 함께 창조하는 어떤 것이다.

근대주체철학을 비판적으로 접근하는 지젝의 연구는 라캉의 정신분석학과 칸트, 헤겔적인 관점을 접목해 재해석하고 있다. 지젝에 의하면, 무의식적으로, 그리고 항구적으로 존재하는 개인과 사회의 억압을 고려하지 않는다면, 모든 변화는 새로운 혹은 더 큰 억압구조를 출현시키고 만다. 정신분석학의 의미에서 억압은 결코 완전히 제거할 수 없는 것이다. 정신분석학에 의하면 주체의 자기성찰 없는 사회변혁은 인간의 해방을 가져오지 못한다.

이에 따라 이 책에서는 인간주의적 마르크스주의와 이와 대별되는 구조주의적 마르크스주의와 함께 인간주의와 구조주의간의 화해를 모색하는 문화연구, 나아가 지젝의 정신분석학을 아우르는 연구방법을 시도할 것이다.

차 례

서장

제1부

제2부

서 장
문학을 매개로 '자본의 공간' 읽기

어떻게 연구하고 분석했는가

1

이 책은 자본주의 사회에서 자본과 국가, 관료제, 미디어 등에 의해 야기되는 일상 공간의 억압문제를 문학을 매개로 시도한다는 점에서 차별화된 연구라고 할 수 있다. 특히 최근 몇 년간 우리나라에서 사회적 문제가 되고 있는 '집'의 문제에 대해 이론적 고찰과 아울러 텍스트 분석을 통해 접근하고 있다는 점이 이 책의 가장 큰 특징이다. 이른바 '집의 문화정치학'이자 일상의 미디어중독에 대한 문화연구이다.

이를 통해 어떻게 개인들이 자본주의 체제 속에서 자발적으로 한 사람의 구성원으로 역할을 다하려 노력하며, 어떻게 국가가 다양한 역할에 맞게 훈련된 국민을 반복 재생산해내는데 성공하는가를 탐색해보고자 한다. 나아가 개인들이 어떻게 자본주의 도시공간의 억압적인 소비사회에서 스스로 자기 자신을 채찍질해가면서 구성원으로서의 역할을 자연스럽게 다하고 있는지를 고찰해보고자 한다.

르페브르에 의하면, 현대 자본주의 사회는 '소비조작의 관료사회'이다. 이 사회는 노동과 상품, 화폐, 관료제 등에 의해 소외되고 일상생활이 체계에 의해 식민화되면서 억압이 일상화된 '테러리스트 사회'의 속성을 띠게 된다. 자본과 결탁한 관료제와 미디어에 의해 소비가 조작되면서 일상생활이 끊임없이 억압되고 강제된다. 그렇지만 개인들은 이데올로기적 장치에 의한 '믿음의 자동화'로 억압 체계 속으로 스스로를 채찍질하면서 편입시킨다. 르페브르는 이를 두고 각자가 자기자신의 테러리스트가 된다고 표현하고 있다. 또한 노동자는 잉여가치를 생산하면서도 자신이 전유하지 못하고 자본가의 자본의 축적에 봉사한다. 아울러 보드리야르가 말한 '차이에 대한 욕구'가 생산하는 소비이데올로기에 끊임없이 억압당하면서도 '잉여쾌락'을 추구한다.

소비사회가 가속화되면서 파생실재, 즉 하이퍼리얼리티(hyper-reality)가 지배하게 된다. 가짜가 진짜보다 더 리얼해지고 모사현실이 실재를 대체하게 되는 것이다. 특히 미디어에 의해 파생실재가 소비되면서 일상에서는 미디어에 의한 자기재현이 일어난다. 미디어가 말하거나 보여주는 것이 아니면 말해지지 않는 것이다. 하버마스는 이를 '공개장의 재봉건화'가 초래됐다고 말한다. 즉 미디어는 현실의 매개 도구가 아니라 형성 도구가 되는 것이다. 또 미디어가 말하고 보여지는 것을 소비하기 위해 노력할수록 소비의 '차이'는 사라진다. 차이가 사라질수록 사람들은 더욱 더 '차이의 욕구'에 집착하며 억압당한다,

근대사회는 '억압된 주체'의 양산을 통해 탈근대사회의 강제되고 억압된 현실을 자연스럽게 받아들이는 '냉소주의적 주체'를 탄생시킬 수 있었다. 즉 '냉소주의적 주체'는 다름 아닌 오늘을 살고 있는 '얼굴'로, 이들이 있기에 자본주의는 온갖 모순에도 여전히 맹렬하게 작동하고 있는 것이다. 즉 일상의 억압이 자본과 결탁한 관료제

에 의해 후기자본주의 단계에서도 여전히 교묘하게 작동하고 있음을 알 수 있다.

다음으로 문학 텍스트 분석을 통해 일상의 억압이 구조화된 '테러리스트 사회'에 대한 문화정치학적 접근을 시도했다. 텍스트로는 노동의 재생산과 억압되고 분열된 근대적 주체, 주택에 대한 일상생활세계의 식민화를 살펴보기 위해 조세희의 『난장이가 쏘아올린 작은 공』과 최인호의 『이 지상에서 가장 큰 집』을, 소비사회의 주체의 억압을 살펴보기 위해 드릴로의 『화이트 노이즈』(*White Noise*)를 분석대상으로 삼았다.

이들 텍스트에서 주목되는 공통점은 외적 요인에 의한 단란한 '집의 파괴'라고 할 수 있다. 그것은 일종의 '사회적 테러리즘'이라고 할 수 있다.

먼저 조세희의 『난장이가 쏘아올린 작은 공』은 근대적 주체와 노동의 재생산으로 내몰리는 억압적인 일상을 그려내고 있다. 노동의 재생산과 주택의 문제에 대한 '테러리스트 사회'적 속성을 재현하고 있다. 특히 『난장이가 쏘아올린 작은 공』이 자본과 관료제에 의한 집의 파괴, 나아가 달동네라는 공동체가 파괴되고 다시금 도시 변두리로 주변화되는 과정을 그리고 있다. 달동네는 도심에서 사라졌지만 결코 사라진 게 아니라 주변부로 이전되었을 뿐이다. 자본주의가 노동의 재생산에 의해 유지된다면 이를 담당하는 노동빈민은 결코 사라시시 않으며 그들이 갈 곳은 주변부로 자꾸만 밀려나는 달동네라고 할 수 있다.

최인호의 『이 지상에서 가장 큰 집』에서는 50년만에 겨우 마련한 집은 관료기구에 의해 여지없이 철거당하고 만다. 이 역시 국가라는 합법적인 폭력에 의한 집의 파괴를 그리고 있다.

드릴로의 『화이트 노이즈』 또한 탈근대 자본주의 사회에서 인간이 맹신하는 테크놀로지와 미디어에 의해 안락한 한 가정이 어떻게 파괴되는지를 재현해내고 있다. 블랙스미스라는 소도시에서 안락한 가정을 꾸려가던 한 가정은 테크놀로지의 재앙에 의해 가정의 평화가 깨어지고 죽음의 공포가 드리운다.

이들 텍스트는 모두 관료제와 테크놀로지, 미디어 등에 의한 집의 파괴를 재현하는 공통점을 지닌다. 그렇지만 이들 텍스트는 현실 불모성을 재현해내고 있지만, 현실 전복성을 제시하는 데는 한계를 드러내고 있다.

이 책은 다음과 같이 구성되었다.

서장에서는 이 책의 연구방법과 함께 문학을 매개로 집의 문화정치와 자본주의 도시공간의 집의 정치, 미디어중독 사회와 소비사회의 부정적 징후 등 이 책의 구성에 대해 간략하게 언급할 것이다.

이어 1장, 2장, 3장은 자본의 논리가 투영되고 있는 일상의 공간에 대한 이론적 토대를 구축할 것이다. 이론적 접근은 크게 도시, 이데올로기 장치, 미디어로 나누었다. 이는 근대와 탈근대 자본주의 사회에서 노동의 재생산과 자본의 논리가 관철되는 영역이기 때문이다. 도시는 노동의 재생산 기지 역할을 하고 있고 자본의 모순이 사회적 공간의 재생산에 의해 위장되고 있는 양상이다. 이것을 가능하게 하는 것이 다름아닌 '냉소주의적 주체'이다. 냉소주의적 주체는 또한 이데올로기적 장치에 의해 양산된다. 아침이면 국민들이 노동의 현장으로 달려가는 '자연성'은 바로 이러한 이데올로기에 의해 가능한 것이다. 그런데 이데올로기적 장치에 의한 냉소주의적 주체의 양산은 다름아닌 미디어의 기능과 밀접하게 연관되어 있다. 미디어는 일상의 억압을 은폐하면서 노동의 재생산과 아울러 자본의 욕망 논리를 관철하게 하는 자본적 · 관료적 '임무'를 수행하고 있는 것이다. 이 책에서 일상의 공간 분석을 위해 도시, 이데올로기, 미디어로 나누어 살펴보는 이유는 바로 이러한 연유에서다.

1장에서는 크게 공간의 자본화가 진행되면서 계급투쟁이 벌어지고 있는 도시공간에 대한 이론화를 시도한다. 먼저 르페브르에 의해 제기된 현대 소비사회의 일상성 비판과 함께 마르크스주의와 도시마르크스주의의 시각에서 '테러리스트 사회'를 야기하는 자본과 노동의 문제, 하버마스의 생활세계의 식민화론 등을 통해 도시화하는 자본의 문제와 아울러 자본이 강제하는 일상생활의 억압적인 측면을 분석할 것이다. 이는 자본주의 도시공간의 억압기제에서 '물리적 공간'에 대한 분석이라고 할 수 있다.

제2장에서는 알튀세의 이데올로기적 국가기구와 지젝의 이데올로기적 환영 등에 대한 분석을 통해 억압사회가 어떻게 스스로 재생산하는지, 이데올로기적 믿음이 자동화하는지 등 이데올로기적 장치에 대해 살펴볼 것이다. 이는 자본주의 도시공간의 억압기제에서 '이념적 · 규율적 공간'에 대한 분석이라고 할 수 있다.

제3장에서는 소비사회와 미디어가 창출하는 모사현실과 파생실재의 반복재생산 등 기술적 재생산시대의 미적체험의 변화와 함께 이것이 어떻게 현실을 재인식, 재구성하게 하는지를 살펴볼 것이다. 이는 자본주의 도시공간의 억압기제에서 '상징적 · 문화적 공간'에 대한 분석이라고 할 수 있다.

이러한 이론화를 바탕으로 4,5장에서는 텍스트 분석을 시도할 것이다. 문학적 텍스트를 통한 근대와 탈근대의 도시공간에 대한 분석이다.

먼저 4장에서는 이러한 이론을 바탕으로 텍스트에서 재현된 '테러리스트 사회' 의 속성, 즉 도시공간에서의 일상의 억압에 대한 분석을 시도할 것이다. 이는 자본의 훈육전략에 따른 노동의 재생산과 주택의 문제를 통해 일상의 억압을 재생산하는 기제에 대한 텍스트 분석이라고 할 수 있다. 이를 통해 근대의 분열되고 억압된 주체를 들여다볼 것이다. 근대 산업사회에서의 집의 문제와 노동의 재생산에 대한 문학적 분석이라고 할 수 있다.

텍스트로는 자본주의 사회에서 억압의 재생산 기제가 자동화되는 노동문제와 주택의 문제를 살펴보기 위해 조세희의 『난장이가 쏘아올린 작은 공』(1976)과 최인호의 단편 『이 지상에서 가장 큰집』(2001)이다.

『난장이가 쏘아올린 작은 공』은 1970년대 우리나라의 전근대와 근대가 중첩된 시기에 자본화되어가는 도시공간과 노동, 노동빈민의 재생산, 도시의 자본화로 주변화 하는 노동자의 주택문제, 합목적성을 내세운 관료제의 자의적인 법집행 등을 재현한 대표적인 소설이다. 특히 이 소설은 디킨즈가 영국의 산업혁명이후 자본의 욕망과 공리주의적 인간형을 비판적으로 그려낸 『어려운 시절』(*Hard Times*, 1854)에서 보여준 자본의 훈육전략을 엿볼 수 있다.

『이 지상에서 가장 큰집』은 주택에 대한 관료제의 개입 등 하버마스가 말한 '생활세계의 식민화' 를 재현한 소설이어서 분석 텍스트로 삼았다. 90년대는 우리나라가 소비사회 단계로 접어들면서 신도시 건설 등 노동의 재생산을 위한 주택문제가 본격화되기 시작한 시기로 볼 수 있을 것이다.

5장에서는 미디어가 지배하는 탈근대적 소비사회에서 미디어중독으로 인한 일상의 왜곡과 억압에 대해 살펴보고자 한다. 미디어가 소비사회에서 억압의 재생산에 어떻게 작동하고 나아가 개인의 의식을 주형하는 '형성' 도구로 기능하는지를 살펴보는 것이다. 이를 통해 탈근대의 '냉소주의적 주체' 의 재현문제를 탐색해보고자 한다.

텍스트로 선정한 드릴로의 『화이트 노이즈』(1985)는 탈근대, 포스트모던 소설로서 소비 사회의 모사현실과 자본의 욕망으로 욕구가 강제되는 '테러리스트 사회' 에 대한 재현의 문제와 함께 미디어의 자기재현 문제를 다루고 있다. 실제 현실과 각종 미디어에서 재생산된 모사현실 간의 구분이 모호해진 포스트모던 사회를 소설적으로 형상화한 대표적인 작품으로 평가된다.

이 소설에서는 정보사회에서 정보의 빈곤으로 삶의 조건이 위기에 처하는 역설적인 상황이 그려지며, 사람들은 미디어가 만들어낸 시뮬라크르의 이미지를 소비한다. 원본 아닌 원본이 원본보다 더 위력을 행사한다. 또 죽음조차도 자본의 욕망에 의해 재생산되면서 사람들은 미디어를 통해 끊임없이 죽음을 소비하고 억압당하는 시대에 살고 있다. 『화이트 노이즈』에서는 '냉소주의적 주체' 와 '소비인간' 의 재현문제를 살펴볼 것이다.

이러한 텍스트 분석을 통해 근대뿐만 아니라 탈근대에 더욱 맹렬하게 작동하는 '테러리스트 사회' 가 어떻게 주체를 억압하고 왜곡해 왔는지를 고찰할 것이다.

이 책은 일상의 억압 문제를 설명하고 분석하기 위해 도시마르크스주의와 보드리야르의 소비사회론, 지젝의 억압사회의 이데올로기론, 매체미학 등 여러 이론들을 횡단하면서 중층적 접근을 특징으로 한다. 이는 일상의 억압문제가 사회학적인 문제일 뿐만 아니라 정치경제학적인 문제이며 나아가 소비이데올로기에서 볼 수 있듯이 매체권력 등 커뮤니케이션 사회학과 중층적으로 얽혀있기 때문이다.

이 책은 다음과 같은 전제조건을 가지고 있다.

첫째, 일상의 억압이 산업화가 진행된 근대뿐만 아니라 탈근대의 '소비사회'에서도 개선되지 않고 있으며, 오히려 자본과 관료제에 의해 더 교묘하고 은밀하게 작동하고 있다는 것이다.

이는 도시화에 대한 비판적 입장과도 궤를 같이한다. 도시화를 통해 우리 삶의 질을 향상시키고 이를 내적으로 승화시킬 수 있다는 긍정적이고 낙관적인 믿음보다 도시화로 인해 생기는 어쩔 수 없는 빈부의 격차, 급속히 증가하는 인구를 따라잡지 못하는 복지시설, 다양한 부류의 사람들과 인구의 유동성, 소유물이 없거나 혜택을 받지 못하는 자들의 소외 등으로 인해 도시는 인간 사회의 필요악적인 존재라는 부정론적 입장에 기울게 된다.

둘째, '소비사회'는 1960년대부터 선진 자본주의 사회에서 일어나고 있는 탈근대적 현상으로서 전 지구적으로 동시성을 지니지 않는다는 점이다.

르페브르의 '소비조작의 관료사회'나 보드리야르의 '소비의 사회'는 1960년대부터의 자본주의의 특정한 사회 발전단계로 미국이나 프랑스 등 1960년대 이후 선진 자본주의 국가를 중심으로 특징지울 수 있다. 그러나 자본주의의 발전과정은 국가별로 동시적이고 동일하지 않지만, 전개양상은 비슷하다고 예측할 수 있다. 세계사적인 자본주의 흐름에 비춰볼 때 대부분 자본주의하에 있는 국가들은 궁극적으로는 르페브르와 보드리야르의 '소비사회'(르페브르의 '소비조작의 관료사회'는 보드리야르의 '소비의 사회'로 이어지고 있는데, 이 책에서는 두 개념을 포괄하는 용어로 '소비사회'라고 통칭한다)에로 진전될 것으로 예상 할 수 있을 것이다.

이 책에서 소비사회의 논의가 중요한 이유는 지젝이 말하는 이데올로기적 환영 속에서 '냉소주의적 주체'로 살아가는 '소비인간'이 현대인의 억압적인 자화상으로 비춰지기 때문이다. '냉소주의적 주체'는 자본의 욕망에 이끌려 지속적으로 노동을 재생산하는 '테러리스트 사회'의 주요 구성원으로 복무하게 되는 것이다. 아울러 '냉소주의적 주체'는 근대의 억압되고 분열된 주체, 공리주의적 훈육전략과 자본의 훈육전략에 의해 양성된 근대적 주체의 왜곡에 기반하고 있다고 할 것이다. 푸코의 근대적 주체 개념으로서, 근대적 주체란 처음부터 있는 것이 아니라 근대적 권력이 신체적으로 작동한 결과 만들어지는 것이다. 그것은 정신의학이나 교육학, 범죄학 등과 같은 담론을 통해 이루어지는 것이기도 하지만, 동시에 병원이나 학교, 법정이나 감옥 등과 같은 물리적 장치들을 통해 이루어지는 것이기도 하다.

셋째, 소비사회에서는 일반경제를 움직이는 것은 생산이 아니라 소비라는 관점이다. 이는 수요-공급에 의한 경제학에 대한 비판적 입장으로서 보드리야르는 현대인이 상품의 구입을 통해 사물이 아니라 기호를 소비한다고 주장한다. 그가 보기에 인간의 욕구는 무엇보다 '차이에 대한 욕구'이다. 사람들이 상품, 즉 기호를 구입하는 근원적 목적은 차별적 지위의 과시에 있다. 이것이 바로 보드리야르의 '사회적 차이화'의 논리이다. 그렇지만 이러한 차이의 소비 역시 미디어에 의해 조장된 자본의 욕망의 반영물이어서 소비에서도 사람들은 억압당한다는 게 보드리야르의 주장이다.

넷째, 미디어와 정보사회에 대한 비판론적 관점이다. 현대 사회의 지배이데올로기 뿐만 아니라 소비이데올로기를 확산하고 재생산하는 미디어에 대한 입장은 비판이론, 문화연구와 "미디어가 전체주의적 메시지를 생산해낸다."는 보드리야르의 미디어 비판과 궤를 같이 한다. 이는 또 정보사회에서 생활조건의 향상이 반드시 인간조건의 향상으로 이어지는 것은 아니라는 비관론으로 이어진다.

정보사회에 대한 비관론적 전망은 돈 드릴로의 『화이트 노이즈』에서도 정보사회가 야기하는 테크놀로지에 대한 맹목성과 함께 정보에 대한 대중 통제적 측면 등을 통해 확인할 수 있다.

공간의 문화정치에 대하여

2

일상생활공간은 이제 단순히 공간개념으로서가 아니라 자본의 상품관계망에 포섭되는 공간으로 변모하고 있다. 이는 세계화라는 자본주의의 전지구적 확산과 궤를 같이한다. 우리나라도 급격한 산업화를 거치면서 소비사회적 징후를 드러내고 있다.

보드리야르에 의하면 경제는 수요와 공급의 법칙이 지배하기보다는 자본의 논리에 의한 의도적인 소비의 창출로 이해된다. 이때 소비는 단순히 특정 상품을 구매해서 '먹어치우는' 의미를 훨씬 넘어선다. 상품을 일상의 삶에 포섭함으로써 의미를 부여하고 여러 방식으로 활용하며, 결국은 그 의미를 변화시켜 나가는 과정을 말한다. 생활 속 의미를 드러내는 실천적 행위, 다시 말해 문화적이고 사회적인 과정으로 파악된다.[1)]

물론 소비가 지닌 경제적 · 계급적 측면을 소홀히 할 수는 없다. 상품의 사용가치에 전적인 의미를 두는 계급도 분명 존재하기 때문이다. 끊임없는 허위욕구를 창조함으로써 이윤의 최대화를 꿈꾸는 자본의 전략, 소비 중심적 자본주의의 자연파괴 현상도 무시될 수 없다. 일차적 상품경제와 더불어 '상징의 경제(symbolic economy)'가 가동되며, 상품이 욕망과 연결된 상징적 기호로 매개 소비되는 것이 틀림없다. 누가 무엇을 어떻게 소비하고, 이를 통해 어떤 의미를 드러내고자 하는지, 특정 방식의 소비적 실천을 가져온 주변적 조건은 무엇인지, 그리고 소비를 둘러싼 금기와 통제, 위반의 과정은 어떠한지 살펴보는 것은 문화정치학의 중요한 주제가 된다.[2)]

대중매체는 정체성이나 표상, 공간, 구성, 소비의 문제와 매개적으로 관계를 맺는다는 점에서 문화정치에서 매우 중요하다. 표상의 경우를 예로 들어보자. 대중매체를 통해 매개되는 이미지가 자신과 타자에 대한 사회적 정체성을 결정할 수 있다는 점에서 '포스트모던'과 '시뮬레이션'의 용어 사용이 비로소 적합성을 지닌다. 실제는 매체 이미지를 통해 매개되며, 대중매체가 사회 내 각종 집단의 표상을 어떠한 방식으로 만들어내는지 문화정치학의 관심사가 된다. 대중매체는 경제와 정치, 사회적 요소들로 구조화된 조직체로서 상품과 의미 생산의 이중적 활동을 수행한다. 따라서 다국적화와 독점화, 집중화의 경향으로 치닫는 자본의 문제와 더불어 국가 권력의 통제적 개입, 내용물의 경쟁적 상품화, 텍스트의 이데올로기성에 대한 비판은 문화정치학의 일차적 조건이다.[3)]

이상의 논의들은 공간의 상품화 과정을 통한 공간의 지배·통제 과정이 매우 정치적인 갈등과 투쟁의 과정임을 시사한다. 이는 곧 공간의 문화정치학적 관점에서 공간을 둘러싼 권력관계로 바라보아야 함을 의미한다. 공간의 지배·통제 과정은 그것이 저항주체이든 포섭주체이든 간에 새로운 주체를 끊임없이 형성하는 과정, 즉 하나의 문화과정임을 보여준다.[4)]

이에 따라 공간은 자본에 의해 단순 규정되지 않는, 집단간 경계

긋기와 끼워주기와 밀어내기, 관료주의적 감시 등 다양한 정치가 벌어지는 다툼의 장이다. 누가 어떻게 특정 공간을 지배할지는 기본적으로 권력의 행방에 의해 결정된다.[5)]

공간이 생산되고 지배되는 메커니즘이 공간과 권력의 관계라면, 그렇게 지배적으로 생산된 공간에 대한 대중주체들의 공간 소비, 즉 공간에 대한 의미부여와 공간의 전유 · 활용 과정, 주체에 의한 공간의 재현방식이 공간과 주체의 관계라고 할 수 있다. 이러한 논의는 '사회공간(social space)' 론에서 살펴볼 수 있다. 사회공간은 물리적이고 추상적인 공간과 구별되는 공간으로, 인간주체의 다양한 사회활동과 공간적 실천이 결합된 공간을 말한다. 대표적인 논자로 르페브르(Henri. Lefevbre)와 부르디외(Pierre Bourdieu), 쉴즈(R. Shields) 등을 들 수 있다.[6)]

이 책에서는 살펴볼 르페브르의 사회공간론은 이념형으로서의 공간이 아니라 공간의 역사와 실재를 살피기 위한 사회적 실천의 공간으로서 실재하는 공간을 다룬다. 따라서 르페브르의 사회적 공간은 '생산된' 공간이며, 생산과 재생산을 둘러싼 중층적 사회관계들이 상호 교차하고 중첩되는 사회적 네트워크를 가리킨다.[7)]

부르디외는 르페브르와 달리 사회학적 관심에 기원을 두고 사회공간론을 논한다.[8)] 그의 사회공간 모델은 사회적 장들 사이의 관계를 지칭한다. 이때 '장' 은 여러 사회적 위치들의 객관적 관계 혹은 구조화된 체계로, 이 위치들 사이에 존재하는 힘의 체계다. 부르디외가 경제, 교육, 문화, 상징과 같은 여러 장들 가운데 특히 권력의 장인 정치를 가장 지배적인 장으로 꼽는 만큼, 그의 사회모델인 사회공간론도 사회계급과 같은 사회적 집합체를 이해하는데 중요하게 다루어진다. 요컨대, 부르디외의 사회공간은 사회가 상징적 · 조직적으로

구성되는 객관적 구조의 틀을 가리키는 개념이다.[9)]

부르디외와 르페브르의 사회공간론은 전체 사회의 생산 및 재생산 과정을 설명하는 도구로 쓰이고 있다는 점에서 공통적이다. 또한 르페브르의 영향을 받은 쉴즈는 사회적 이미지들을 통해 진행되는 공간의 사회적 구성을 설명하기 위해 '사회적 공간화(social spatialization)' 라는 사고를 발전시킨다.[10)] 사회적 공간화는 특별한 장소를 선과 악, 위험지역, 노동 등의 장소로 규정한다. 즉 장소는 사회적 공간화를 통해 의미있게 구성되는 것이다. 쉴즈는 장소는 물리적 속성과는 거리가 먼 폭넓은 문화매체에 의해 규정된다는 것이다.[11)]

따라서 공간의 문화정치학은 공간의 문화적 생산과 구성, 배치, 그리고 연출의 역사와 현황을 정확히 파악하고 그 지배적 논리를 밝혀내며, 나아가 전복의 전략까지 모색해보는 작업을 가리킨다. 공간은 자격을 갖춘 선택된 일부에게는 중요한 자산이지만, 그 외 집단에게는 소외와 배제의 특권적 영역이다. 특히 도시 공간은 철저하게 독점자본과 소비를 중심으로 한 정치경제학에 의해 규정받는다.[12)] 이 책에서는 이러한 공간의 문화정치학의 관점에서 자본의 공간과 미디어에 대해 먼저 이론적인 배경을 고찰할 것이다. 이어 이를 토대로 공간과 미디어에 대한 일종의 '도시의 시학' 을 문학 텍스트를 매개로 분석하고자 한다.

제1부
일상의 억압과 미디어 미학

도시 : 공간의 자본화

1

르페브르는 도시의 자본화가 진전된 1960년대 이후 서구의 후기 자본주의 사회를 '소비조작의 관료사회' 라고 규정하고, 여기서는 자본과 관료제에 의해 소비가 조작되는 사회라고 한다. 특히 소비이데올로기를 확산하는 미디어가 이미지의 소비를 만들어내면서 '차이의 욕구' 에 따라 소비를 하게 되고, 향락과 여가마저도 강제되고 있다고 주장한다. 그리고 이러한 사회의 속성을 '테러리스트 사회' 에서 찾을 수 있다며, 이 사회에서 각자는 '차이의 욕구' 를 소비하기 위해 자기 자신에 벌을 주면서 자신을 테러리스트로 만든다고 한다. 더욱이 각자는 테러리스트로 내몰리지만 단일한 저항을 하지 못한 채 이데올로기적 장치에 의한 믿음의 자동화로 이를 자연스럽게 받아들이기조차 한다는 것이다.

산업화에 따라 도시는 자본화가 진전되면서 주택 등 도시문제가 발생했고, 이는 노동자 등에게는 억압을 재생산하는 구조로 자리 잡게 되었다. 마르크스의 말처럼 "자본은 노동과 그 생산물을 지배하는 통치 권력이 된다."[1] 더욱이 노동은 자본의 축적을 유발하고 그렇게 함으로써 사회의 복지를 증진시키지만, 또 다른 한편으로 노동은 노동자를 자본에 더욱 더 종속시키고, 노동자를 보다 극심한 경쟁 속에 빠지게 한다.[2] 그럼에도 부의 욕망이 노동자를 자본의 노예로 만든다. 즉 "노동임금의 상승은 노동자에게 자본가처럼 부유해지려는 욕망을 불러일으키지만 이러한 욕망은 오직 그의 정신과 육체를 제물로 바쳐질 경우에만 충족될 수 있다."[3]

도시의 자본화는 공간의 위계화를 가속화한다. 도시공간은 자본과 권력, 정보 등이 집적된 중심부와 주변부 간의 관계에 따라 위계질서가 부여되고, 주거공간에서도 차별화가 가속화된다. 도시 공간은 임의적으로 분포하는 것이 아니라 위계화되면서 구조화되고 사회관계의 불평등을 재생산하고 심화시키게 된다. 자본주의적 생산관계를 반영하는 도시공간의 위계화는 도시공간을 파편화하면서 자본주의적 공간의 모순을 확대재생산한다.

1. 과잉억압의 '테러리스트 사회'

마르크스주의적 관점에서 현대 자본주의 사회의 도시화를 연구한 르페브르[4]는 현대의 자본주의를 관료제에 의해 소비가 조작되는 이른바 '소비조작의 관료사회'(société bureaucratique de consomma- tion dirigée)[5]로 분석하고, 이 사회의 특징은 상품영역 뿐만 아니라 사적인 일상생활에 억압과 강제의 기제가 작동하는 과잉억압의 사회라고 분석한다. 르페브르는 "과잉억압의 사회에서는 이른바 '테러리스트 사회'(La société terroriste)에서 자신의 논리적 · 구조적 귀결을 발견한다."[6]고 강조한다.

'테러리스트 사회'는 미시 물리적인 테러리즘이 일상적으로 작동되는 그런 사회라고 할 수 있다. 르페브르의 '테러리스트 사회' 개념을 넓게 해석하면, '전유' 보다 '강제' 가 우세한 사회로, 예컨대 자신의 잉여가치를 자신이 소유하지 못하고 자본가에 착취당하는 상태와 같다. 알튀세의 표현을 빌면 억압적 국가기구와 이데올로기적 장치에 의해 일상이 억압적이고 강제된 상태라고 하겠다. 하버마스에 따르면 일상생활세계가 체계에 의해 식민화한 상태이다. 도시마르크스주의의 관점에 따르면 도시의 자본화, 자본의 도시화로 인해 유기적 생활세계의 상실로 특징되는 사회이다. 자본주의적 도시공간에서는 자본의 축적이 심화되고 도시공간이 권력화, 상품화되면서 대부분 사람들이 주변화 되고 파편화된다. 또 광고에 의한 소비이데올로기의 재생산으로 소비는 자신의 욕망을 소비하는 것이 아니라 사회적 차이의 욕구를 소비하는 행위로 전락하면서 소비 역시 사람들을 억압하고 강제하는 것이다.

르페브르는 현대 자본주의 사회를 '소비조작의 관료사회' 라고 명명한 것에 대해 1950년경부터 상황이 바뀌었기 때문이라고 설명한다. 르페브르에 의하면, 1940년대에서 1950년대로 넘어오면서 자본주의 체제는 태생적으로 지니고 있는 모순과 위기 경향에도 불구하고 실질적으로는 성장했고 생산력의 확대를 가져왔다. 반면 일상생활은 식민화가 가속화되었다. 상품 문화는 사회의 상부와 하부구조에 더욱 깊숙이 파고들었다.[7] 르페브르는 이러한 변화에 맞는 새로운 사회의 개념으로 현대 자본주의 사회를 '소비조작의 관료사회' 로 정의한 것이다.

르페브르의 자본주의 사회 분석은 대체로 레닌 이후의 소련 및 동구 공산권의 공산주의자들이 마르크스주의를 왜곡시켰다고 보고, 마르크스 초기 저서들을 중심으로 휴머니즘 입장에서 그의 사상과 이론을 현대적 상황에 맞게 재해석하려는 네오 마르크스주의적 경향을 띠고 있다. 그는 소련을 '자본주의적 관료제'라고 비판하면서 현대 관료제도 속에서 인간소외의 근원을 찾고 이 관료제의 극복이야말로 공산주의 확립의 방법임을 해명하려 했다.

르페브르에 의하면, 현대 서구사회의 소비를 통제하는 관료제사회는 기술의 발전, 특히 자동화설비가 기업체에 도입되면서 형성되기 시작했다. 관료제 사회에서는 소비생활의 통제와 통제의 도구인 광고가 중요한 의미를 갖는다. 즉 기업주와 관료가 서로 결탁해 소비과정에서 광고로 소비자들을 통제하고 이를 통해 소비증가와 생산량의 증대를 꾀하는 것이다. 그 결과 부르주아 지배권력이 유지된다. 여기서 관료는 정보나 지식을 통제하는 권력의 핵심으로서 생산증가나 이윤추구를 무엇보다 중요시 여긴다는 점에서 부르주아와 한 진영이다.[8)]

소비조작의 관료사회로 지칭되는 소비사회는 이전의 '산업사회'와는 구별되는 특징이 있다. 소비사회 이론가들은 현대사회의 전사(前史)라 할 수 있는 공업생산과 자본주의 경제의 초기단계에서는 욕구가 생산을 인도하지 않았다고 주장한다. 기업가들은 시장을 알지 못했고 소비자를 몰랐다. 그들은 구매자들을 기다리며 소비자가 있을 것을 희망하며 무턱대고 생산했고 시장에 상품을 내놓았다. 그렇지만 오늘날 소비사회에서 생산을 조직하는 사람들은 지불능력이 있는 수요만이 아니라 소비자들의 욕구와 욕망까지도 고려한다. 결국 소비행위는 조직된 합리성 속에 자리 잡게 된다.[9)]

소비사회에서 수요와 공급의 법칙이란 옛날의 이야기일 따름이다. 대중과 대중의 소비는 관료와 자본에 의해 합리적으로 조작될 따름이다. 상품과 광고는 조작의 메커니즘일 따름이고, 대중들은 중력과 자력에 이끌리는 쇳가루와도 같은 것들이다.[10)]

소비사회에서는 관료제의 조직 합리성이 소비의 합리성으로 이어진다. 막스 베버에 따르면, 관료제는 무엇보다 합리성에 기반을 둔다. 관료제의 구조를 지니는 조직은 기계와 같이 움직이며, 소기의 목적을 위하여 그가 가지고 있는 인적, 물적 자원을 집중적으로 또 최대한으로 활용할 수 있도록 제도화되어 있다. 또 베버는 현대사회에서 국가뿐만 아니라 회사 · 정당 · 학교 등 그것이 다수인을 포함하는 지속적인 조직체인 한 거기에는 관료제 구조가 존재한다는 것이다. 즉 관료제는 국가뿐만 아니라 기업체 등 대부분 조직에서 발견되는 보편성을 지닌다. 르페브르의 소비조작의 관료사회에서는 소비가 이러한 조직의 합리성에 따라 보편적으로 이루어진다는데 기초해 있다. 소비가 합리성을 지닌다면 조직을 최대한 활용해 소비를 합리적으로 만들어낼 수 있는 것이다.

르페브르가 억압적인 '테러리스트 사회'의 재생산 기제를 관료제에 두는 이유는 바로 여기에 있다. 르페브르에 의하면, 어느 수준의 테러리즘에 도달하면 관료제는 개인을 가장 완벽한 착취에 내맡겨 그들을 속박하고, 서류의 기입이나 통첩의 회신 같은 일을 점점 더 많이 늘려 개인의 업무량을 늘린다. 관료제는 사람들을 좌지우지하기보다 그들을 '관료화' 한다. 관료제는 사람들을 관료로 만들면서 그들을 통합시키는 경향이 있다. 관료제는 자기 방식으로 개인의 생활을 합리화한다. 그리해서 마치 관료적 이성이 순수 이성과 동일시되고, 관료적 지식이 인식과 동일시되며, 마침내 설득이 강제와 동일시되듯이 관료적 의식은 사회의식과 동일시된다.[11]

르페브르는 소비조작의 관료사회는 자본과 결탁한 관료제에 의해 소비가 합리적으로 조작되므로 생산 영역이 아닌 소비 영역에서 소외문제를 낳는다. 마르크스가 노동으로 소외가 발생한다고 한데 비해 르페브르는 소비를 소외와 연결시켜 분석한다. 소비조작의 관료사회는 광고를 통하여 소비 이데올로기를 유포하고 소비 욕구를 조장, 소비를 조작하며 소비가 중심이 된 일상생활을 조직한다고 주장한다. 소비조작의 관료사회에서 소비조작을 통해 일상생활이 소외되는 현상은 프롤레타리아뿐만 아니라 모든 계급에 공통적인 현상이 되고 있다. 특히 노동자 계급의 경우 상상 속에서의 소비와 현실에서의 소비 사이에서 다른 어떤 집단보다 더 큰 실망과 좌절을 경험하게 된다.

르페브르에 따르면 전후의 근대 자본주의는 노동현장에서 착취와 소외를 지속시켰다. 그러나 지금 소외는 일상생활 자체로, 작업장이 아닌 일상생활 속으로, 재생산과 여가에 까지도 깊숙이 파고들기 시작했다. 소비주의를 통해 쏟아져 들어오며, 미디어와 광고를 통해 사람들을 유혹한다. 그리고 국가 관료제와 계획을 담당하는 관공서들을 통해 모든 광고판을 요란하게 장식하면서 개입한다.[12]

르페브르는 1940년대 이전에는 노동의 착취와 이로 인해 소외가 발생했고 파시즘의 토양이 되었다. 그러나 1960년대부터는 '소비조작의 관료사회' 로 이행하면서 상징이나 이미지를 소비하는 새로운 양식으로 인해 노동뿐만 아니라 일상생활의 전 영역에서 소외가 발생하고 있다고 주장한다. 각자는 상징적인 소비의 프로그램에서 벗어나지 못하고 소비를 위해 자신을 억압하고 강제하는 '테러리스트 사회' 의 지배를 받게 된다는 것이다.

르페브르는 우리 주변에서 흔히 볼 수 있는 광고의 비유를 통해 '테러리스트 사회' 에서 야기하는 일상의 억압을 이론화한다. 그는 애프터 세이브 로션 제품에 대한 광고를 인용하고 있다.

"여기에 거의 나체의 한 남자 운동선수의 사진이 있다. 바다를 가르며 전속력으로 달리는 요트의 난간에 밧줄을 잡고 서 있는 그의 팔과 넓적다리는 곧게 뻗쳐 있고 근육은 모두 팽팽하게 긴장되어 있다. 파도와 밧줄의 팽팽함에서 우리는 이 요트가 최고의 속도를 내고 있다는 것을 알 수 있다. 이 멋진 청년의 눈은 수평선을 응시하고 있다." 이 그림의 의미를 규정하는 문안은 다음과 같다. "진짜 남성의 인생, 그래, 그건 멋지다. 남성의 인생. 매일 아침 애프터 세이브 로션의 짙은 향기를 발견하는 것은 참으로 멋진 일이다...." 13)

르페브르는 이에 대해 다음과 같은 주석을 가하면서 테러리즘의 개념을 도출해내고 있다.14)

(1) 문안과 함께 그림이 하나 있다. 문안이 없다면 그림은 아무 의미가 없거나 또는 여러 개의 의미를 갖게 될 것이다. 이것은 이미 알려졌고 말해진 사실이다. 다만 시니피앙들(의미의 운반체로 여기에서는 태양아래 벌거벗은 남자, 바다, 배 등)의 융통성과 시니피에들(추상적 관념으로 여기서는 진짜 인생, 충만, 인간)의 공허성을 강조해보자. X라는 애프터 세이브 로션의 광고는 판매행위를 위해, 그리고 상품이라는 수단에 의해 그 방향들을 서로 연결시켜 고정시킨다.

(2) 이런 식으로 해서 이 광고는 새로울 것이 하나도 없는 옛 신화들, 즉 자연과 남성상, 자연과 맞선 남성상, 남성의 자연성 등의 신화를 복원한다. 이데올로기의 기능을 하는 광고는 한 물건(애프터 세이브)에 이데올로기적 주제를 걸고, 그렇게 함으로써 그 물건에 현실과 상상이라는 이중의 존재를 부여한다. 광고는 이데올로기의 용어들을 거기에 다시 연결하고, 사용된 시니피앙들을 시니피에에 연결시킨다.

(3) 한 광고회사에서 일하는 사진작가가 어느 날 한 청년이 요트를 타며 정말로 멋진 자발적 제스처를 보이는 현장을 잡았다고 생각해

보자. 이 청년으로 하여금 애프터 세이브의 쾌적함을 표현하게 하기 위해 그는 그림과 문안이라는 수사, 다시 말해서 이중의 테러리즘을 사용한다. "깨끗한 남자가 되십시오. 매일 아침 멋있는 남자가 되어 자신도 만족하고 여자에게도 만족을 주십시오. 이 애프터 세이브를 사용하시면 그 외에는 아무것도 필요 없습니다. 그걸 아시기를…."

이 광고는 시니피앙들(태양아래 벌거벗은 남자, 바다, 배 등)을 통해 은유적으로 특정한 인간상이나 생활양식 등을 묘사하고 이를 강제하려고 한다. 르페브르는 여기에 보이지 않는 테러가 잠재돼 있다고 지적하는데, "말쑥한 남자가 되시오. 매일 아침 여성이나 당신 자신에게 멋진 남자가 되시오. 그리고 애프터 세이브를 바르시오. 만일 그렇게 하지 않는다면 당신은 아무것도 아니다."라는 의미가 강요되고 있다는 것이다. 여기서 테러는 폭력적인 행동을 의미하는 것이 아니라 주어진 생활양식에 자발적으로 굴복하게 만드는 상태를 말한다.[15]

이러한 광고는 일상생활에서 흔히 경험할 수 있다. 미디어에 의해 끊임없이 반복되는 광고 문안은 무의식으로 스며들어 구조화되는 것이다. 그리고 소비행위가 이루어질 때 광고 문안은 위력을 발휘해 자신도 모르게 그 상품을 구매하게 되는 자발적인 굴복으로 이어질 수 있다. 자발적인 굴복을 하지 않는다면 그것은 젊음으로부터 소외를 겪게 된다. 그 상품을 구매하지 않으면 젊음을 유지할 방법을 잃게 된다는 착시를 유발하는 것이다.

그래서 광고에 자주 등장하는 주제인 젊음은 소외와 연결돼 있다. 르페브르는 젊음을 주제로 한 광고가 소비자들의 의식이나 삶을 굴종적인 형태로 만든다고 주장한다. 즉 젊음의 광고는 청소년들에게 일상생활의 고통을 보상받도록 하기 위해 꿈이나 행복, 춤 등을 제공하면서 현실에서 벗어나도록 만들고, 기성세대에게는 젊음의 성취나 행복, 매력 등으로 상징된다. 따라서 광고를 본 기성세대는 젊음이라는 비현실적인 세계에서 현실에서의 좌절에 대한 보상을 받기 위해 그 삶을 모방하려고 한다. 결국 젊음의 광고는 부르주아와 결탁한 관료제에 의한 테러의 일종이다.[16)]

이와 같이 르페브르의 테러 개념은 조직의 합리성과 억압적 현실에서 도입된 개념이라고 하겠다.[17)] 르페브르는 '테러리스트 사회'를 억압사회와의 연관선상에서 그 논리를 전개하고 있다. 르페브르에 따르면, 과잉억압 사회는 '테러리스트 사회'에서 자신의 논리적 구조적 귀결을 발견한다. 폭력이 판을 치고 피가 흐르는 사회를 '테러리스트 사회'라고 부르지 않는다. 정치적 공포는 오래가지 못하고 또한 국부적이며 사회전체에 적용될 수 없기 때문이다. 그러한 사회는 '테러화'되었을 뿐 '테러리스트 사회'는 아니다. '테러리스트 사회'에서는 공포가 만연돼 있다. 폭력은 잠재상태에 머물러 있다. 압력은 모든 방향에서 이 사회의 구성원들에게 가해지고 있다. 그들은 압력에서 벗어나거나 그 짐을 벗어던지기가 매우 어렵다. 각자가 테러리스트, 그것도 자기자신의 테러리스트가 된다. 각자는 스스로 테러리스트가 되기를 열망한다. 독재자가 있을 필요가 없다. 각자는 자기자신을 고발하고 자신을 벌주기 때문이다. 이때 공포는 국지적이 아니고 전체와 세부에서 두루 생겨난다. 체계는 각 구성원을 붙잡아 그를 전체에 예속시킨다.[18)]

르페브르는 과잉억압으로 자기자신이 테러리스트가 되는 사회의 전형적인 예로 프로테스탄티즘(신교)을 지배 이데올로기로 가지고 있는 사회를 든다. 신학이나 철학으로서는 가톨릭보다 훨씬 합리적이고 세련되었으며, 기구나 교리 또는 의식(儀式)면에서는 훨씬 덜 억압적인 신교는, 그러나 훨씬 더 교묘하게 종교의 억압기능을 수행한다. 각자가 자기 마음속에 신과 이성을 가지고 있다. 각자가 스스로 자신의 사제가 된다. 각자가 욕망을 억누르고 욕구를 억제하는 책임을 떠맡는다. 금욕적인 교리가 없이, 그리고 금욕을 명령하는 권위가 없이 금욕을 강요하고 있다. 신교는 어떤 언어와 표상들을 제공했는데, 이 언어와 표상들 속으로 자본주의가 전혀 자본주의의 모습을 띠지 않은 채 미끄러져 들어갔다. 이 종교는 효용가치를 존중하는 체하면서, 또 가치의 영역, 곧 양심, 신앙, 신과의 개인적인 관계 등의 영역 앞에 머무르는 체하면서, 효용가치를 사로잡음과 동시에 상품 및 교환가치가 일반적으로 확산되는 것을 도왔다.19)

이와 같이 프로테스탄트 사회에서 자본가들은 그 자신이 스스로 테러리스트가 되어 자본의 축적을 위해 금욕주의자가 된다. 이들은 어떠한 규칙도 강제하지 않는데도 신교의 윤리가 부여하는 금욕적 교리에 자신을 옭아매게 되는 것이다. 노동자뿐만 아니라 자본가들도 이러한 이데올로기적 믿음의 자동화에 따라 자발적으로 테러리스트가 되는 것이다.

르페브르의 '테러리스트 사회'의 공포는, 예를 들면, 우리나라의 대학입시에서도 찾을 수 있다. 체계에 의해 식민화된 생활세계에서 교육 역시 국가와 자본가의 이해에 따라 훈육된다. 교육의 식민화는 학부모와 학생, 교사 등 이해당사자에게 체계가 요구하는 방향으로 이념화한다. 학부모와 학생들은 자신의 적성보다 국가와 자본주의 체제가 요구하는 실용적인 분야에 선택을 강요당하고 여기서 벗어나기란 쉽지 않다. 이를 무시한다면 상징적 질서로부터 벗어나는 것이다. 따라서 각자는 스스로 계급적 이해를 좇게 된다. 예컨대, 유명 대학에 진학하지 못할 경우 계급적 질서로부터 이탈할지도 모른다는 두려움은 이내 공포의 수준으로 다가온다. 그렇기에 부모와 학교, 학

생은 각자 스스로 테러리스트가 되어 스스로 채찍질을 한다.[20)]

교육이 사회와 개인을 자발적인 테러리스트로 만드는 사례는 이미 헤세가 1906년에 쓴 『수레바퀴 아래서』에서도 찾아볼 수 있다. 헤세의 이 작품은 푸코가 말한 근대적 주체의 형성과 규율권력에 의한 인간성의 왜곡을 보여주고 있는 작품이라고 할 수 있다. 특히 근대가 요구하는 생산적인 주체로 만드는 규율권력이 어떻게 한 개인을 길들이고 순응하는 인간으로 만드는지를 엿볼 수 있게 한다. 소설에서 주인공 한스 기벤라트는 어려운 경쟁을 뚫고 신학교에 들어가지만 엄격한 규율에 적응하지 못하고 중도 탈락하고 만다.

기벤라트는 작은 도시에서 촉망받던 라틴어학교 학생으로 신학교 시험을 준비하면서 두통에 시달리기도 한다. 결국 신학교에서 규율권력의 감시에 낙인찍힌 그는 시골로 돌아오지만 철저하게 배제되면서 심한 심적 고통을 겪게 된다. 신학교의 규율이 명문화된 규율이었다면 그가 살던 작은 도시에서 그를 배제한 규율은 명문화되지 않은 규율이었지만 배제는 철저했다. 그는 촉망받던 영재였지만 학교의 규율을 어겼다는 이유로 학교와 지역사회, 심지어 아버지로부터 배제되었으며 결국 죽음으로 이어졌다. 즉 한스는 촉망받던 학생→신학교 진학→학칙위반→퇴학→학교와 지역사회로부터 배제-기계공(견습공)→죽음으로 이어지면서 파국으로 끝난다. 그는 교육의 규율권력 앞에 자신의 본질을 재소유하지 못하고 자신의 존재를 빼앗겨 결국 죽음으로 삶을 마감했던 것이다.

모범 소년 한스는 국가의 이상형에 맞는 인간을 길러내겠다는 목적아래 병영과 같은 신학교 생활을 이겨내지 못하고 생을 마감했다. 여기에는 신학교 뿐만 아니라 고향에 있는 라틴어학교의 교장선생님 등과 목사, 한스의 아버지 등은 모두 한스를 억압상태로 몰아간 규율권력이라고 할 수 있다. 국가로부터 훈육의 사명을 위임받은 교사나 이들 위임자의 부추김을 받은 한스의 아버지 등이 앞장서 한스를 근대 국가의 생산적인 주체로 만들려고 했지만, 그에게 가한 과도한 억압상태가 오히려 한 영혼을 꺼져가게 했다. 병영처럼 통제되고 획일화된 교육은 비단 근대의 독일뿐만 아니라 탈근대에도 그대로 적용되고 있고, 더욱이 '지금-여기' 서도 반복 재현되고 있다.

르페브르의 '테러리스트 사회' 에서는 유행도 테러의 지배를 가져온다. 유행은 자기 고유의 내용물, 즉 소비자, 구매자로서의 여성, 소비의 상징으로서의 여성, 그리고 상품 그 자체(여성의 육체까지 포함하여)인 여성을 배제한다. 유행은 '테러리스트 사회' 의 통합적인 기능을 가진, 그리고 또 통합된 부분이다. 유행을 따를 것이냐, 따르지 않을 것이냐. 이것이 햄릿식 문제의 현대적인 문안이다. 유행은 일상을 배제하면서 일상을 지배한다. 가시적인 압력단체가 없는 압력인 유행은 자신의 영향력을 사회 전체에 확산시킨다.[21]

이는 일종의 지적이며 문화적인 테러리즘이다. 유행을 받아들이지 않으면서 또 감히 이에 도전하는 사람은, 누구라도 낡고 시대에 뒤떨어지거나 '시대를 따라가지 못하는' 사람으로 간주되고, 또 그렇게 느끼게 된다.[22]

르페브르의 주장처럼 '테러리스트 사회' 에서는 자본과 관료제에 의해 소비가 조작되고 미디어의 이미지가 대타자(자아이상)의 아우라를 형성하면서 향락과 여가마저도 강제되고 있다. 더욱이 각자는 자기자신에 벌을 주면서 감히 일탈을 하지 못한다. 각자는 삶의 짐을 지고 불가능해 보이는 그 짐을 벗기 위해 내몰리지만 아무도 진정으로 문제제기를 하지 않으며 이데올로기적 장치의 효과적 작동으로 자연스럽게 받아들이게 된다.

르페브르는 관료제사회의 비판적인 모습을 주택문제에서 전형적으로 찾고 있다. 르페브르에 의하면, 주택문제의 경우, 자본은 노동빈민을 완화하려는 제스처를 취할 뿐 자본의 축적이 진행될수록 오히려 노동빈민은 증가하고 주택문제 또한 더 심각해지는 경향을 띤다. 도시화가 진전될수록 주택문제가 필연적으로 발생하고 도심에 있던 노동자들은 재개발로 인해 중심부에서 주변부로, 주변부에서 다시 교외지역으로 쫓겨 가는 이른바 '오스망(Haussmann) 현상'[23]이 벌어진다. 오스망적 도심 개발은 자본과 결탁한 관료제의 합리성에 의해 추진되는 것이다. 따라서 관료제의 합리성에 의해서는 주택문제를 해결할 의지가 없다고 할 수 있다. 관료제는 노동의 재생산을 위해 획일화된 신도시를 만들어내고 주택을 공급하는데, 이는 노동자들의 주택문제를 해결해주기 위한 것이라기보다 노동자들로 하여금 증가하는 주거비와 함께 주택을 구입하기 위해 전 생애를 노동에 얽매이게 하는데 목적이 있다는 것이다.

주택부족은 테러리즘의 한 부분을 이루고 있다. 주택부족은 젊은이들(오로지 젊은이들만은 아니지만)에게 큰 위협이 되고 있다. 주택정책은 거대한 사회그룹, 특히 청년·프롤레타리아와 중하층민들에게 그들 인생의 가장 아름다운 시기를 희생할 것을 요구하고 있다. 그동안 우선 '정착' 해야 하고, 생계비를 벌어야 한다. 그 연후에야 아직 지치지 않고 여력이 남아있으면, 그들은 삶을 꿈 꿀 수 있다. 그들은 오랜 일상적 희생 뒤에 '삶' 에 접하면서 오로지 삶을 꿈꾸기만 할 뿐이다. 그들은 기껏해야 살아남는 일만 가능할 것이다. 그들의 새로운 권리들이 길을 헤치고 나아가는 것은 이 거대한 장애물과 함정들을 넘어서이다.[24)]

그러나 르페브르는 이러한 억압적인 '테러리스트 사회' 는 오래 유지될 수 없다고 강조한다. 이 사회는 안정과 구조, 자기 고유 조건의 유지, 그리고 존속을 목표로 하지만 모두 헛된 일이며, 한계에 이르면 그 사회는 폭발하게 되어 있다는 것이다.[25)]

'테러리스트 사회' 는 한계에 이르러 언젠가 폭발할 것이라는 르페브르의 '테러리스트 사회' 개념은 보드리야르의 테러리즘 분석으로 이어진다. 보드리야르는 흥미로운 논거를 제공해준다. 보드리야르는 9·11 테러 행위를 '건축' 과 연관지어 테러리즘의 정신을 분석한다. 뉴욕의 쌍둥이빌딩(세계무역센터)은 서구의 가치체계 전체를 상징하는 건축물로서 세계화에 대한 격렬한 항의로, (미국에 의한 이슬람세계의)억압이 한계에 이르러 마침내 쌍둥이빌딩의 테러로 이어졌다는 것이다.

"파괴된 것은 뉴욕의 가장 유명한 건축물들 중의 하나이며, 서구의 가치 체계 전체와 세계질서와 동시에 타격을 받은 것은 어떤 건축물인 것이다. 세계적인 것의 폭력은 역시 건축물을 거치게 된다. 따라서 세계화에 대한 격렬한 항의 역시 건축물을 파괴하기에 이른다."[26)]

세계무역센터에 대한 테러는 자본에 대한 테러이자 세계체제의 주변부로 밀려난 가난한 사람들의 파괴적인 저항이라고 할 수 있다. 여기서 주변인은 세계체계에서 주변으로 밀려나고 있거나 억압받고 있는 제3세계, 특히 이슬람세계이다. 이슬람세계 등 제3세계는 미국 등 제1세계에 의해 식민화된 이들이라고 볼 때 이들의 저항은 이런 맥락을 지니고 있는 것이다.

보드리야르는 그래서 쌍둥이빌딩의 물리적 파괴가 빌딩들의 상징적 붕괴를 초래했다고 주장한다. 즉 쌍둥이빌딩은 건축적 대상인 동시에 금융의 힘과 세계 자유주의를 상징하는 상징적 대상이다. 테러리스트들이 파괴하고자 했던 것은 단순한 물리적 파괴에 머물지 않고 상징적 대상의 붕괴였던 것이다.[27)] 자신들을 억압하고 주변화 하는 상징적 건축물이기 때문에 억압이 폭발해 테러를 가했다고 할 수 있다.

이러한 연장선상에서 생각해볼 수 있는 것은 주택문제로 인한 억압이 장기화하고 그 꿈이 좌절을 겪게 되면 테러리즘의 형태로 폭발할 수 있을 것이다. 즉 주택문제를 해결하기 위해 자신의 인생을 희생했지만 끝내 그 꿈을 실현하지 못한 사람들이 증가할 경우 그 사회의 안정과 존속은 크게 위협받게 되고 한계에 이르면 사회의 안징을 위협하거나 폭력적 형태로 나타날 가능성도 배제할 수 없을 것이다.

아울러 도시의 고층화는 도시의 공간에 대한 자본의 폭력이라고 할 수 있다. 고층화는 필연적으로 그 이전에 그곳에서 삶의 뿌리를 내리고 있던 주거민들을 주변화한다. 그 과정에서 관료제에 의한 합법성을 내세운 자의적인 행정조치에 의해 철거화가 이루어졌을 것이므로 고층화는 국가폭력과 연결되는 것이다.

국가폭력에 대해, 들뢰즈와 가타리는 포획장치와 폭력을 통해서 설명한다. 이들에 의하면, 국가적 폭력은 포획과 마찬가지로 항상 처음에, 사전에 일어나기 때문에, 그것이 폭력이라는 사실을 정확하게 지적하기 힘들다. 빼앗기는 줄도 모르는 채 빼앗기는 것, 그게 바로 포획의 마술적 성격이고, 폭력이 행사되지만 폭력인 줄 모르는 것, 그게 바로 국가적 폭력의 마술적 성격이라는 것이다. 이들은 마르크스가 '본원적 축적'이라는 것에 대해 서술했던 것을 상기시키면서 이를 설명한다. "반드시 국가를 통해 작동하는 폭력, 자본주의에 선행하는 폭력, '본원적 축적'을 구성하여 자본주의 생산양식 그 자체를 가능하게 만드는 폭력이 있다." 이는 자본주의 생산양식 안에서 누가 도둑놈이고 누가 희생자인지를 말하기 어렵게 한다.[28)]

도시가 자본화될수록 주변으로 밀려나는 노동자들의 주택문제는 노동자의 주변화를 상징하는 것이다. 즉 고층화를 동반하는 도시의 자본화는 자본에 의한 도시공간의 억압에 다름 아니다.

2. 도시의 자본화와 주택문제

르페브르가 명명한 '소비조작의 관료사회'는 세계대전을 거친 후 1960년대 들어 소비사회로 진입하면서 등장한 후기 자본주의 사회양상이라고 할 수 있다. 즉 소비조작의 관료사회는 자본주의 도시공간이 자본화되면서 자본주의적 모순이 누적되지만 자본과 관료제의 합리성에 의해 그 모순을 해결하려는 사회라고 할 수 있다. 소비가 수요-공급의 메커니즘에 의해 일어나는 것이 아니라 자본과 관료기구에 의해 의도적으로 수요를 일으키며 자본주의적 모순을 해결해나가고 있다는 것이다.

이는 산업화와 더불어 본격화된 도시화의 진전에서 발아되었다고 볼 수 있다. 마르크스는 『자본론』을 통해 산업화와 도시화로 인한 노동과 자본, 소외문제를 다룸으로써 인간조건의 비참함을 예고한 바 있다. 엥겔스는 『영국 노동계급의 상태』(*The Condition of the Working Class in England*, 1845)와 「주택문제에 대하여」를 통해 도시화하는 자본의 모습과 도시가 자본화되어가는 과정을 통해 계급관계의 문제, 생산관계의 문제를 분석하고 있다. 이들이 계급관계의 문제에 집중함으로써 비록 일상생활의 문제를 전면적으로 부각시키지는 못했다할지라도 이 시기에 도시화와 함께 이미 소수 자본가에로의 자본의 집중화로 인해 일상생활이 왜곡되고 억압 · 강제되는 '테러리스트 사회' 를 내부적으로 잉태하기 시작했던 것이다.

마르크스는 『공산당선언』에서 근대 도시의 탄생과 함께 진전되기 시작한 자본의 도시화에 대해 다음과 같이 지적하고 있다.

> "부르주와는 도시의 지배에 시골을 예속시켰다. 부르주와는 수많은 도시를 창조하고 시골에 비해 도시 인구를 훨씬 증가시켰으며, 시골생활의 무지에서 상당히 많은 사람을 구원했다. 시골을 도시에 의존하도록 만든 것과 같이 야만적, 반야만적 시골을 문화도시에, 농민국가를 부르주와 국가에, 동부지역을 서부지역에 의존하도록 만들었다. 부르주와는 산재되어 있는 인구, 생산수단, 재산이 소수의 손에 집결되도록 했다." 29)

현대에 이르러 일상생활의 억압과 강제는 거대 도시화하고 지극히 복잡한 세계경제 속에 편입되고 있다. 그 경제는 지방 중심지가 지방

배후지를 장악하고, 보다 중요한 거대 도시는 저급 중심지를 장악하고, 종국에는 모든 국가가 북미나 서구 유럽의 중심 거대 도시지역에 예속되도록 계층적으로 질서화 되고 있다.[30] 이는 마치 자본과 노동의 관계에서 맺어지는 계급관계와 생산관계와 유사하다. 프랭크(A. G. Frank)는 다음과 같이 기술하고 있다.

> "자본주의 세계와 국가적 거대 도시간의 자본주의적 연결이 지역중심지(잉여의 일부는 자체에서 전용하고)에 뻗치고, 이 지역 중심지에서는 지방 중심지로, 이렇게 해서 소농이나 소작인에게서 수탈하는 대지주나 상인에 이르기까지, 심지어 소농이나 소작인에게서는 이들에 의해 착취당하는 무토지 노동자에 이르는 고리 모양의 착취관계, 각 단계에서 상대적으로 소수인 상위자본가는 하위의 다수에 대하여 그들의 경제적 잉여의 일부 혹은 전부를 착취하기 위해 독점력을 행사한다. 그리고 그들은 다시 그들의 상위에 있는 소수들에 의해 착취당하지 않은 부분을 자신의 사용을 위해 전용한다. 따라서 각 단계마다, 즉 국제적, 국가적, 지방적 자본주의 체제는 소수를 위해서는 경제발달, 다수를 위해서는 저개발 상태를 야기한다."[31]

마르크스는 근대산업의 거침없는 진전과 자본주의하의 삶이 육체적으로나 감정적으로 드세어짐으로써, 파괴적이고 분열적으로 될 것이라는 점을 알고 있었고, 불의와 야만성이 승리하고 사람들이 상처받게 되리라는 것을 알고 있었다.[32]

그러나 마르크스의 판단에 따르면, 돈에 대한 사람들의 필요가 커질수록 그들은 더욱 가난하게 되고, 따라서 더욱 필사적이 된다. 요컨대 궁핍함은 돈의 위력이 증가함에 따라 극심해진다. 또한 현대 자본주의 사회는 하나의 참된 필요, 하나의 새로운 힘, 그리고 소외된

권력을 지니며 모든 사람을 노예로 옭아매고 있다.[33)]

돈의 위력과 함께 마르크스는 자본주의의 '합리적 불합리성'을 지적한다. 즉 소외된 노동자는 그들이 생산한 부가 많아질수록, 생산력과 생산량이 증가할수록 점점 더 가난해진다. 그들이 상품을 더욱 많이 생산하면 할수록 상품으로서 그들 자신의 가격은 낮아진다. 노동자가 기를 쓰고 일을 할수록 소외는 더욱 강력해지며, 그들의 내적 세계는 더욱 빈곤해진다는 것이다.

달리 말하자면, 노동자가 부의 생산을 많이 하면 할수록, 더욱 더 가난해지고, 그 반면, 자신의 피조물이라 할 수 있는 부와 자본은 더욱 더 축적되고 힘이 커져서 노동자 자신에 대한 자본의 지배가 점점 더 커진다는 이야기이다. 이러한 현상은 노동자와 자본 사이의 모순적인 관계를 의미하며, 헤겔적인 소외 개념을 통해 파악되고 있다.[34)]

『자본론』을 통해 자본의 도시화를 구체적으로 살펴보면, 마르크스는 먼저 18세기 맨체스터의 공업이 발달하는 시기를 4단계로 구분한다. 제1기에는 공장주들은 자기의 생계를 위해 열심히 노동을 한다. 제2기에는 공장주들은 약간의 재산을 얻기 시작했지만 종전과 같이 열심히 노동을 했고 검소하게 생활했다. 왜냐하면 노동을 직접 착취하는 데에는 노동이 들기 때문이다. 제3기에는 사치가 시작되었으며, 사업은 영국 안의 모든 상업도시들로 주문을 받는 등 확대되면서 사업가들은 화폐를 축적했다. 제4기는 유럽 전체에 걸친 사업 확장의 시기로 대단한 사치와 낭비의 시기였다.[35)]

산업화와 함께 인구가 도시로 유입되면서 산업화의 문제는 도시화의 문제로 이행되었다. 도시화의 핵심은 도시로 몰려든 과잉인구에서 비롯하며 자본의 축적과정에서 노동빈민을 필연적으로 낳았다.

마르크스는 “한끝에는 더 많은 자본가 또는 더 큰 자본가를, 다른 끝에는 더 많은 임금노동자를 재생산한다. 노동력의 재생산은 사실상 자본 자체의 재생산을 위한 하나의 요소이다. 따라서 자본의 축적은 프롤레타리아의 증식이다.”[36]라고 주장했다.

마르크스는 자본가가 어떤 과정을 거쳐 노동으로부터 멀어지고 대신 자본주의적 생산이 발전함에 따라 향락의 세계를 창조할 뿐만 아니라 투기의 형태로 벼락부자가 될 수 있는 많은 원천을 개발하는지를 보여준다. 더욱이 자본가는 수전노처럼 자기의 개인적 노동이나 자기의 개인적 소비의 삭감에 비례해 부유해지는 것이 아니라, 그가 남의 노동력으로부터 얼마나 짜내며 또 노동자에게 생활상의 모든 쾌락의 포기를 얼마나 강요하는가에 비례해 부유해진다.[37]

자본의 축적에 따른 프롤레타리아의 증식은 자본가들이 바라는 것이다. 자본가들은 자본의 증식으로 노동자의 노동에 의해 부(富)를 유지하기 바란다. 이러한 프롤레타리아의 증식은 자본주의의 초기부터 자본가들이 재생산되는 메커니즘을 유지해 왔다. 이미 1696년에 밸러즈(John Bellers)는 “노동자가 사람을 부유하게 만들기 때문에 노동자가 많으면 많을수록 그만큼 더욱 부자도 많아지게 된다. 빈민의 노동은 부자의 보고(寶庫)이다.”[38]라고 주장했다.

또 이미 18세기 초에 맨드빌(Bernard de Mandeville)은 자본과 노동의 관계에 대해 다음과 같이 언급하고 있다.

> “소유권이 잘 보호되고 있는 곳에서 사실 누가 노동을 하겠는가. 노동자들은 굶어죽지 않도록 보호되어야 하지만, 그들이 저축할 만큼은 받지 못하도록 해야 한다.... 대부분의 빈민이 놀고 지내는 일이 결코 없고, 또 그들이 자기의 수입을 계속 지출하는 것은 모든 부유한 국민들에게 유익한 일이다.

그날그날의 노동에 의해 생계를 꾸려가고 있는 사람들에게 일을 하도록 자극을 주는 것은 오직 그들의 빈곤뿐이다. 그 빈곤을 완화시키는 것은 현명하지만 제거시켜 버리는 것은 어리석다. 노동하는 사람을 근면하게 할 수 있는 유일한 것은 적당한 임금이다. 너무 낮은 임금은 그를 낙담시키든가 절망하게 하며, 너무 많은 임금은 불손하고 나태하게 한다. 노예가 허용되지 않는 자유로운 나라에서 가장 확실한 부는 다수의 근면한 빈민에 있다." [39]

여기서 중요한 것은 자본의 축적과정 그 자체가 자본의 크기뿐 아니라 '노동빈민'(the labouring poor)의 수도 증가시킨다는 점이다. 노동빈민이란 임금노동자인데, 그는 자기의 노동력을 증대하는 자본의 가치증식을 증가시키는 힘으로 전환시키며, 또 바로 그렇게 함으로써 자기 자신의 생산물에 대한 자기 자신의 종속관계를 영구화하지 않을 수 없다.[40]

자본의 착취 · 지배의 영역이 자본 자체의 크기와 자본에 종속되는 사람들의 수에 따라 확대된다. 노동자들은 자신의 잉여생산물 중 더 많은 부분이 지불수단(임금)의 형태로 노동자들에게 돌아오는데, 그 덕택으로 그들은 자기들의 소비범위를 확대하고 의복, 가구 등등의 자기들의 소비재원을 약간 늘릴 수가 있고, 심지어는 약간의 준비금까지도 형성할 수 있다. 그러나 이렇게 되더라도 임금노동자의 종속관계와 착취는 사라지지 않는다. 자본축적의 결과 노동의 가격이 상승하는 것은 사실상 임금노동자 자신이 이미 만들어낸 금사슬(자본)의 길이와 무게로 인해 그 사슬의 긴장이 약간 완화된다는 것을 의미할 따름이다. 중요한 것은 노동력은 구매자 자신의 개인적 욕망을 충족시키기 위해 구매되는 것이 아니라는 것이다. 구매자의 목적은 자본의 가치증식이며, 그가 지불한 것보다 더 많은 노동이 포함되어 있는 상품의 생산이다. 따라서 노동력의 판매조건은 노동력의 끊임없는 재판매의 필연성과 자본의 형태로 부를 끊임없이 확대재생산하는 것을 내포하고 있다.[41]

그리고 부의 모든 원천이 확대되고 증가함에 따라, 자본에 의한 노동자의 흡수나 축출의 규모도 증대하며, 자본의 유기적 구성과 기술적 구성의 변동속도도 빨라지며, 그리고 때로는 동시적으로 때로는 교대로 이 변동을 겪게 되는 생산 분야의 수도 증대한다. 따라서 노동인구는 그들 자신이 생산하는 자본축적에 의해 그들 자신을 상대적으로 불필요하게 만드는, 즉 상대적 과잉인구로 만드는 수단을 점점 더 큰 규모로 생산한다. 이것이 자본주의적 생산양식에 특유한 인구법칙이다.[42]

그런데 과잉 노동인구가 축적의 필연적 산물 또는 자본주의적 토대위에서 부의 발전의 필연적 산물이라면, 이번에는 이 과잉인구가 자본주의적 축적의 지렛대로, 심지어는 자본주의적 생산양식의 생존조건으로 된다. 과잉 노동인구는 절대적으로 자본에 속하며 자본이 마음대로 처분할 수 있는 산업예비군을 형성한다. 현실적 인구증가의 한계와는 상관없이, 산업예비군은 변동하는 자본의 가치증식욕을 위해 언제나 착취할 수 있게 준비되어 있는 인간재료를 이룬다.[43] 근대산업의 모든 운동 형태는 노동인구의 일부를 끊임없이 실업자 또는 반실업자로 전환시키는 것에 의거하고 있다.[44] 맬더스조차도 "공업과 상업에 의존하고 있는 나라의 노동자계급 사이에서 결혼억제가 상당한 정도로 실시된다면 그 나라에 해로울 수가 있다."면서 과잉인구를 근대산업의 하나의 필요조건이라는 것을 인정하고 있다.[45]

자본가들이 언제나 마음대로 착취할 수 있는 과잉노동인구는 노동자들에게 노동의 소외뿐만 아니라 주택문제 등을 낳고 있다. 마르크스는 노동자들의 주택문제에 대해 이렇게 말한다.

> "생산수단의 집중이 심하면 심할수록 그에 따라 노동자들은 일정한 공간에 그만큼 더 집중되며, 따라서 자본주의적 축적이 빠르면 빠를수록 노동자들의 주택사정은 그만큼 더 비참해진다. 부의 증대에 따르는 도시의 개량, 예컨대 불량주택 지역의 철거, 은행과 백화점 등의 건설, 도로의 확장 등은 빈민들을 더욱 불결하고 더욱 비좁은 빈민굴로 몰아낸다. 다른 한편, 누구나 다 아는 바와 같이 집세는 그 질에 반비례해 비싸고, 또한 주택투기꾼들은 빈곤이라는 광산을 더 많은 이윤과 더 적은 비용으로 채굴하고 있다." [46]

주택문제는 자본주의와 함께 등장한 것으로 자본주의 사회의 본질적인 문제이다. 주택문제는 산업화에 따라 도시에 공장들이 들어서고 노동자들이 농촌에서 도시로 몰려들면서 발생하기 시작한다. 자본이 축적하면 할수록 공장은 거대해지고 노동자들은 더욱 도시로 집결하고 인구가 대량 유입된다. 주택의 신축은 매우 완만하게 진행되는데 반해 공업은 매우 빠르게 발전한다. 그리하여 도시는 조밀하게 되고 주택문제는 심각한 상황으로 치닫는다. 주택가격과 집세는 오르고 노동자들은 자신의 집을 장만하기 위해 수십 년을 저축해야 한다. 저축과 함께 높은 집세로 임금소득의 많은 부분이 주거비로 지출된다. 이러한 상황은 노동자들의 삶을 더욱 압박하고 일상생활의 삶의 질을 억압하게 된다.

엥겔스는 도시에 대해 2권의 고전을 저술했다. 맨체스터를 배경으로 씌어진 『영국 노동계급의 상태』(1845)와 부르주아가 도시의 주택위기를 어떻게 해결하는가를 다룬 「주택문제에 대하여」(1872)가 그것이다. 엥겔스에 의하면, 노동자계급이 살던 중심부의 수치스러운 뒷골목이 유산자계급의 눈에서 사라지지만 이들은 그 외 어디선가 다시 나타나며 때로는 바로 그 이웃에서 나타나기도 한다. 이들 지역은 어디론가 옮겨갈 뿐이다. 나아가 엥겔스는 주택문제의 해결은 자본주의 생산양식의 폐지에 이르러서야 비로소 제거된다고 주장한다. 그러나 엥겔스는 자본주의 사회 내부에서 주택문제란 노동자와 자본의 적대에 기초한 착취관계에서 비롯된 것이 아니라, 어느 정도의 재산을 소유한 상품소유자간의 관계이기 때문에 소부르주아적 성격을 갖는다고 주장한다. 따라서 주택문제는 그 성격상 소부르주아적 권리 요구이기 때문에 노동자의 주요한 정치적 관심사가 될 수 없다는 것이다. 주택문제의 개인화, 이것이 바로 노동자의 주택문제가 지속되는 이유라고 하겠다.

엥겔스는 「주택문제에 대하여」의 서두에 오늘날 우리 사회에서도 겪고 있는 주택난의 실체와 함께 그의 사상을 잡약적으로 드러내고 있다. 엥겔스의 지적은 현대의 대부분의 거대도시에도 해당될 수 있을 것이다.

> "현대 대도시의 팽창은 그 도시들의 특정 지역, 특히 중심에 위치한 지역의 토지에 인위적 가치, 종종 엄청나게 상승된 가치를 부여한다; 사람들은 그 위에 지어져 있는 (기존의 낡은) 건물을 허물고 다른 건물들로 대체한다. 이러한 일은 무엇보다도 중심에 위치한 노동자 주택들에서 일어나는데.... 사람들은 이 주택들을 허물고 그 자리에 가게, 상품 창고, 공공건물을 짓는다. 그 결과 노동자들은 도시의 중앙에서 주변으로 밀려나가게 되고, 노동자들의 주택과 대체로 작은 주택들은 드물고 비싸게 되며 종종 전혀 얻을 수 없게 된다. 왜냐하면 이러한 사정에서는, 비싼 주택들에 의해 훨씬 더 좋은 투기의 장이 제공된 건축업자들이 언제나 예외적인 경우에만 노동자

주택을 짓기 때문이다." 47)

엥겔스는 19세기 후반 맨체스터 노동자의 참혹한 거주상황48))을 경험하고 이를 기록했다. 이때 이미 노동자들은 주택난에 시달리면서 높은 주거비와 주택마련을 위한 노동의 수레바퀴 속에서 헤어나지 못하고 있었다.

엥겔스가 경험한 맨체스터는 어웰 강변에 위치한 전형적인 근대 공업도시였다. 맨체스터의 핵심부는 대략 반 평방마일 정도에 이르는 다소 넓은 상업지구와 거의 모든 관공서와 물류창고가 자리 잡고 있었다. 그러나 진정한 맨체스터다운 면모는 순전히 노동자들의 구역에 의해 구성된다. 이 지역은 대략 1.5마일 폭으로 상업 핵심지구를 에워싸고 있는 거대하고 끔찍한 원환지구의 흔적이었다. 이 원환지구 너머 바깥에서는 노동자의 거주지와 얼마나 떨어져 있느냐에 따라서 그들의 부를 보여주는 중류 부르주아와 상류 부르주아의 거주지가 있었다. 최상층 부르주아는 정원이 딸린 교외주택에 거주했다. 즉 "산들바람이 부는 언덕에서 상쾌한 시골의 공기를 자유롭게 들이쉴 수 있는 깔끔하고 안락한 집"에서 말이다.49)

맨체스터와 같은 도시의 내면화는 오늘날 대도시에 그대로 내면화되고 있다. 또 과잉인구 혹은 산업예비군이 너무 많이 증가함으로써 노동자들이 최소한의 경쟁만으로 살아가도록 강요하는 엥겔스의 맨체스터 분석 역시 오늘날에도 유효하다.

엥겔스는 사회가 수천의 시민을 위기로 내몰고 예방이 가능했을 질병에 걸리거나 혹은 만성적인 무능력에 빠져들도록 조장할 때, 그리고 과잉노동 혹은 궁핍에 의해 때 아닌 죽음에 직면하도록 만들었을 때, 이것은 '사회적 살인'과 같은 범죄의 특성에 정확히 부합하며, 이것은 칼이나 총에 의해 저질러지는 살인만큼이나 폭력적인 살인이라고 주장한다.[50] 이런 대도시의 명확한 모순에 관해 엥겔스는 한 가지 처방 이외엔 없다고 주장했다. 그것은 생산양식 자체의 폐기, 즉 자본주의 사회의 철폐이다.

엥겔스는 자본주의적 생산양식의 폐지, 즉 자본주의 생산양식의 폐지 및 노동자 계급 자신에 의한 모든 생활 수단 및 노동수단의 전유를 통해서만이 주택문제를 해결할 수 있다는 급진적인 해법을 제시하는데, 국가와 자본가가 주택문제를 해결할 의지가 없다는 주장은 오늘날에도 설득력 있게 다가온다.

> "오늘날의 국가가 주택병을 시정할 수도 없고 또 시정하길 바라지도 않는다는 것은 명약관화하다. 국가는 피착취 계급들, 즉 농민들과 노동자들에 대항하는 유산계급들, 즉 토지보유자와 자본가들의 조직된 총체적 권력에 지나지 않는다. 토지보유자 등 개별 자본가들이 바라지 않는 일은 그들의 국가 또한 바라지 않는다. 개별 자본가들이 주택난을 한탄하긴 하지만 그 가장 놀라운 결과들을 표면상으로나마 얼버무려 넘기기 위해 거의 움직이지 않는다면, 총자본가인 국가 또한 더 이상은 아무 일도 하지 않을 것이다. 국가는 기껏해야, 일단 관례가 될 정도의 표면적 얼버무림이 어디에서나 한결같이 시행되도록 신경 쓸 따름일 것이다. 그리고 실제로 그렇다는 것이 우리가 이미 본 대로이다." [51]

마르크스주의적 관점에서 보면 자본주의 사회에서 주택문제는 계급투쟁에서 중요한 의미를 지닌다. 그래서 엥겔스는 총자본가인 국가는 궁극적으로 자본가의 정책을 취하기 때문에 주택문제를 해결할 의지가 없고 해결할 흉내만 취할 뿐이라고 주장한다.[52]

"오늘날 이른바 주택난의 요체는, 노동자 계급이 일반적으로 열악하고 과밀하며 비위생적인 주택에 살고 있다는데 있는 것이 아니다. 주택난은 현재에 고유한 것이 아니다; 그것은 이전의 모든 피억압 계급들과는 달리 현대 프롤레타리아트에 고유한 고통들 가운데 하나인 것도 아니다; 반대로 그것은 모든 시대의 모든 피억압 계급들에게 거의 비슷한 정도로 해당되는 것이다. 이러한 주택난을 끝장내기 위해서는 다음과 같은 오직 하나의 수단이 있을 뿐이다; 지배계급에 의한 노동계급의 착취와 억압을 전반적으로 제거하는 것." [53]

주택문제에 대해 마르크스의 '도구주의적 국가론'[54]으로 접근해 보면, 주택의 자가 점유는 결국 노동력의 순종적인 확보와 관련돼 있음을 알 수 있다. 이에 대해 디킨스(P. Dickens)는 "국가의 주택정책은 결국 자본의 주택정책이다"[55]라고 주장한다.

도구주의적 국가론에 따르면, 정치적 결과는 그 사회에서 지배적인 경제적 이해에 의해 행사되는 권력의 반영으로 설명한다. 주택의 경우도 국가의 주택정책에 따라 주택의 자가 소유가 늘어날수록 순종적인 노동력을 더 많이 확보하게 된다는 것이다. 주택문제를 개인화시킴으로써 노동계급을 분열시킨 결과다. 즉 주택의 자가점유는 소유 개인주의의 이데올로기를 주입하고, 장기부채의 부담을 부과하여 지속적으로 노동자들을 순종시킴으로써 노동계급의 응집력을 와해시키는 것이다. 그러므로 노동계급은 주택의 정치경제학에서는 중요한 동인으로서가 아니라, 수동적이고 파편화된 결과물의 수혜자로서 놓이게 된다.[56]

도구주의적 국가론에서 국가는 부르주아의 계급의 이익을 추구하기 위한 도구이다. 관료제 역시 자본가 계급의 도구일 뿐이다. 주택정책 역시 이러한 도구주의적 관점에서 벗어나지 못한다. 다만 국가는 착취, 피착취의 권력관계를 사익이 아니라 공익으로 은폐하면서 그런 기능을 수행하는 것이다.

3. 장소의 정치 : 공간은 새로운 계급투쟁의 장(場)

여기서는 마르크스주의를 토대로 자본화 · 권력화된 도시문제를 연구한 도시마르크스주의적 도시읽기를 고찰하고자 한다. 도시의 자본화는 권력과 자본의 연결망으로 채워지고 있으며, 공간 구성원들에게 억압기제를 형성하는 주요 요인으로 작용하고 있기 때문이다.

근대 도시가 어떻게 권력화된 도시로 탄생했는지 파리의 도심개조를 주도한 오스망식 접근을 통해 알아보고, 이어 도시마르크스주의자들을 살펴볼 것이다.

먼저 근대 도시들이 어떻게 권력화된 도시가 되었는지 살펴보면, 오스망의 파리개조처럼 도시는 역사적으로 권력의 지도로 끊임없이 재건축되었다고 할 수 있다. 오스망식 도시계획은 그것 자체가 가진 반민중적인 파괴 말고도 이면에 권력의 의도가 교묘하게 작동하는 것이다. 실제로 방사형이면서 일직선인 도로는 당시 지배층을 괴롭혔던 시가지 폭동의 효율적인 진압을 용이하게 해 주었다. 또한 권력의 상징효과에도 관심을 기울였다. 직선도로들이 만나는 곳이나 직선가로의 시각적인 초점에는 공공건물과 기념물을 배치해 황제의 신격화와 권력의 위엄을 표현하고자 했던 것이다.[57]

도시 설계에 대한 오스망의 생각은 직선의 힘을 우선시하는 데 있었으며, 이에 따라 자신의 이상적인 새 도로들을 건설했다. 벤야민은 이 작업을 '전략적 치장'이라고 불렀다. 사실 그러한 공사는 바리케이드를 설치하거나 게릴라들이 전투를 벌이는데 이점을 제공했던 오래되고 꾸불꾸불한 중세의 도로를 없애 버렸을 뿐만 아니라, 전통적인 노동계급의 구역까지도 함께 밀어냈다. 그 결과 그곳의 주민들은 북쪽과 동쪽으로 빠르게 확장된 교외 지역으로 추방되었다.[58)]

영국 런던의 경우 1666년 런던 대화재로 새롭게 재건됐다. 런던은 대화재전 흑사병 등으로 귀족과 부유한 가문들 가운데는 도시에서 가까운 서쪽 교외 지역으로 이사해나가는 집안이 생겼는데, 대화재 후부터 하나의 사회적 유행이 되었다. 1827년까지 약 200년 동안 런던 바깥에 새로운 런던이 등장한 것이다. 그 곳은 소비자들의 도시, 왕가와 귀족과 은퇴한 자본가들의 마을이었다. 백작이나 공작은 어떤 영지에서 거주할 것인가 결정하기에 앞서 어떤 이웃들을 갖게 될 것인가를 먼저 고려했다. 대지주와 투기 건축가들은 손을 잡고 새로운 광장을 탄생시켜갔다. 그럴듯하고 위엄 있으나 모두 비슷비슷하게 생긴 집들로 통일성 있는 공간이었다. 이로써 런던은 사회계층에 따라 엄격한 구획을 이루며 팽창해갔다. 상류층과 중류층 가정들은 품위 있고 사교적인 분위기를 풍기는 '웨스트엔드'(West End)쪽에 자리 잡았다. 상업 중심지인 동쪽의 런던 시와는 마차로 조금만 달리면 되는 거리인데다가 멀지 않은 서남쪽으로는 웨스트민스터 시와 궁전들이 자리 잡고 있는 좋은 장소이다.[59)]

수도의 상업 및 산업 활동 대부분을 담당하고 있는 런던 북동쪽 지역은 보통 '이스트엔드'(East End)라고 불리는데, 런던 노동 계층 가정들은 주로 이 과밀한 동네에 모여 살았다. 1801년 런던의 인구는 111만7천명이었으며 그중 압도적 다수가 빈곤한 노동자들이었다. 그들은 자본주의 경제의 핵심 부품이지만 그들이 사는 환경은 제대로 된 삶을 위한 여러 요건들을 충족시켜주기는커녕 이윤추구라는 목표에 휘둘려 제멋대로 재단된 것이었다. 저임금과 혐오스럽고 불결하고 과밀한 주거환경[60]이 그들의 몫이었다. 모두가 투기꾼들과 부동산 개발업자들의 탓이었다.[61]

오스트리아-헝가리 제국의 수도인 빈도 19세기말 프란츠 요제프 황제의 재촉으로 30년에 걸쳐 대대적으로 단장한 바로크 양식[62]의 도시다. 이 도시의 재건사업에 드는 비용을 충당하기 위해 땅과 건물과 폐자재들을 모두 투기꾼이나 부동산개발업자, 건축업자들에게 판매했다. 당시 빈은 사업비를 충당하고도 10%의 이익을 남겼다.[63]

베를린 또한 마찬가지 상황이었다. 다른 19세기 유럽 도시들과 마찬가지로 베를린에도 매년 수천 명의 인구가 유입되고 있었다. 산업혁명으로 직물공장이 등장하자 시골에서 전통적인 방식으로 일하는 노동자들이 일자리를 잃고 베를린으로 유입되기 시작한 것이다. 도시 가장자리에 거대한 야영지가 도처에 생겨났다. 결국 프로이센 정부는 베를린 시에 새로운 주거계획을 수립하도록 명했다. 1858년 도시계획가이자 건축가인 제임스 호브레히트가 이 임무를 맡았다. 그는 사회적으로 통합된 도시를 만들고자 했다. 그는 도시를 둥그렇게 둘러싼 뒤, 그 안을 4백 제곱미터 면적의 넓은 블록들로 나누고 블록간의 연결도로를 격자모양으로 만들었다. 그렇지만 나머지는 모조리 투기꾼과 개발업자들의 몫으로 떨어졌다. 호브레히트의 계획은 우선 자그맣고 쾌적한 간선도로, 공원, 보도, 정원들로 블록을 쪼갠 다음 널찍한 아파트들을 세우고, 길가에는 비싼 주택들을 두고 안쪽으로는 싼 집들을 두어 여러 계층이 섞여 살게 하는 것이었다. 그러나 개발업자들은 부자와 가난한 사람의 주거지가 뒤섞여 있는 이 계획을 전혀 따르지 않았다.[64] 부자들은 가난한 사람들과 살기를 원치 않았기 때문이다.

개발업자들은 블록 전체를 커다란 직사각형 7층 건물들로 가득 채웠다. 건물들 사이에는 좁고 어둡고 더러운 마당이 있을 뿐이었다. 잔디밭이나 소로를 만들어달라는 청원이 빗발쳤지만 제대로 된 규제책이 없으니 소용이 없었다. 십년 만에 이 적갈색 벽돌 건물들은 암세포처럼 온 도시로 퍼져나갔다. 방은 작고 어두웠으며 공기는 탁하고 시설도 열악했다. 그래도 언제나 사람들이 꽉꽉 들어찼다. 1870년의 공식 기록에 따르면 한 방에 평균 다섯 명이 거주했으며 어떤 곳은 스무 명이 넘는데도 있었다.

자본가에 의한 이러한 도시개발 방식으로 인해 노동자들의 주거환경은 건축자본가들의 잇속으로 인해 더 열악해져갔다. 투기꾼들과 건축업자들은 오밀조밀한 집을 지어 임대수입 등으로 막대한 잇속을 챙길 수 있었던 것이다.

이와 같이 산업화가 가속화되면서 도시는 지배계급과 권력, 자본의 이해관계에 의해 권력화된 도시의 경향을 가속화하고 있다. 이는 또한 노동의 재생산과 밀접하게 관련되어 있다. 때로는 가난한 사람들의 거주지들은 자본과 권력에 의해 '위험요소'로 간주됨으로써 구역전체가 고의적으로 황폐화되기도 했다. 이때 자본과 권력은 재개발을 위한 그럴듯한 명목을 만들어내면서 빈민굴을 헐고 새로운 자본의 공간을 생산해내는 것이다.

공간의 사회적 생산을 주창한 르페브르가 공간은 정치적이라고 주장한 것은 바로 이러한 자본과 권력의 이해관계 때문이다. 공간의 정치화는 비정치적인 공간이론을 비판하는데서 출발하며, 공간형태가 정치적으로 창출되고 정치적 기능을 수행한다는 인식에 근거한다.

> 공간은 정치적이다. 공간은 이데올로기나 정치와 무관한 과학적 대상이

아니다. 그것은 항상 정치적이며 전략적이었다.…우리가 보기에 공간은 동질하게 보이고, 순수한 형태로 완전히 객관적인 것처럼 보이지만, 그것은 사회적 산물이다. 공간의 생산은 특정 상품의 생산과 유사하다.[65]

르페브르에 따르면, "공간은 주어진 것이 아니라 사회적으로 생산되는 것"[66]이다. 공간은 중립적인 범주이거나 객관적이고 순진한 영역이 아니라 사회적인 구성물로서 사회적이고 물질적인 실천을 통해 구성된다는 것이다. 공간에 대한 도시적 이데올로기가 중요한 것은 공간이 자본주의의 산물이고, 이윤창출과 노동착취라는 자본주의 논리가 거기에 주입되었기 때문이다.

도시화는 바로 공간화 과정의 중추적인 확장으로서 도시는 공간의 재현에 의해 압도적으로 강제되었고 권력화 되었다. 또한 도시계획자, 기술자, 개발자, 건축가, 도시주의자, 지리학자, 그리고 과학자들 등의 전문가나 기술관료들에 의해 밑그림이 그려지고 구상된 공간에 의해서도 강제되고 권력화 되었다.[67]

따라서 자본주의 사회에서 공간이 생산되는 방식과 이러한 생산과정이 야기하는 모순에 관한 이론이 요청되는 것이다. 이는 공간과학이 아니라 공간생산의 이론이며, 도시문제를 둘러싼 정치투쟁에 단초를 제공하는 모순된 과정의 변증법적 이론이다. 공간의 생산에서 기본모순은 이윤확보를 위해 공간을 착취해야 하는 자본 측의 필요와 공간을 소비하는 사람들의 사회적 요구 사이에 존재한다. 즉 이윤과 소요(need), 교환가치와 사용가치 사이의 모순이다. 이러한 모순이 정치적으로 표출되는 것이 개인주의와 집단주의 사이의 항구적인 정치투쟁이다. 르페브르는 이러한 모순과 투쟁이 도시문제의 핵심이라고 주장한다.[68]

르페브르에 의하면, 마르크스가 『자본론』을 쓴 100년 뒤 이 체제는 모든 역경을 딛고 성공적인 성장을 이룩했다. 그 방법은 "공간을 점령하고 공간을 생산하는 것"[69]이다. 이제 공간의 생산은 자본의 생존에 있어 중심적 강령이 되었다.

> 화폐와 자본에 대한 공간의 종속은 금전적 평가로부터 전체 공간 각 부분의 상업화에까지 확대된 계량화를 의미한다. 공간은 이제 그것이 갖고 있는 자원과 물, 공기, 심지어 빛과 더불어 새로운 '희소상품'이 되었다.[70]

마르크스주의에서 출발한 르페브르는 마르크스와 달리 '도시혁명'[71]을 통한 자본주의 모순의 지양, 즉 자본주의 모순이 촉발되어 자본주의 체제가 붕괴되지 않고 공간의 사회적 생산을 통해 '지연' 되고 있다고 주장한다. 마르크스에 의해서 규정된 자본주의적 생산력과 생산관계 사이의 모순이 선진 자본주의에서는 도시성장으로 극복되었다는 것이다. 다시 말해, 자본주의 발전은 공간 자체를 상품으로 변화시킴으로써 그 한계에 직면하지 않았다는 것이다. 그는 자본주의는 공간의 정복과 통합에 의해 유지되고 공간은 도구적인 것이 되었다고 주장한다. 즉 공간의 상품화가 거대한 새로운 시장을 창출하고 있다는 것이다.[72]

여기서 르페브르가 말한 자본주의 모순의 극복은 마르크스적 의미에서 말하는 사회주의로의 이행을 통해 극복되었다는 뜻은 아니다. 자본주의 모순의 완전한 해소가 아니라, 다만 자본주의 체제 내에서 모순의 누적으로 자본주의 체제가 붕괴하지 않은 채 모순을 연장하면서 일시적으로 극복해가고 있다는 의미라고 하겠다. 사회적으로 생산된 공간이 지배계급에 의해 상품화되어 부르주아지화한다면 언젠가는 모순이 누적되어 체제를 위협할 것이기 때문에 자본주의 모순의 완전한 지양이 아닌 것이다.

공간이 상품화된다는 것은 자본의 끊임없는 이윤창출의 도구로서 공간이 이용된다는 것을 말한다. 공간의 상품화 과정은 판매와 구매 및 소비행위를 하는 공간에서 매우 활발하게 된다. 공간은 이제 단순히 상품의 소비를 촉진하는 수준을 벗어나 직접 공간자체가 소비되기 시작한다. 소비 공간은 질적으로 현격한 차이, 즉 미학적 차별성을 강조하게 되고, 불균등한 공간이 갖는 모순을 은폐하기 위해 자본은 '욕망'을 이용한다. 자본의 새로운 공간 전략은 물리적 자본축적 환경을 구축해 공간을 생산할 뿐만 아니라, 공간 자체를 상품화해 소비하도록 함으로써 이윤의 확대 재생산을 꾀하는 것이다. 따라서 공간의 소비 과정에서는 상품의 기능을 강조하는 '필요'의 원칙보다는 상품판매 공간의 미학적 세련미를 강조하는 '욕망'의 원칙이 지배하게 된다.[73)]

르페브르의 도시는 공간, 일상생활, 자본주의적 사회관계의 재생산이라는 세 가지의 상호 관련된 개념으로 구성되어 있다. 즉 도시는 생산관계가 사람들의 일상적 경험 내에서 재생산되는 전반적인 공간 맥락이다. 자본주의적 사회관계는 일상적 공간이용을 통해 재생산된다. 왜냐하면, 공간 자체가 자본에 의해 장악되어 있고 자본의 논리에 종속되어 있기 때문이다.[74)]

자본의 논리에 종속된 공간은 모든 일상생활에 자본주의적 관계(개인주의, 상품화 등)의 형태를 부과한다. 도시의 건축은 자본주의적 관계를 상징하고, 레저공간은 자본주의적 관계를 반영하며. 그리고 교외로의 주거지 분산은 자본주의 관계의 산물이다. 중심지역이

상업기능을 수행하는 반면 주거용도의 공간은 주변으로 추방된다. 자본주의 논리는 공간의 사회적 이용의 논리이고 일상생활의 논리다. 생산을 지배하는 계급은 공간생산을 지배하고 따라서 사회관계의 재생산까지 지배한다.[75)]

자본주의적 공간생산의 점진적 확장의 효과는 주변부에 의존적인 식민지를 창출하는 반면, 의사결정 중심부는 집적시킨다. 중심부와 중심부의 주위에는 단지 정복되고 착취당하고 종속된 공간, 즉 새롭게 식민화된 공간이 있을 뿐이다. 그러므로 자본주의는 공간착취를 통해 강화되는 반면, 이런 과정은 동시에 자본주의적 지배를 와해시키는 모순을 야기한다.[76)] 따라서 르페브르는 일단의 문제를 극복한 도시혁명은 또 다른 혁명을 야기한다고 주장한다. 도시가 그 중심부에 정치, 경제, 행정기구만 남겨둔 채 파편화되고 분산된다면 정치력은 집중되는 반면 문화적 헤게모니는 필연적으로 약화될 것이기 때문이다.[77)]

르페브르는 중심부에 의해 식민화된 신도시에 대한 고찰을 통해 '주거기계'[78)]로 전락한 신도시에서 일상생활의 파편화와 함께 상업화를 고발하고 있다. 르페브르는 『모더니티 입문』(*Introduction a la Modernite*, 1960)의 「어떤 신도시에 대한 메모」에서 "나는 무렝(Mourenx)에 발을 들여놓을 때마다 이상한 공포로 몸을 떨게 된다."[79)]라고 썼다. 신도시 무렝은 유럽과 미국에서 막 생기기 시작한 다른 신도시들과 마찬가지로 일종의 원형이었다. 그는 먼저 무렝의 편리한 신도시에 대해 묘사한다.

"주민들에게 욕실이나 샤워실, 건조실을 제공하고, 완벽한 조명시설이 갖추어진 공간에 앉아 라디오와 텔레비전을 보면서 사람들이 자기 집이라는 아늑함 속에서 세상을 관조할 것이라는 사실을 알고 있다.... 이곳에서는 국가 자본주의가 훨씬 더 능숙하게 작동한다." 80)

르페브르는 신도시 아파트를 '주거용 기계' 라고 하면서 무렝의 도시화 패러다임이 철저하게 '데카르트적' 이라고 확신한다. 즉 신도시는 이성적 기계가 철저하게 작동하는 도구적인 기계라는 것이다.

르페브르가 보기에, 그 패러다임은 인간 활동의 상이한 영역을 구획화하며, 사물을 여기저기로 분리하고, 기능적인 공간을 창조한다. 그러나 그것은 동시에 일상생활을 파괴하며, 인간을 밖이 아닌 안으로 몰아넣으며, 서로에게로부터 멀어지도록 한다.81)

르페브르는 무렝의 아파트 단지들은 기술의 산물이자 기계라면서 그렇다면 이곳에서 공동체가 창조될 수 있을까에 의문을 제기한다. 즉 무렝은 노동의 재생산을 위해 철저하게 기획된 도시로 사람들을

절편화, 파편화하는 곳이다. 인간과 건축, 인간과 인간을 이어주는 유기성은 존재하지 않는다. 그는 무렝을 14세기에 지은 중세의 신도시인 나바렝스와 비교해 논의를 진전시켜 나간다. 그가 보기에 그가 살고 있는 나바렝스는 무렝과 달리 유기적인 친밀함이 있는 곳으로 다가온다. 르페브르는 나바렝스를 바닷고둥에 비유하며 유기적인 면을 강조한다.

> 서서히 구조를 분비하는 생물체로서 바닷고둥의 모습이 바로 그것이다. 종 전체의 광대한 생명이, 이 생명체가 살아남기 위해서, 그리고 자신의 특이성을 유지하기 위해서 쏟아 부었던 엄청난 노력이 축적되어 있는 것이다. (바닷고둥의 껍질은 이 생명체가 오랜 시간동안 분비를 통해 만들어 낸 것이다) 고둥 껍질 속의 역사와 문화, 이 도시는 천년을 버티어 온 공동체의 활동과 형태를 구현하고 있다. 이 공동체는 스스로의 필요에 부합되는 자신의 껍질을 만들고, 또 만들어 그것을 거듭 변화시키면서 그러한 형태를 갖추어왔던 것이다.[82]

르페브르는 바닷고둥에 대한 은유를 통해 껍질 속의 생명체(주민)와 우리의 주거지(신도시) 사이의 관계를 강조하고자 한 것이다.[83] 이를 통해 르페브르는 도시 본연의 축제가 사라진, 데카르트적 이성만이 존재하는, 기계와 같은 신도시를 비판한다. 사회적인 유대를 강하게 만들고 그와 동시에 집단적인 훈육과 불가피한 일상의 노동에 갇혀 있는 모든 욕망을 자유롭게 하는 축제가 실종된 신도시는 오직 자본주의의 일상성에 의해 짓눌리고 있다고 말한다. 그것은 이른바 도시계획의 일환으로 전개되어 권력위주의 도시화만이 끝없이 연장되고 있다고 본다.[84]

르페브르는 공간이 자본주의적 생산을 새로운 지역들로 확대시키는 하나의 주요한 상품으로서 기능한다고 보았으며, 따라서 공간의 생산은 잉여가치 창출과정을 반영하면서 동시에 이를 뒷받침한다고 주장한다. 그의 '도시혁명' 개념은 공간의 자본주의적 식민화가 점차 자본축적의 가장 지배적인 측면이 되고 있다는 주장을 나타낸다.[85] 이와 같이 르페브르는 자본주의는 오직 공간을 점령하고, 공간을 창조함으로써만 생존해왔다고 주장한다.

르페브르의 도시주의를 계승한 하비(D. Harvey)도 르페브르의 연장선상에서 신도시를 비판하고 있다. 하비는 1972년 미국의 신도시인 세인트루이스의 프루이트-이고 주거단지 폭파 철거는 모더니즘적 건축물의 상징적 죽음으로, 그 자체가 거대한 스펙터클이었다고 말한다.

> 그 주거단지는 사람이 살 수 없는 지옥과 같은 곳이었다. 그것의 파괴는 르 코르뷔지에가 이야기한 '생활하기 위한 기계'의 원칙, 막사식 주거구역, 저소득층 공공주택을 건설하기 위한 비용의 문제를 효과적으로 해결했던 감옥 형태의 디자인의 죽음을 알리는 신호였다.[86]

이 주거단지의 폭파는 모더니즘의 죽음과 포스트모더니즘의 탄생을 알리는 극적인 순간으로 기록된다. 하비는 모더니즘의 문제는 그것의 계획원칙 그 자체가 아니라, 근대의 계획자들과 건축가들이 시장의 요청과 상품 그리고 이윤의 명령에 따라 움직이고 있는가의 문제라고 강조한다.[87]

이렇게 보면 우리나라의 신도시나 주거정책은 노동의 재생산을 위한 기계로 양산되지만 나중에는 세인트루이스의 프루이트-이고 주거단지의 운명을 벗어날 수 없을 것이다. 물론 여기에 재건축을 통해 다시 스펙터클을 향한 욕망을 만들어낼 수 있을 것이지만 거대한 스펙터클의 상징적 죽음이 연장될 뿐이다.

따라서 포스트모더니즘 역시 현실사회의 해방보다는 미적인 해방을, 내용의 해방보다는 형식의 변화를 제공하고 있기 때문에 건축적 환상을 끈질기게 팔아먹지만 사실상 그것은 천박하게 지속적으로 재생산하고 있을 뿐이라는 게 하비의 시각이다.[88)]

하비의 도시론은 르페브르의 공간이론을 받아들이면서 전통적인 마르크스주의 논리를 따르고 있다. 하비는 『사회정의와 도시』(*Social Justice and the City*, 1973)를 출간한 뒤 마르크스의 『자본론』에 공간 차원을 끌어들여 '자본의 도시화'를 설명하는 이론을 체계화하는 데 노력을 집중했다.

하비는 밀즈(C. Wright Mills)의 '사회학적 상상력'[89)]의 개념에 '지리학적 상상력' 혹은 '공간의식'이라는 개념을 발전시키고 있다. 하비는 밀즈가 말한 사회학적 상상력은 단지 사회학의 전유물이 아니라며, 지리학적 상상력은 개인으로 하여금 자신의 일생 동안 공간과 장소의 역할을 인식하도록 하고, 그의 주변에 볼 수 있는 공간들을 서로 관련시키도록 하며, 또 개인간, 조직간의 교호 작용이 이를 단절시키는 공간에 의해 어떻게 영향을 받는가를 알 수 있도록 한다. 지리학적 상상력은 개인이 그의 이웃, 그가 생활하는 지방간에 내재하는 관련성을 깨닫도록 해준다. 또 다른 장소에서 일어난 사건과의 관련성을 판단하도록 해준다. 창조적인 공간을 꾸미고 사용하도록 해주며 타인에 의해 창출된 공간 행태가 어떤 의미를 주는가를 인식하도록 해준다.[90)]

공간에 대한 지배가 일상생활에서, 그리고 일상생활을 넘어서 근본적이면서 널리 퍼져 있는 사회적 권력의 원천이라는 사고는 르페브르의 일관된 주장이다. 하비는 나아가 이러한 사회적 권력형태가 화폐 및 다른 사회적 권력 형태는 물론 시간에 대한 통제와 어떻게 접합되는가에 주목하고, 자본주의 사회에서 서로 얽혀 있는 화폐, 시간, 그리고 공간에 대한 지배가 무시할 수 없는 실질적인 사회적 권력관계를 형성한다고 주장한다. 공간과 시간에 대한 지배는 모든 이윤 추구에서 결정적인 요소이다. 예컨대 화폐를 소유하고 있기 때문에 인근 공간에 대한 개발을 통제하면서 기다릴 여유가 있는 부동산 투기꾼은 이런 힘을 갖고 있지 못한 사람에 비해 금전적 이득을 얻을 수 있는 훨씬 좋은 조건에 있다. 더구나 화폐는 시간(자기 자신의 또는 다른 사람의 시간)과 공간을 지배하는 데 사용될 수 있다. 역으로 시간과 공간의 지배는 화폐의 지배로 다시 전환될 수 있다.[91]

이러한 의미에서 화폐, 시간 또는 공간의 구체적인 실제, 형태, 의미를 정의하는 사람들이 사회적 게임의 기본규칙을 정한다.[92] 자본가에게는 순간순간이 이윤의 요소이므로, 이윤을 자신의 것으로 전유할 최초의 힘은 바로 타인의 노동시간을 지배하는 것이다.[93] 노동자들 또한 이러한 규칙들을 만들어낸 사람들에 대항하기 위해 저항하는 방법을 배워나갔다. 그러나 노동자의 저항에도 불구하고 노동일정표들은 꽉짜여지게 재배열되며 생산의 강도와 속도는 노동자보다는 자본에 유리한 방식으로 대개 조직되어 왔다. 인간적 노동일정표를 짜기 위함이 아니라 이윤을 추구하기 위해 모든 일상적 작업일정표를 짜기 때문이다.[94]

시간 지배뿐만 아니라 공간 지배에서도 노동자보다는 자본가에게 우월한 지배력이 있음을 보여준다. 하비에 의하면, 철도와 전신(電

信)이 등장하기 이전에는 공간지배력에 있어 자본과 노동의 힘은 크게 다르지 않았다. 그러나 부르주아지는 공간을 장악한 우월한 지위를 이용하여 철도와 전신을 활용해 공간지배의 사회적 통제를 달성하는 수단으로 사용하였다.[95] 이는 역사적으로 부르주아지가 노동자보다 공간지배력에서 우위에 서게 되는 결정적인 계기가 되었다. 역사적으로 제1인터내셔널 등 노동계급운동은 부분적으로 공간지배력을 보여주었지만 공간을 지배하려는 공간전략에서 국가권력과 결탁한 부르주아지의 공간배치전략에 의해 무력화됐다.

모든 지배계급은 1848년이나 1968년처럼 혁명적 열기가 일어나면 공간지배의 우월성이 위협받기 때문에 공포를 느낀다. 이때 지배계급은 공간을 지배하는 능력을 보전하기 위해 국가권력을 빌린다. 자본주의 국가의 주요 과업 가운데 하나가 부르주아지가 통제하는 공간에 권력을 배치하는 한편 저항운동들이 지배할 잠재력이 큰 공간들을 무력화시키는 것이기 때문이다. 지배계급에 의해 공간이 부르주아지화 하면서 저항운동은 공간을 지배하려는 공간전략에 실패하게 되는 것이다.[96]

이렇게 보면 계급투쟁은 공간지배력을 획득하기 위한 '장소의 정치' 라고 할 수 있을 것이다. 하비에 의하면 공간을 지배하는 사람들은 항상 장소의 정치를 지배할 수 있다. 노동계급운동과 공간을 지배하는 부르주아지의 상대적인 힘들은 이들 사이의 권력관계에서 오랫동안 중요한 구성요소였다.[97]

따라서 공간을 실제로 사회적 권력을 담는 체계로 생각한다면, 자본축적은 그것의 지리적 토대를 재구성함으로써 끊임없이 그러한 사회적 권력을 해체하고 있다는 결론에 이른다. 반대로 권력관계를 재구성하는 투쟁은 공간적 토대를 재조직하기 위한 투쟁들이다. 이러한 관점에서 왜 자본주의가 한편으로 탈영토화(deterritorializing) 하면서 또 한편으로는 지속적으로 재영토화(reterritorializing)하는지를 보다 잘 이해할 수 있다.[98)]

들뢰즈와 가따리의 『앙띠 오이디푸스』(*L'Anti-Oedipe*, 1972)[99)] 에 의하면, 사적 욕망은 욕망하는 생산에 대한 사회적 억압에 의해 욕망이 왜곡되고 치환된 것에 다름 아니다. 그러므로, 욕망이 순환하는 사회적 장은 욕망이 탈주하는 흐름(탈영토화)과 이 흐름에 대한 이차적 억압(재영토화), 이 억압을 뚫고 변이와 창조의 지점들을 구성하는 욕망의 흐름들(탈영토화)이 복합적으로 얽혀 있는 장이다.

이와 같이 공간과 공간조직은 다양한 이해관계와 계급투쟁을 반영하여 만들어지기 때문에, 공간의 생산과정은 곧 권력구조를 재배치하는 과정이다. 따라서 모든 역사가 계급투쟁의 역사이듯, 모든 공간은 계급투쟁과 갈등의 공간이라는 변증법적 공간인식이 스며들어 있다.[100)]

하비는 그러나 공간이 계급투쟁의 주요 장이 되고 있지만 노동운동계급이 공간지배력을 확보하는 것이 쉽지 않다고 본다. 여기에는 종교적 · 사회적 · 공산주의적 · 인본주의적인 모든 운동들이 화폐의 힘, 그리고 일상생황에서의 공간과 시간의 합리화의 개념의 힘에 대해 적대적이라는 점을 주된 특징으로 하는 것도 작용한다는 것이다. 반면 저항운동들은 한결같이 전반적으로 파편화된 공간을 조정하는 자본의 능력에, 그리고 세계적으로 행해지는 자본주의의 역사적 시간의 행진에 종속되어버린다.[101)]

그렇지만 하비에 의하면, 자본축적의 역동적 힘은 사회적 투쟁의 조건과 더불어 그러한 관계들을 불안정하게 만든다. 하나의 사회구성체로서 자본주의를 괴롭히는 불안정성은 부분적으로 사회생활이

조직되는 공간적 · 시간적 원리들의 이러한 불안정성에서 생겨난다. 하비는 격변기에는 사회적 질서의 재생산을 위한 공간적 시간적 토대가 가장 심각하게 파괴된다는 것이다.[102] 이렇게 볼 때, 자본축적의 불안정성이 클수록, 즉 과잉축적에 의한 사회적 불만이 팽배할수록 사회변혁의 가능성도 앞당겨질 수 있지 않을까.

르페브르 도시주의는 드보르(Guy Debord)로 이어졌다. 60년대 프랑스의 급진적인 사회비평가 집단인 '상황주의자들'을 주도한 드보르는 먼저 현대 소비사회를 스펙터클로서 이해한다. 그는 『스펙터클의 사회』(*La société du spcctacle*, 1967)에서 "우리는 우리 자신의 삶에 있어서도 우리의 삶을 규제하고 지배하는 구실을 하는 이미지들의 사회적 관계에 의해 매개된다."고 진술하면서 '스펙터클'(spectacle)로서의 사회와 일상적 삶을 비판한다.

여기서 스펙터클이란, 총체적으로 파악하자면, 현존하는 생산양식의 결과이자 또한 그 기획이며 지배경제의 이미지이다.[103] 스펙터클의 형식과 내용은 모두 기존체제의 조건과 목표를 총체적으로 정당화한다.[104] 이러한 스펙터클은 자본가의 소유 확대를 위한 시각적 전유를 효과적으로 달성하면서, 동시에 전유한다는 것을 은폐하는 가시적이고 상징적인 기술이다. 아울러 특정 목적을 위해 의식적으로 만들어진 공간에서 대량생산되고 대량 소비되는 이미지다.

스펙터클 사회에서 노동자들은 자신들의 행동으로부터 그리고 자신들의 노동의 산물로부터, 동료 노동자들로부터, 하물며 자기 자신들로부터 분리되었다고 드보르는 주장한다.[105] 즉 드보르는 노동자는 자신의 노동으로부터 소외되었을 뿐만 아니라 일하고 있지 않을 때조차도 이제는 편안함을 느끼지 못한다고 주장한다. 생산과 재생산이 일상생활의 총체로서 교환가치에 의해 포섭되고 식민화되고 잠식됨에 따라 더 이상 그들은 작업장에서든 집에서든 편안함을 느낄 수 없게 된 것이다.[106]

스펙터클이 생산양식이 된 도시는 자본에 의해 권력화된 초물화된 세계이다. 여기서 드보르는 도시에 대한 인위적이고 권력화된 정비에 대한 일종의 인식론적 저항을 시도한다. 그것을 개념화한 것이 '심리지리학적 지도'이다. 즉, 그의 심리지리학은 분리에 대한 비판이었고, 공간적으로 갈기갈기 찢어진 것을 봉합하려는 노력이었다. 드보르는 심리지리학을 의식적으로 조직화된 혹은, 개인들의 감정과 행태를 따르지 않은 지리적인 환경의 정확한 법과 구체적인 효과들로 설명한다.

드보르의 심리지리학은 도시계획자들이 근방을 기능적인 단위들로 재단하기 시작한데 대한 저항이었다. 도시계획자들은 오래되고 겉이 허름해 보였지만 구조적으로 멀쩡한 구역을 밀어 버림으로써,

의도적으로 축소를 계획했고 파리 등지에서 도시의 변화를 도모했다. 어떤 경우에는 전략적으로, 다른 경우에는 피의 대가로 얻은 이데올로기를 통해서 그렇게 했다. 교외 지역은 중심과 주변 간의 분리를 더욱 크게 했고, 고속도로는 그러한 분리를 더욱 공고히 했다. 거리는 재조정될 필요가 있으며, 도시는 새로운 계획, 총체적인 계획을 필요로 한다.

드보르가 지향하는 것은 이른바 '일원적 도시주의' 이다. 그것은 도시계획자들과 효율성을 지향하는 전문가들과 관료들과의 싸움이며 시장 주도적 도시와 공간들이 최고입찰자에 의해서 독점되는 추상적 상품이 되어가는 도시들에 반하여 작동할 것이다. '일원적 도시' 는 물리적 · 사회적으로 분리된 것을 재통합하면서 유희적인 모습을 띤다고 한다. 그것은 망각되고 고립된 구석들과 알려져 있지 않아 신비감을 주는 골목들, 조용한 광장들, 사람들로 북적대는 마을 어귀, 행인들로 가득한 보도, 굽은 길, 공원 벤치에 앉아 있는 베레모 쓴 노인들 등을 더욱 확연히 드러낼 것이다. 도시의 이상적인 새로움을 강조하기 위해서, 드보르는 파리의 표준 지도를 의도적으로 잘라내었고, 이를 다시 장렬한 다다이스트의 콜라주로 재배열 했다. 드보르의 지도에서는 주관성에 모든 권력을 부여한다. 그의 지도는 복종에 반하는 의미로서 불복종을, 확실성보다는 우연을 표현하는 심리학적 지도였다.[107]

드보르가 보았던 도시는 이제 기업 브랜드와 로고들로 사면이 포위되었고 부풀어 오른 부동산 가치, 탐욕, 그리고 억압 등으로 드보르가 말한 '일원적 도시' 와는 거리가 더 멀어지고 있다. 드보르는 자본에 의해 권력화된 도시에 대한 저항으로서 심리학적 지도를 선보였지만 갈수록 도시의 자본화는 가속화되고 있는 것이다.

4. 욕망의 집, “당신이 사는 곳이 당신을 말해준다.”

근대의 계몽된 이성에 의하면, 자본주의 도시공간의 삶은 덜 억압적이고 덜 도구적이어야 하는데도 실상은 그렇지 못하다. 자본과 결합된 관료제는 합목적성을 내세우면서 일상생활 전반을 통제하기에 이르렀다. 자본의 도시화와 도시의 자본화로 인해 부르주아지들의 공간지배력이 강화됨으로써 공간이 새로운 계급갈등의 핵심으로 작용하고 있다. 즉 공간이 자본화함으로써 공간이 새로운 억압기제의 상징이 되고 있는 것이다. 도심의 고층화는 바로 공간의 자본화의 기표이다.

르페브르에게서 시작된 자본주의 도시공간의 억압적인 일상생활에 대한 마르크스주의적 연구는 이후 ‘공간의 정치경제학’[108]으로 공간연구의 한 패러다임을 만들어오고 있다. 최근에는 사회적으로 재생산되고 있는 공간이 계급갈등의 핵심으로 떠오르면서 자본주의 사회와 계급적 헤게모니에 대해 새로운 관점을 제공하고 있다. 다시 말해 지배계급이나 부르주아지들은 화폐 소유가 공간지배력 강화로 이어지면서 자본의 축적을 재생산하고 있는 것이다. 나아가 포스트모던한 조건에서 자본은 더 이상 ‘사물’의 형태로 축적되지 않는다. 자본은 정보, 금융서비스, 지식, 그리고 공간 등으로 축적된다.

이와 같이 공간이 정치경제학에서 주요한 의미를 가지는 것은 자본주의 역사발전에서 중요성을 가지기 때문이다. 르페브르가 주장한 바와 같이 “자본주의는 지난 1세기동안 그 내적 모순을 희석시킬 수 있었고, 결과적으로.... 내적 성장을 이루는데 성공했다. 그 수단은 공간을 점거함으로써 이루어졌다.”[109] 특히 공간은 원료와 에너지의 공급지로서, 생산 공장의 입지로서, 상품 유통의 교통로로써, 그리고 노동력의 재생산을 위한 일상생활의 장소로서 자본축적의 과정에 편입된다. 이러한 자본 축적 과정에서 인간의 일상생활을 위한 사용가치로서의 공간은 자본축적을 위한 교환가치로 거래 · 개발되고 심지어 투기의 대상이 되기도 한다. 이러한 자본축적 과정에서 담당하는 공간의 역할은 1970년대 공간 정치경제학이 등장하기 이전에는 잘 알려지지 않았다.[110]

70년대 공간의 정치경제학의 등장과 발달을 주도한 인물은 하비이다. 하비는 르페브르의 공간이론을 발전적으로 수용해 도시의 공간 문화정치학을 선보였다. 특히 하비는 마르크스 저작에 의존하여 마르크스주의적 지리학을 발달시키고자 했다. 하비의 연구는 영미 계통의 지리학 및 공간연구에 큰 영향을 미쳤으며 공간정치경제학 연구가 발전할 수 있는 기반이 되었다. 하비는 1982년에 『자본의 한계』(*The Limits of Capital*)[111]에서 마르크스 이론에서 부족했던 공간 연구를 통해 고전적 입장에서 공간정치경제학을 완결 짓게 된다.[112]

하비에 의해 선도된 초기 공간정치경제학은 자본주의적 도시화 과정, 지역 불균등 발전, 도시 거주지 분화, 도시 사회운동 등에 많은 관심을 가지고 마르크스주의적 개념에 근거한 연구를 활성화시켰다. 그리고 렉스(John Rex)와 무어(Robert Moore), 손더스(P. Saunders)로 이어지는 신베버주의적 도시연구는 국가 관료제의 기능을 비롯해 도시 서비스 공급과 그 접근의 불평등 문제 등에 많은 관심을 가지고 '도시 관리주의론'을 정립하여 '주택계급'(housing class)[113]과 같은 개념을 제시하기도 했다.[114] 주택계급의 논의는 '지금-여기'(hic et nunc)에서 재생산되고 있는 현실이라고 할 수 있다. 즉 자본주의 도시공간에서의 삶은 건설회사의 아파트 광고 문안처럼 이제 “당신이 사는 곳이 당신을 말해준다.”

르페브르에서부터 시작된 도시마르크스주의자들의 자본주의 도시 연구는 마르크스주의적 공간의 정치경제학으로 이어지고, 이는 이후의 신베버주의 공간정치경제학 등의 발달에 기반이 되었던 것이다. 특히 하비가 지적한대로 계급갈등의 새로운 핵심인 공간에 대한 연구는 자본주의적 모순과 아울러 계급헤게모니, 억압문제를 해결하는 데 열쇠라고 하겠다.

이데올로기 : 기호를 소비하는 껍데기의 사회

2

지젝(Slovoj Žižek)에 따르면, 우리는 탈이데올로기 시대를 살고 있는 게 아니라, 냉소주의라는 이데올로기에 의해 지배된 세계를 살고 있다. 지젝은 냉소주의적 태도를 "그들은 자신의 행위 속에서 자신의 환영을 따르고 있음을 잘 안다. 그럼에도 그들은 여전히 그렇게 한다."로 요약한다. 이런 의미에서 이데올로기는 우리가 알고 있는 것이 아니라, 우리가 행하는 것 속에 위치한다. 따라서 이데올로기에 대한 우리의 믿음은, 우리가 알뛰세의 이데올로기적 국가장치와 같은 '믿음기계' 에 대한 믿음을 자각하기도 전에 이미 작동한다.

이는 현대에 이르러서는 더 정교하게 작동하고 있다. 이데올로기에 의해 근대적 주체로 훈육된 노동자들은 마르크스의 잉여가치뿐만 아니라 '잉여쾌락'[115]의 작동원리를 알더라도 소비의 주체로 살아가는 것이다. 왜곡되고 억압된 소비의 주체, 그렇지만 이데올로기의 세례를 받은 주체가 다름 아닌 '냉소주의적 주체' 이다.

자연스럽게 받아들이는 억압사회의 이데올로기가 어떻게 스스로 재생산되는가, 어떻게 믿음의 자동화가 이루어지는가. 지젝의 지적처럼 현대인들은 자본주의의 모순을 알고 있을 뿐만 아니라 자본주의의 모순적인 재생산에 기여하고 있다는 것을 알면서도 국가의 이데올로기와 재생산에 복무하고 있는 것이다.

억압사회를 구성하는 또 다른 이데올로기 장치로는 광고 미디어로 확산되는 소비이데올로기를 들 수 있다. 보드리야르는 이를 '차이에 대한 욕구' 로 설명하고 있다. 즉 현대사회는 생산과 노동에 의해 발전되는 것이 아니라 소비에 의해 확장되며, 다른 사람과 차이를 추구하는 소비가 사회를 움직이는 동력이 되고 있다는 것이다.

1. '냉소주의적 주체' 라는 유령

사람들이 억압적이고 왜곡된 현실을 알면서도 매일 아침 출근길에 오르고 반복된 일상으로 돌아가는 것은 무엇 때문일까. 지젝은 이데올로기는 앎의 차원이 아니라 행함의 차원이라며 마르크스의 이데올로기론을 비판하면서 이에 대해 설명한다.

마르크스는 '왜곡된 의식'을 가리키는 말로 '이데올로기'란 단어를 사용한다. 가령 우리는 매일 노동자로서, 관리자로서, 기업가로서 자본주의 체제를 재생산하고 있다는 사실을 알지 못한다. 우리가 매일 똑같은 일을 반복하는 것은 그 때문이다. 또한 우리는 투표를 하는 순간 이미 현재 상태를 승인하고 있음을 알지 못한다. 그래서 투표가 중요하다는 헛된 믿음 속에서 계속 투표를 한다. 마찬가지로 우리의 종교적 믿음이 실제로는 우리를 유순한 시민으로 만드는 것임일 알지 못하기에, 일요일마다 교회에 간다.116)

그러나 지젝에 의하면, 오늘날 우리는 자신이 현실에 대한 왜곡된 상을 갖고 있다는 사실을 이미 알고 있다. 가령 대학에 들어가면서 자신이 이 사회 체제를 지탱하는 구성원으로 훈련되고 있음을 이미 알고 있다. 투표장에서는 나의 투표가 실질적으로 정치체제를 쉽사리 바꾸지 못하리란 것을 알고 있다. 교회에 가는 것이 나를 온순한 시민으로 만드는 데 기여하는 것 또한 알고 있다. 슬로터다익(Peter Sloterdijik)은 여기서 '냉소주의적 주체'라는 개념을 끌어들인다.117)

'냉소주의적 주체'로서 우리는 우리의 현실 인식이 왜곡되어 있다는 걸 잘 안다. 그럼에도 불구하고 우리는 그런 왜곡을 과감히 거부하지 못하고 오히려 거기에 집착한다. 그래서 마르크스의 이데올로기 공식("그들은 자기가 하는 것을 알지 못하면서 그렇게 한다.") 대신, 슬로터다익은 "그들은 자기가 하고 있는 것을 잘 알지만, 여전히 그렇게 행동한다."는 냉소적인 공식을 제안한다. '냉소주의적 주체'는 현실에 대한 공식적인 전망이 이미 왜곡되어 있다는 것, 그런 왜곡된 전망을 피할 수 없다는 사실을 수용한 주체이다. 그런데 우리는 이데올로기 속 주체들에게 그들이 속고 있다고 말해줄 수가 없다. 왜냐하면 그들은 이미 알고 있기 때문이다.118)

지젝은 그렇다고 해서 이것이 우리가 이데올로기와 현실의 구분이 더 이상 문제 되지 않는 '탈이데올로기적 세계'에 살고 있음을 의미하지는 않는다고 말한다. 지젝은 마르크스의 상품물신주의 분석을 통해 이를 설명한다. 즉 마르크스에게 자본주의적 부(富) 개념은 근본적으로 불평등의 표현이다. 그것은 상품생산에 필요한 노동의 가치와 상품 가치 사이의 차이를 나타낸다. 후자는 당연히 화폐 단위로 표현된 전자보다 더 크며, 이는 노동자들이 노동에 대한 대가를 완전하게 지불받지 못하고 있음을 의미한다. 이런 측면에서 부는 지불되지 않은 노동이다. 그래서 상품, 궁극적으로 화폐는 착취당하면서 다른 사람들을 위해 상품을 생산하는 사람들 간의 관계를 표현하는 대신 사물들 간의 관계, 서로 다른 양의 돈과 상품들 간의 관계를 표현하는 것처럼 보인다. 그로 인해 사회의 실제 메커니즘은 모호해지는데, 노동의 사회적 구성이 상품 순환과 상품 구매를 위해 지불된 화폐 뒤에 감춰지기 때문이다. 따라서 화폐를 본래 가치 있는 것으로 여기는 개인들은 화폐의 진정한 가치를 잘못 알고 있다. 화폐의 진정한 가치는 상품을 생산하는 이들과 그들의 노동으로 이득을 얻는 사람들 간의 관계 속에 있다.[119]

달리 말해 우리는 돈이 그 자체로는 아무 가치가 없음을 안다. 그것은 단지 간접적인 부의 표현이고, 그 가치는 사회관계 속에서 결정된다. 그런데도 사람들은 마치 돈 그 자체가 가치 있는 것인 양 행동한다. 지젝은 이처럼 자기 잘못을 알고 있으면서도 변함없이 계속되는 행동이 '이데올로기적 환영'[120]을 구성한다고 말한다. 이데올로기적 환영을 구성하는 것은, 자신의 잘못을 알고 있음에도 불구하고 계속되는 행동이다. 즉, 우리는 제3세계의 노동착취공장에 반대하지만 나이키 신발이 그 곳에서 생산됐다는 것을 알면서도 나이키 신발을 사 신고 있는 것이다.[121] 즉 나이키 신발을 사 신음으로써 제3세계 노동자들의 노동착취를 눈감아버리는 결과를 낳지만 이를 알면서도 나이키 신발을 구매하는 것이다.

이와 같이 이데올로기는 근본적으로 '앎'이 아니라 '행함'의 차원에 속한다. 예컨대 페미니스트 책을 읽으면서도 셔츠를 제시간에 다려놓지 않았다고 아내에게 큰소리를 치는 것과 같다. 또 여성이 남성과 평등하다는 것을 잘 알면서도 그렇지 않은 것처럼 행동하기도 한다. 그래서 지젝은 우리가 여전히 이데올로기적 사회를 살고 있다고 말한다. '이데올로기적 환영'은 우리가 행하는 것의 현실 속에 있지, 우리가 생각하는 것에 있지 않다.

지젝은 알튀세의 「이데올로기와 이데올로기적 국가장치」(Ideology and Ideological State Apparatues)를 통해 왜 사람들이 억압적이고 왜곡된 현실에 대해 자동화된 신념을 가지는지를 설명한다.

알튀세는 국가장치를 '억압적 국가장치'(repressive state apparatus)와 '이데올로기적 국가장치'(ideological state apparatus)로 구분한 국가론을 제시한다. 억압적 국가장치로는 정부, 군대, 경찰, 법원, 교도소 등을 포괄한다. 이데올로기적 국가장치로는 학교, 교회, 가정, 정당, 노동조합, 예술, 커뮤니케이션 매체 등이 포함된다. 전자는 기본적으로 억압에 의해, 후자는 주로 이데올로기에 의해 기능한다. 생산관계의 재생산은 대부분 이들 양자에 의한 국가권력의 행사를 통해 확보된다. 그러나 억압적 국가장치는 이데올로기적 국가장치의 작동을 위한 정치적 조건을 확보하는 반면, 이데올로기적 국가장치는 억압적 국가장치가 마련해준 정치적 조건 속에서 지배이데올로기를 통해 생산관계의 재생산을 구체적으로 확보한다.[122]

알튀세는 이데올로기의 문제를 기능적인 관점에서 파악한다. 알튀세는 「이데올로기와 이데올로기적 국가장치」의 서두에서 사회가 어떻게 스스로 재생산되는지 묻는다. "마르크스가 말했듯이, 만약 하나의 사회구성체가 생산을 함과 동시에 생산의 조건들을 재생산하지 않는다면, 그것은 1년도 존속할 수 없다는 사실은 어린아이조차도 알고 있다. 그러므로 생산의 최종적인 조건은 생산조건들의 재생산이다."[123]

그렇다면 무엇이 우리로 하여금 마음 내키는 대로가 아니라, 매일 아침 눈을 뜨면 일을 하러 가게 하는 것일까? 이에 대한 알튀세의 첫째 대답은 국가는 어떤 모반도 물리적으로 제압할 수 있을 만큼의 군대와 경찰, 감옥을 마련해놓고 있다는 것이다. 이런 물리적 준비는 억압적 국가장치에 속한다. 억압적 국가장치는 국가가 힘으로 국민을 통제할 수 있는 수단들로 구성된다. 법의 지배는 처음에 억압적 국가장치(물리적 강제와 폭력)를 통해 공고해진다. 그리고 국가는 권위를 지탱하기 위해 작게는 사소한 범죄에서부터 크게는 혁명에 이르기까지 언제나 억압적 국가장치를 요청할 수 있다. 그러나 국가는 매일 아침 무장을 하고 침대에서 뛰쳐나오는 국민이 아니라, 상징적 질서 속에서 다양한 역할에 맞게 훈련된 국민을 필요로 한다. 알튀세에 따르면, 이데올로기적 국가장치가 작동하는 지점이 바로 여기다. 이데올로기적 국가장치는 자본주의 질서 속에서 자기 역할을 충실히 수행하는 주체를 공급함으로써 자본주의 재생산에 기여하는 제도들이다.[124]

알튀세는 여기서 자본주의 사회구성체에서 지배적인 이데올로기적 국가장치로 교육 장치의 중요성을 강조한다. 그는 정치적인 이데올로기적 국가장치 뒤로, 부르주아지가 그들의 가장 중요한, 따라서 지배적인 이데올로기적 국가장치로서 설치한 것은 교육 장치이며, 그것은 이전의 교회를 기능면에서 대체했다고 간주한다. 즉, 학교=

가족이라는 쌍이 교회=가족이라는 쌍을 대체했다. 그리고 모든 이데올로기적 국가장치들은 생산관계들, 즉 자본주의적 착취관계들의 재생산이라는 하나의 동일한 결과에 기여한다. 그들 각각은 자신의 고유한 방식으로 이 동일한 결과에 기여한다. 정치적인 장치는 개인들을 정치적인 국가 이데올로기에 종속시킴으로써 그렇게 한다. 커뮤니케이션 장치는 잡지, 라디오, 텔레비전 등을 통해 모든 시민들에게 매일 일정량의 민족주의, 쇼비니즘(국수주의), 자유주의, 도덕주의를 주입시킴으로써 그렇게 한다. 문화장치 또한 마찬가지다(쇼비니즘에서 스포츠의 역할은 가장 중요하다). 종교적인 장치는 설교나 탄생, 결혼, 죽음과 관계된 의식들 속에서 그렇게 한다.[125)]

그런데 자본주의 사회구성체의 생산관계들, 즉 피착취의 착취자에 대한 그리고 착취자의 피착취자들에 대한 관계들이 대부분 재생산되는 것은, 바로 지배계급의 이데올로기의 집단적인 주입 속에 둘러싸인 몇몇 노하우들의 학습을 통해 이루어진다. 자본주의 체제에 있어 이러한 사활적인 결과를 산출하는 메커니즘은 당연하게도, 보편적으로 군림하는 학교 이데올로기에 의해 은폐되고 숨겨진다. 왜냐하면 그것은 지배적인 부르주아 이데올로기의 본질적 형태들 중의 하나로서, 학교를 중립적이고 이데올로기를 갖지 않는 장소로 표상하는 이데올로기이기 때문이다.[126)]

알튀세의 이데올로기적 국가장치는 우리의 무의식 속에서 작동하는 '믿음 이전의 믿음'이다. 이는 티베트의 회전식 기도통처럼 자동화된 신념이다. 파스칼이 묘사한대로, 그것은 기계처럼 우리에게 알려지지 않은 채 무의식 속에서 째깍거리며 작동한다. 파스칼은 단순히 믿음의 형성이 행위 양식의 영향을 받는다는 차원을 넘어, 교회의 의례에 참석함으로써 자신도 모르는 사이에 믿게 된다고 주장한다. 지젝은 여기서 우리가 믿음을 표현하기 위해 교회 의례에 참석하는 것이 아니라, 반대로 의례에 참석하는 행위가 우리의 믿음을 만들어낸다고 말한다. 믿음은 의례 속에 이미 있었고, 믿음의 의례는 소급적으로 의례에 대한 믿음을 생산한다.[127)]

지젝은 이런 기계의 탁월한 사례로 알튀세의 국가장치, 즉 교육시스템, 교회, 가족과 같은 제도들을 든다. 즉 지젝은 이데올로기적 국가장치를 파스칼적 의미의 '이데올로기 기계'[128)]로 보면 해결된다고 말한다. 이데올로기적 국가장치는 특정한 체계에 대한 믿음을 발생시키는 메커니즘으로, 우리가 미처 깨닫기 전에 그 체계의 올바름에 대한 신념을 창조한다. 이런 장치들은 무의식적으로 우리의 믿음을 선취하며, 그로써 우리를 거기에 적응시킨다.[129)] 따라서 이데올로기에 대한 우리의 믿음은, 우리가 알튀세의 이데올로기적 국가장치와 같은 '믿음기계'에 대한 믿음을 자각하기도 전에 이미 작동한다.[130)]

알튀세는 이데올로기는 외면적인 것이 아니라 내면적으로 작용한다고 주장한다. 즉, 이데올로기는 우리가 당연시하는 사회의 관습과 구조, 이미지 안에 살아 있다는 것이다. 우리는 이데올로기를 내면화해서 그것의 존재와 영향을 의식하지 못한다. 그것은 무의식적인 것이다. 만약 알튀세의 주장이 옳다면, 우리의 무의식마저도 우리의 본질적인 자아 외부에 있는 이데올로기에 의해 형성된다는 얘기가 된다. 알튀세에게 있어 본질적 자아라는 개념은 허상에 불과하며 오히려 사회적으로 생산된 자아 정체감을 소유한 사회적 인간이 그 자리를 대체한다.[131]

알튀세의 이데올로기론은 초기 마르크스주의의 그것을 뒤집어 놓았다. 초기 마르크스주의에서 이데올로기는 노동 계급의 입장에서 볼 때 일종의 필터 같은 것, 즉 그들과 주변 세계 간의 '진정한' 관계를 차단하고 위장하는 것으로 인식되었다. 이데올로기의 기능은 자아와 역사 관계에 대한 '허위의식' 을 만들어 내는 데 있다. 알튀세는 이러한 이데올로기의 개념에 대한 정의를 바꾸어 놓았다. 소쉬르는 언어가 우리에게 현실 그 자체보다는 현실을 해석하는 접근법을 제공한다고 주장했듯이 알튀세는 이데올로기가 '허위' 가 아니라 인간이 자신이 처한 물질적 상황을 해석하고 이해하고 경험하고 '살아 내는' 개념틀로서 정의한다.[132] 즉 이데올로기는 현실 인식을 형성하고 결정하며, 우리가 싫든 좋든 그것이 만들어 내는 세계에서 살아가게 된다.

알튀세의 마르크스주의는 루카치, 그람시 및 프랑크푸르트학파에 의해 주창되던 인간주의적 마르크스주의에 대한 강한 반발이다. 인간주의는 인간이 창소한 잠새력-이 잠재력이 자본주의 하에서 위축되고 소외됨-을 신뢰하는 사상이다. 그러나 알튀세는 이런 인간행위의 결정력을 배격하고 엄격한 구조적 결정력을 강조한 것이다. 그에게 인간은 역사적 발전과정의 저자나 주체가 아니다. 그에게 인간은 사회구성체의 구조와 관계의 담지자이며 효과일 뿐이다.[133]

이와 같이 마르크스주의적 구조주의자인 알튀세는 초기 마르크스주의적 인간주의를 비판하면서 인간은 그 자신이 주체로 홀로서기 이전에 이미 이데올로기적으로 사회와 국가에 복종하는 세례를 받은 존재로 간주한다.[134]

2. 소비사회의 독송, "나는 소비한다, 고로 나는 존재한다."

소비이데올로기는 탈근대의 소비사회를 살아가는 '냉소주의적 주체'가 어떻게 '소비의 소비'의 사슬에 묶여있는지를 설명해준다. 그것은 다름 아닌 '차이의 욕구'를 소비하고자 하는데서 비롯된다. 노동에 의한 소외를 부르는 잉여가치에 이어 현대 소비사회에서는 소비에 의해 소외를 부르는 잉여쾌락이 이데올로기적 환영을 구성하지만 주체들은 이를 알면서도 벗어나지 못하고 억압된 주체로 살아가게 되는 것이다.

현대 소비자본주의 사회에서는 사회적 생산과 재생산으로서 광고이데올로기가 그 핵심을 차지하고 있다. 이 때문에 현대 소비사회에서 개인은 일상생활에서 이른바 '광고 테러리즘'에 시달리고 있다고 해도 과언이 아니다. 미디어를 통해 반복재생산 되는 광고는 개인의 무의식에까지 파고들면서 소비이데올로기의 핵심적인 기제로 자리잡고 있다. 광고는 소비를 조작하고 개인의 의식을 마비시키면서 소비로부터의 소외를 낳고 있는 것이다.

제머슨(Fredric Jameson)은 "포스트모더니즘은 후기 자본주의의 문화논리에 다름 아니다."라는 테제를 던지면서 포스트모더니즘과 소비사회를 분석한다.[136] 그는 1960년대 이래 문화 생산이 상품 생산과 일반적으로 통합되었다며 세상이 새로운 시대로 접어들었다고 주장한다. 즉, 보다 진기해 보이는 상품들의 새로운 물결을 더욱 빨라진 회전율로 만들어내어야 할 급박함 때문에 점차 심미적 혁신과 실험에 본질적인 구조적 기능이 부과된다는 것이다. 그 결과 과거에는 생산 영역에서만 일어났던 투쟁들이 이제 바깥으로 옮겨져서 문화생산부문이 격렬한 사회적 갈등의 장으로 떠오른다. 그러한 변화는 소비자 습관과 태도의 특정 변동까지 포함한다. 이에 따라 광고가 '자본주의 공식 예술' 로서 자리매김하면서 광고 전략을 예술로 끌어들이고 예술을 광고 전략으로 끌어들인다.[137)]

여기서 소비이데올로기로서의 광고에 대한 중요성이 새삼 부각된다. 상품의 사용가치보다 교환가치를 중시하고, 교환가치가 사용가치의 대용품으로 나타나며, 교환가치가 상품의 실제가치인 것처럼 만드는 자본주의의 일반전략은 바로 광고에서 나타난다.

최근 상품소비에서 내용보다는 미적 가치에 더 중요성을 부여하는 것은 이런 맥락에서 비롯된 것이다. 즉 자본주의의 광고체계에서 상품은 사용가치를 넘어 교환가치를 갖는 것으로 끝나지 않는다. 디자

인, 포장기술의 발전으로 상품에 미적 가치가 부여되는 것이다. 단순히 상품을 제시하는 것이 아니라 사진기술과 촬영기술, TV나 비디오 같은 영상기술을 가지고 상품을 신비하게 보이게 만든다. 앞서 제머슨이 지적한 바, 포장이나 디자인이 없는, 이미지와 분위기가 벗겨진 상품이 아니라 향수적인 분위기에 싸여 있고 예술품 같은 상품이 광고에 나타난다. 미술품이 종교적인 예불의 위치를 차지했던 것처럼 이제는 상품이 과거의 미술품이 누렸던 지위를 이어받는다. 미술상이 생겨나 예술품이 상품으로 팔려나갔던 시절과 반대로 이제는 상품이 예술품으로 팔려나간다. 그리고 광고는 불행한 현재는 상품을 손에 쥠으로써 행복한 미래로 발전할 수 있다고 선전함으로써 개인들을 무의식까지 자극하는 것이다.[138]

다른 모든 이데올로기가 그렇듯이 광고는 '호명'(appellation)의 기능을 한다. 말하자면 광고는 그의 의미와 소비패턴에 종속되는 주체들을 만들어내는 것이다. 소비자는 의미를 만들기 위해 호명당하며, 결국에는 사고 소비하고 다시 사고 소비하는 과정을 반복한다. 예를 들어 광고가 "당신 같은 사람들은 이런저런 상품으로 바꾸고 있습니다."라는 말로 나를 호명할 때, 그것은 나를 집단성원 중 하나로 호명하고 있으나 사실상 그 집단의 한 개인인 '당신'을 호명하고 있는 것이다. 그러나 알튀세에 의하면 이것은 이데올로기적 '오인' 행위이다. 첫째로 이 광고가 효과를 내기 위해서는 많은 사람들이 스스로를 바로 그 '당신'이라 느끼도록 해야 한다는 점에서 그렇다. 둘째로 이것은 광고에서 내가 인식하는 '당신'은 사실 광고에 의해 만들어진 '당신'이라는 의미에서도 오인이다. 광고는 우리를 그 언술의 특별한 '당신'이라고 착각하도록 부추겨서, 결국 그 광고의 물질적 실천행위의 주체로 만들고 또 그에 종속시킨다. 그러므로 광고는

그것이 작용하는 방식과 그것이 만드는 효과 어느 면을 보나 이데올로기적이다.[139]

이러한 광고의 소비이데올로기는 자본주의의 모순에도 불구하고 여전히 자본주의의 생산관계를 지속시키는 기능을 하고 있다. 마르크스에 따르면 생산력의 증대, 발전이 생산력을 조직하고 관리하며 착취하는 사회적 생산관계와 모순을 일으키고 생산력이 사회적 생산관계를 따라잡지 못하여 생산력과 생산관계 사이의 벌어진 틈이 한 사회를 다른 사회로 이행시키게 만든다고 보았다. 그런데 문제는 자본주의가 산업혁명 이후 생산력을 계속 증대시켜 온 오늘날 자본주의적 착취관계는 자본주의 내부의 생산력 발전에 의해 더 이상 견디지 못하고 붕괴되기는커녕 계속 새로운 모습으로 변신하면서 지속되고 있다는 점이다. 르페브르는 이러한 사실에 대해 생산력의 발전에도 불구하고 자본주의는 그 생산관계를 여전히 지속시키고 있는 데에는 광고라는 소비이데올로기가 있기 때문으로 설명한다.[140]

자본주의가 마르크스의 당대와 다른 얼굴로 나타나기 시작한 것은 19세기 후반 '소비'[141]라는 담론이 생겨나기 시작하면서부터이다. 근로자와 대중이 노동자와 생산자에서 소비자가 되면서 자본주의는 소비자본주의의 얼굴을 하고 나타나기 시작했다. 그래서 이제 자본주의는 과거처럼 장시간 저임금의 착취논리를 강요하지 않는다. 노동자를 생산자일 뿐만 아니라 동시에 소비자로 탈바꿈시키는 논리를 통하여, 더 많은 월급과 더 짧은 노동시간을 통하여 자본주의는 착취의 구조를 바꾼다. 마르크스가 상대적 잉여가치의 창출이라고 불렀던 것이 바로 그것이다. 소비는 이렇게 해서 자본주의의 가치증식 과정에 개입하기 시작한다. 더 많은 월급과 더 짧은 노동시간의 차이, 그 간극을 비집고 소비가 이데올로기로서 자리를 잡기 시작한 것이다.[142]

자본주의는 2차대전이후로 소비자본주의, 수정자본주의, 독점자본주의, 후기자본주의 등의 이름으로 고도화된다. 광고가 본격적으로 문제되기 시작한 것은 바로 1960년대부터였다. 그래서 소비가 자본의 가치증식과정에 개입하듯이 광고는 그 과정에 개입할 뿐만 아니라 그 개입의 과정을 구체화하고 강화하는데 중요한 역할을 한다. 그래서 르페브르는 광고를 2차대전 이후 사회변화를 갈망하던 서구좌파의 희망이 무산되게 한 중요한 한 원인으로 통찰했던 것이다.[143)]

생산력의 증대와 생산관계의 모순이 자본주의의 초기에는 절대적 잉여가치의 창출이라는 억압적인 방식으로 해소되었다. 즉 자본주의가 장시간 저임금 노동뿐만 아니라 인간의 육체를 잔인하게 혹사하고 감시해서 얻은 절대적 잉여가치의 창출을 통해 자본가는 생산성도 향상시키고 억압적인 방식으로 생산관계를 유지시켰다.[144)]

그러나 광고는 1920년대에 대중이 생산된 상품이나 소비재에 즉각적이고 지속적으로 반응하는 소비시장을 계속 확대하고 이를 통해 생산관계와 생산력 간의 모순을 해소함으로써 스스로의 생명을 유지시켜 나가는 자본주의 운동에서 결정적인 역할을 했다. 광고가 생산력 증대에 기여하는 생산수단인 된 것이다. 다시 말해 과거의 자본주의는 석탄, 기름 같은 원재료로 하여 생산력을 증가시켰지만 이제는 자본주의가 광고까지도 생산수단으로 삼게 되었다는 뜻이며 광고가 다시 소비자를 다듬고 매만지며 가공하는 원자재로 삼게 되었다는 뜻이다.[145)]

따라서 생산관계는 이제 과거처럼 생산영역 안에서 억압적이고 폭력적인 방식으로만 유지, 생산되지 않고 생산 바깥의 소비영역에서도 유지, 생산되는 것이다. 여기서 광고가 직접적으로는 광고주의 수입을, 간접적으로는 사회전체의 지속적인 회전을 유지하는데 큰 역할을 했다. 자본주의 안에서는 생산력이 생산관계에 의해 계속될 수 없다는 것이 마르크스주의의 공론이었지만 이 공론과 달리 자본주의하에서 생산관계는 생산력의 발전을 훼방하는 질곡으로 작용하지 않았으며 오히려 생산의 사회적 관계를 재생산하는 과정을 통해 생산력의 발전을 도왔던 것이다. 르페브르는 『좌파의 문화정치학을 위하여』에서 이러한 논리를 제시했다. 과거의 마르크스주의자들은 자본주의가 생산관계를 생산영역 바깥에서 지속시켜 나가는, 다시 말해 생산관계가 사회적 관계로 변신해나가는 논리를 파악하지 못한 것이다.[146)]

르페브르는 『살아남는 자본주의』(*La Survie de capitalisme*, 1973)에서 세대가 가지만 가족들의 재생산이 지속적으로 생산되는 이유를 그 구조적 관계들이 지속된 데서 찾고 있다. 이는 자본주의의 재생산이 계속해서 생산되는 논리인 것이다. 즉 자본주의 생산관계의 재생산은 사회의 기본모순, 즉 계급모순(자본 대 노동)이 사회적(부르주아 대 프롤레타리아)이고 정치적(지배하는 자 대 지배당하는 자)인 모순으로 확장되는 구조이다. 다시 말해 생산현장의 모순이 다른 모순으로, 예를 들어 상품을 구매하고 소비하는 능력간의 차이로 탈바꿈하는 것을 가능하게 해 주는 구조인 것이다. 이 구조 안에서 자본주의는 생산력과 생산관계의 모순을 해소한다. 초창기의 자본주의의 전형적인 모순이 끊임없이 새로운 모순들로 대체되어 가면서 모순이 다른 얼굴로 은폐되고 사회적 갈등공간이 진공상태로 변하는 것이다.[147)]

이와 같이 광고는 자본주의의 위기를 관리할 수 있는 소비시장의 팽창에 큰 기여를 했다. 현대에 이르러 광고는 고전적 자본주의 시절의 장시간 저임금의 구조, 기계화에 의한 잉여가치의 착취구조보다

막대한 영향력을 지닌다. 계급모순이 있는 데 없는 것처럼 만드는데 결정적인 역할을 한다.[148)]

그래서 소비는 선택적 소비가 아니라 선택이 이미 통제되고 결정된 소비인 것이다. 르페브르는 전후 자본주의 사회를 가리켜 '소비조작의 관료사회' 라고 했다. 푸코는 18세기와 19세기의 '징계/규율사회' (disciplinary society)가 20세기로 접어들면서 '통제사회' (society of control)로 바뀌고, 이것이 우리의 미래가 될 것이라고 말한 바 있다. 통제사회는 임금인상을 더 이상 폭력적으로 억압할 수 없게 된 자본주의가 생산력의 발전, 욕구의 상승에 상응해 임금을 인상할 수밖에 없는 모순을 완화하기 위해, 임금을 올려주되 그 반대급부로 더 넓은 시장(소비시장)을 찾아 임금인상의 대가를 충분히 보상하려는 자본가의 전략에서 나온 자본주의 사회의 특이하고 새로운 형태이다. 이러한 사회에서는 베버식의 금욕이나 검약이 아니라 소비와 사치가 새로운 가치윤리로 자리 잡는다. 소비가 윤리규범에 따라 절제되는 것이 아니라 소비가 장려되고 조작, 통제된다.[149)]

이제 자본주의는 과거처럼 공장 안에서 노동자의 육체를 혹사하여 생산성을 높이는데 만족하지 않고 '새로운 공간' 을 공장 바깥에서 구해 노동자가 자기의 임금과 남은 시간을 그곳에서 소비하게 한다. 백화점, 쇼핑센터가 생기면서 소비공간이 대형화되고 공장 바깥에서 새로운 소비시장이 자리를 잡는다. 이러한 공간은 '사회적 공간' 이라고 할 수 있는데 자본주의는 이러한 공간을 확장한다. 확장된 공간만큼 소비시장의 공간이 넓어지고 넓어진 소비 공간만큼 가치증식의 기회는 커진다. 즉 공장 바깥에서 소비를 통해 생산의 재생산이 이루어질 수 있는 공간들이 새롭게 창조되며 소비행위를 통해 생산을 재생산하는 메커니즘이 다양해지는 것이다.[150)]

그런데 광고의 목적은 소비자로 하여금 현재의 자연스런 생활에 최대한의 불만을 느끼게 하는 것이다. 버거(John Berger)는 1972년에 출간한 『보는 방식들』(*Ways of Seeing*)에서 다음과 같이 말한 바 있다.

> "광고의 목적은 보는 사람의 현실 생활에 대하여 최대한의 불만을 느끼도록 하는 것이다. 이는 그 사회의 생활양식에 대한 불만이 아니라 자기 자신의 생활에 대한 불만이다, 이 상품을 구입하면 당신의 생활은 보다 윤택해진다고 광고는 제안한다... 다시 말하면 광고가 불러일으키는 불안은 가진 것이 없으면 어떠한 역할도 할 수 없다는 '공포감' 이다."[151]

버거의 지적처럼 광고가 목적으로 삼는 것은 끊임없는 불만을 만들어내고 이것을 통해 불만을 가라앉힐 수 있는 대리용품, 즉 상품을 소비하게 하는 것일 뿐이다. 광고가 자극하는 불만, 불안, 공포, 불행의 심리적 체계는 자본주의가 끊임없는 시장개발을 위해, 가치증식을 위해 가동하는 결핍, 부족의 메커니즘에 일치한다. 그런데 그 메커니즘이 만들어내는 새로운 욕구가 '거짓' 욕구이고 상상의 욕구[152]인 것처럼 광고가 강조하는 심리적 체계는 현실이 아니라, 백일몽 속에 갇혀 있는 이데올로기적인 체계일 뿐이다.[153]

텔레비전 광고는 삶의 방식까지 지배하는 것을 노골적으로 보여준다. 광고는 소비자에게 단순히 회사를 홍보하는 의도 외에도 기존 사회에 적합해지도록 살아가는 방식까지 조정하는 지배자의 이데올로기라고 하지 않을 수 없다.[154] 광고를 보면서 소비자는 광고에서 주어진 삶의 스타일을 받아들이고 그것이 바로 이상적이라는 생각을 갖게 되는 것이다. 르페브르는 상품 이데올로기를 전파하는 광고는 심지어 어떻게 살아야 하는지를 지시하고 프로그래밍 해주고 있다고 말한다.

> 광고는 이데올로기의 중요성을 갖는다. 그것은 상품의 이데올로기이다. 광고는 예전의 철학, 도덕, 종교, 미학의 자리에 대신 들어섰다. 오늘날 가장 정교한 광고문안은 세계에 대한 개념을 폭로해준다. 선택할 줄 아는 사람이라면 그러한 상표를 선택하라. 이 기구(가전제품)는 여성을 해방시킨다. (모호한 말장난과 함께) 이 '에센스'는 좀 더 당신 곁에 가까이 있다. 이 광범위한 '내용'과 꼼짝없이 사로잡힌 이데올로기들, 이것들은 가장 구체적인 부추김을 목표로 하고 있다. 미국 텔레비전의 영화와 뉴스 중간에 끼어드는 명령들(광고)은 이 부추김이 어디까지 가는지를 잘 보여주고 있다. 당신은 편안하게 당신 집에 있는데 그 집에는 작은 화면이 있고 (그 화면에서) 누군가가 당신을 사로잡고 있다. 사람들은 당신에게 항상 어떻게 하면 더 잘 살 수 있는지, 무엇을 먹고 무엇을 마시며, 무슨 옷을 입고 무슨 가구를 들여놓으며, 어떻게 살 것인지를 말해준다. 그런 식으로 당신은 프로그래밍이 되는 것이다.[155]

르페브르의 '소비조작의 관료사회'의 소비이데올로기는 보드리야르의 '소비사회'(La société de consommation)로 이어지고 있다. 보드리야르는 소비개념의 혁신을 통해 현대사회를 분석하는 열쇠를 찾는다. 그는 경제학에서 정의하는 소비개념과는 다르게 상품(사물)의 소비란 사용가치의 소비를 포함하면서도 그것을 훨씬 넘어선다. 즉, 행복, 안락함, 풍부함, 성공, 위세, 권위, 현대성 등에 소비의 본래적 의미가 있다고 주장한다. 이러한 착상으로 사물을 기호로 파악하고 또 사회를 의미작용의 체계로 해석한다. 그리고 보드리야르는 인간의 욕구를 특정한 사물에 대한 욕구로 해석하지 않고, '차이'에 대한 욕구, 즉 사회적 의미에 대한 욕망으로 해석한다.[156]

이러한 사회적 차이화의 논리에 따르면 사람들은 상품의 구입과 사용을 통해 자신을 돋보이게 하며 동시에 사회적 지위와 위세를 나타낸다. 이렇게 본다면 소비란 자율적인 주체의 자유로운 활동이 아니라 욕구의 체계를 발생시키고 관리하는 생산질서와 또한 상품의 상대적인 사회적 위세 및 가치를 결정하는 의미작용의 질서에 지배받고 있다. 개인은 이제 사물에 의해 지배받으며 그 결과 자율성과 창의성을 박탈당한 사물과 같은 존재이다. 보드리야르는 이러한 사태를 루카치와 프랑크푸르트학파를 따라서 '물신화의 과정'으로 기술한다.[157] 즉 소비의 주체는 개인이 아니라 기호의 질서이다.[158]

보드리야르에 따르면 현대사회는 생산과 노동에 의해 발전되는 것이 아니라 소비에 의해 확장되며, 소비가 사회를 움직이는 원동력이 되고 있다는 것이다. 따라서 현대사회를 지배하는 이데올로기는 소비의 이데올로기이고, 이 소비의 이데올로기는 사물의 기호학을 심화시킨다. 보드리야르는 현대의 소비사회에 대한 우려로서 데카르트의 명제 "나는 생각한다. 그러므로 나는 존재한다."의 명제를 "나는 소비한다. 그러므로 나는 존재한다."로 변형시킨다. 그는 현대 소비사회에서 사물은 기호와 이미지에 의해 가치가 결정된다고 주장한다.[159]

보드리야르는 마르크스의 사물가치론을 비판하면서 사물을 물질적 실체로 보지 않고 기호로 파악했다. 그리고 이 사물의 기호가 체계를 지니는 것으로 보았다. 이렇게 사물은 기호이며 사물의 의미와 기능을 기호체계 안에서 정합적으로 부여받는다면, 소비의 개념 역시 기호체계 안에서 이해될 수 있다. 따라서 소비사회에서 중요한 범주는 사물의 사용가치나 교환가치보다는 기호학적 가치, 특히 광고

언어가 사물에 부가하는 기호학적 가치이다. 그러므로 생산이 소비의 논리에 의해 이루어지는 상황에서 대중매체는 광고언어를 통해 기호학적 가치의 창출에 나선다. 결국 사람들은 광고상품보다는 기호학적 가치를 위하여 소비한다.[160] 보드리야르는 광고가 삶의 방식을 강요하고 지배한다는 르페브르와 마찬가지로 광고를 현대의 가장 주목할 만한 매스 미디어로 파악한다.

보드리야르에 따르면, 개인으로서의 존재는 기호의 조작과 계산속에서 사라진다.[161] '소비인간' 은 자신이 늘어놓는 기호의 내부에 존재한다. 즉 소비사회에서 소비의 진정한 주체는 개인이 아니라 기호의 질서이다. 이제 소비사회에서 사물의 존재나 개인의 존재는 기호의 질서 안에서 흡수되고 소멸된다. 존재하는 것은 사물이나 개인이 아니라 기호이다.[162]

달리 말하자면, 소비의 목적이 더 이상 본질적으로 만족이 아니라 기호가치가 된다는 것이고, 이 가치는 자신을 남들과 구별시켜주는 차이를 표시해준다는 점이다. 즉 '사회적 차이의 욕구' 를 위해 소비한다는 것이다.

이와 같이 보드리야르 이론의 핵심은 현대인이 상품의 구입을 통해 '사물' 이 아니라 '기호' 를 소비한다는 데 있다. 그가 보기에 인간의 욕망은 무엇보다 '차이' 에 대한 욕망이다. 사람들이 상품, 즉 기호를 구입하는 근원적 목적은 차별적 지위의 과시에 있다. 이것이 바로 보드리야르의 '사회적 차이화' 의 논리이다. 그렇지만 이러한 차이의 소비 역시 자발적인 선택인 것처럼 보이지만 미디어에 의해 조장된 자본의 욕망의 반영물일 뿐이다. 그래서 이제는 노동의 소외뿐만이 아니라 소비에서도 사람들은 억압당하고 소외된다고 한다.

차이의 욕구는 지젝이 제시한 '잉여쾌락' 의 논리처럼 결코 채워지지 않지만 계속해서 사회적으로 차이의 욕구가 재생산된다. 주체들이 '차이의 소비'에 매달리는 것은 바로 결코 채워지지 않는 잉여쾌락을 추구하기 때문일 것이다. 이와 같이 욕망은 대상의 고유 가치와 교환 가치의 차액인 잉여쾌락에 의해 지속되고, 자본주의 사회는 상품의 고유 가치와 교환 가치의 차액인 잉여 가치에 의해 지속된다고 지젝은 보았다.

그렇지만 보드리야르에게 소비는 평등하거나 균등한 영역이 아니며 소비는 하나의 계급적 제도가 된다. 즉 사물을 구매하고 선택하고 이용할 수 있는 구매력이 사람마다 다르기 때문에 사물 앞에서 인간은 불평등해지는 것이다.[163)]

또한 소비의 영역에서는 사물과 욕구 자체도 모델로 삼은 집단 및 지도적 엘리트층으로부터 다른 사회계층으로 이행하는 구조를 지닌 사회적 영역이 된다. 그러므로 욕구가 표준적인 소비자로부터 자연발생적으로 출현하는 것이 아니라 상류계급으로부터 발생하며, 상류계급이 그것을 거쳐 갈 때에만 일반적인 대중의 욕구가 된다. 요컨대 사물과 재화, 그리고 욕구의 순서 역시 상류계급으로부터 일반대중으로의 이행이라는 사회적 선택을 따르게 된다. 따라서 중간계급 및 하위계급의 욕구는 상류계급의 욕구에 비해 시간적, 문화적으로 항상 뒤쳐지게 된다. 소비사회에서는 욕망의 생산과정 자체도 불평등한 것이다.[164)]

보드리야르는 여가도 상품이기 때문에 위세와 차이를 소비하는 행위로 본다. 즉 여가시간은 소비시간과 마찬가지로 위세와 차이라는 사회적 가치를 생산하는 중요한 사회적 시간이다. 소비사회에서는 노동시간에는 말할 것도 없고 여가시간조차도 진정한 자유를 누릴 수 없다.

보르리야르는 또 향유가 소비사회의 새로운 윤리라고 한다. 즉 청도교가 신을 찬양하기 위해 자본가로서 한평생 청렴하게 살아야 하는 존재였듯이 현대의 '소비인간'(LHomme-consommateur)은 자기 자신을 향유를 의무로 삼는 존재로, 향유와 만족을 꾀하는 존재로 간주한다. 사람들은 자신의 모든 잠재력, 모든 소비능력을 부단히 동원하는 데 신경을 써야 한다. 이것을 잊어버리면 사람들은 그에게 행복해지지 않을 권리가 없다는 것을 친절하고도 간곡하게 상기시켜 줄 것이다. 소비는 경제학에서 말하는 불확정적인 주변적 영역이 아니고 적극적이고 집단적인 행동이며, 강제이고, 도덕이며 제도[165]라는 것이 보드리야르의 소비사회에서의 소비에 대한 분석이다. 소비사회가 제시하는 인간형은 소비의 이데올로기가 현대인에게 가하는 억압적인 테러리즘의 양상이라고 할 수 있을 것이다. 소비를 위해, 다른 사람에 과시할 수 있는 '차이' 있는 소비를 위해 자기 자신을 지속적으로 긴장시키고 유행을 쫓아가야 한다는 반복강박에 시달리게 되는 것이다.

3. 시간기계가 된 길들여진 신체 : 감방속의 자유

푸코에 의하면, 규율이란 길들여진 신체를 만드는 여러 다양한 기법과 전술을 통틀어서 의미하는 것이다. 감옥뿐만 아니라 군대, 학교, 병원, 작업장, 가정 등 사회의 다양한 영역들에서 규율이 생산·수행되며, 이를 통해 규율은 복종하고 훈련된 신체, 길들여진 신체를 만들어낸다. 이러한 일들로부터 근대적 휴머니즘의 인간이 탄생하게 된다. 규율이 개인을 만들어내는 것이다.[166]

규율은 우선 공간에 따른 개인의 분할을 실행한다. 공장의 자체 내에 있는 직공들의 숙소는 개인을 공간에 분할해 통제를 용이하게 하는 곳이다.[167] 또 규율의 공간은 분리시켜야 할 신체나 그러한 요소들과 같은 정도의 작은 단위로 분할하려는 경향이 있다. 분명하지 않은 분리 때문에 생기는 나쁜 결과라거나, 개인들이 통제되지 않고 실종되는 일, 산만한 왕래와 무익하고 위험한 동맹의 가능성을 모두 없애야 한다. 도주 등 집단행동을 방지하기 위한 전술인 셈이다. 중요한 것은 개개인의 출결사항을 명백히 하고 개인의 소재를 파악하는 일이며, 유익한 연락체계를 확립하고 일반사람들과 차단시켜서 감시하고, 평가하고 제재하며 그 자질과 공적을 측정하는 일이다.[168]

이러한 규율에서의 기본단위는 서열 중심적이다. 서열은 어떤 분류·등급 속에서 사람이 차지하는 위치이다. 규율은 서열의 기술이고, 배열을 변화시킬 수 있는 기술이다. 그것은 여러 신체를 한 곳에 뿌리박게 하지 않고, 분배하여 하나의 관계망 속에서 순환하게 하는 위치 결정에 따라 신체를 개별화시키는 것이다.[169]

자본주의 사회에서 노동의 재생산을 위한 규율장치로 '시간 기계'[170]를 들 수 있을 것이다. 시계는 '시간의 공간화'를 통해 시간을 측정 가능하고 계산 가능한 양으로 변환시키는 도구이다. 시계를 통해 시간은 거리나 위치와 같은 동질적인 양으로 변환된 것이다. 시간이 동질적이라면 미세한 부분으로 분할하는 것도 가능하게 된다. 이는 테일러(F. Taylor)가 노동자들의 시간관리라는 이름으로 동작의 미시적 통제를 시도하는 데서 극명하게 드러난다.[171] 이와 같이 시계가 단순히 시간을 측정하는 도구지만 '자본주의의 시계'는 억압적인 성격을 지닌다.

시계의 기술적 발전은 두 가지 측면에서 노동의 시간적 통제를 요구하게 된다. 하나는 노동의 시작과 끝 시간은 물론 작업 시간 내부에서 노동을 강제하는 장치로서 시계와 시간표가 이용될 수 있다는 것이고, 다른 하나는 분업의 발전에 따른 노동의 공시화, 노동의 조직화에 시간적 통제가 긴밀하게 필요하다는 점 때문이다. 시간표와 시간관리인 등은 감시원이나 벌금 등과 더불어 아마 1700년대에 나타난다. 이것이 18세기 말이 되면서 방적공업에 본격적으로 도입된다. 19세기 초반까지만 해도 시간표는 매우 간단한 수준이었고 활동의 외연적 제한 수준을 크게 넘지는 않았다고 한다. 그러나 19세기 후반에 들어오면서 시간표는 매우 정교하고 자세한 것이 되기 시작했으며, 19세기 말이 되면 시간표는 시간에 따라 미세한 동작 하나하나까지를 통제하려는 이른바 '동작관리'가 나타난다. 이로써 테일러주의는 '시간 기계'가 절단, 채취하는 활동의 폭을 미세한 부분 동작에까지 확장시켰고, 그 결과 '시간 기계'는 시계적 시간처럼 미시적 시간으로까지 얼마든지 분절 가능한 분절기계가 되었다. 이런 점에서 테일러주의는 근대적 '시간 기계'의 완성이라고 말할 수 있을 것이다.[172]

디킨즈는 『어려운 시절』(*Hard Times*, 1854)에서 코크타운의 노동자들이 "정오의 식사 종"[173]이 울려야만 비로소 식사를 할 수 있게 되었으며, "시끄럽게 울려대는 공장의 종소리"[174]에 복종하여 하루 일과를 시작하게 되었다고 묘사하고 있다. 하루를 일과표로 나누고 각각의 시간대에 정해진 일을 수행하도록 강제하는 방식은 처음에 수도원에서 시작된 것이었으며, 이것이 이후 공장, 학교, 감옥 등으로 확산되면서 근대인의 생활리듬을 규제하는 기본 방식이 된 것이다.[175]

그런데 사회생활의 관계들을 화폐화하면 시간과 공간의 성질들도 변한다는 점이다. 이를 테면 중세시대의 상인들은 일사불란한 사업 활동을 위해 보다 나은 시간 척도를 구성함으로써 실제로는 시간 그 자체의 변화, 즉 시간측정의 근본적인 변화를 불러일으켰다. 노동자들을 일터로, 상인들을 시장으로 부르는 시계와 종으로 상징되고 농촌생활의 '자연적' 리듬과 분리되며 종교적인 의미에서 벗어나 상인들과 장인들은 일상생활을 포섭하는 새로운 '시간적 그물' 을 만들어냈다. 아이러니컬하게도 종교적인 규율을 부과하기 위해 수도원의 명령으로 장려된 달력과 시간측정의 탐구를, 초창기의 부르주아지는 새롭고 매우 세속적인 노동규율로 중세도시들의 주민들을 조직하고 훈련하는 수단으로 사용하였다. 도시에서 '단일 시간' 은 새로운 문화적 · 경제적 질서의 승리를 알리는 것이었다고 랜즈(D. Landes)는 평한다.[176)]

중세도시에서 나타나는 노동에 대한 시간적인 강제와 통제는 시계의 발전의 또 하나의 동력이었다. 작업시간을 알리는 데는 종을 사용했다. 이로 인해 파업을 하거나 대투쟁이 벌어질 때면 노동자들이 제일 먼저 달려가서 부수는 것이 작업시간을 알리는 종이었다고 한다. 그래서 그 종을 부순 자는 사형에 처한다는 규정이 각 도시마다 있었다고 한다. 어떻게 보면 계급투쟁이 이 종을 둘러싸고 벌어졌던 셈이고, 이를 달리 표현하면 계급투쟁이 시간을 둘러싸고 벌어졌던 것이라고 말할 수 있을 것이다. 마르크스가 말한 자본의 역사는 그것의 중심적인 부분이 시간을 둘러싼 노동과 자본의 계급투쟁이었다는 것을 알 수 있다.[176)]

이런 점에서 근대적 '시간 기계' 는 단지 공장 안에서뿐만 아니라 모든 곳에서 작동하게 되는 것이다. 학교는 말할 것도 없고, 집에서의 생활도 점차 여기서 자유롭지 못하게 된다. 따라서 시계적 시간은 근대적 삶의 영역 전체에서 삶의 리듬을 분절하는 분절기계가 되었다고 말 할 수 있다. 그것은 이제 근대를 사는 우리 모두의 삶의 리듬

을 장악하고 통제하고 있는 것이다.[178]

여기서 철도의 등장은 철도의 운행표를 만들기 위해 지역마다 달랐던 시간을 통일시켰고, 국경을 넘어 각 나라의 표준시간을 정하는 데까지 이어졌다. 표준시간의 기준은 19세기에 영국의 그리니치 천문대가 기준점이 되기 시작했으며 라디오와 전화의 보급으로 가정에서도 표준시간을 맞출 수 있게 되었다. 1924년에 영국의 BBC가 처음으로 라디오로 시간을 알리기 시작했고 이 과정은 근대적 시간이 전 세계적인 통일성과 지배성을 획득하게 되는 '제국주의적 통일화 과정' 을 보여주는 것이다. 다른 한편 19세기 후반이후 값싼 시계를 대량으로 보급하려는 노력이 계속되었고, 20세기 들어오면서 개인용 시계는 실용화되기에 이른다. 이는 결국 손목시계로까지 나아가고, 그 결과 언제 어디서나 근대적 '시간 기계' 가 사람들 각자의 삶 순간순간에 관여할 수 있는 물질적 조건이 마련된다. 이것을 통해 제국의 시간은 개개인의 삶의 리듬 속으로 파고들게 된 것이다. 이로써 시간 통제는 각자의 시계를 통해 사람들 피부 속까지 스며들면서 이제는 각 개인의 삶과 수족에까지 관철되는 '시간의 제국주의' 로 발전하게 된 것이다.[179]

자본주의가 발달하면서 '시간 기계' 는 자본주의적 배치 안에서 작동하게 된다. 즉 시계적 시간이 자본주의적 배치를 이루게 되는 경우는 조금 다른 방식의 계열화가 나타난다. 도자기 회사인 웨지우드(Wedgwood)의 경우, 새로운 기계의 도입 없이 단지 시계적 시간을 도입하고 그것에 따라 사람들의 활동을 통제하는 것만으로도 생산성의 비약적 상승을 가져왔다고 한다.[180] 웨지우드사는 시간에 맞춰 출근하고 일하는 사람에게는 칭찬하고, 격려하며, 때로는 상도 주고, 그렇지 않은 사람들에 대해서는 비난하고, 욕하고, 벌금을 매기는 방식으로 시간적 통제를 확립하려고 했다. 여기서 시간의 자본주의적 배치를 이루는 요소들을 추출할 수 있는데, 그것은 시간과 행동의 대응관계를 정의하는 '시간표 기계', 그것에 부합하게 행동했는지를 확인하는 시계, 그리고 그 결과에 따라 상/벌을 주는 '처벌 기계'의 세 가지이다. 이 세가지 요소가 반복적으로 계열화되면서 '시간 기계'의 자본주의적 배치를 이루게 되는 것이다.[181]

다른 한편, 자본주의의 시간은 시간과 화폐의 결합으로 특징지울 수 있다. 그것은 한 마디로 "시간은 돈이다."[182]라는 것이다. 베버에 따르면, 청교도 문헌에서는 태만이나 향락이 아니라 오직 근면한 행위만이 신의 뜻에 따라 신의 영광을 더하는 데 봉사하는 것으로 간주되었고, 사교나 무익한 잡담, 사치 등을 통한 시간낭비, 그리고 건강에 필요한 정도를 넘는 수면시간에 의한 낭비는 도덕적으로 절대적인 비난을 받게 된다.[183] 이렇게 본다면 자본주의의 노동에 대한 감시는 교회가 청교도적 윤리를 강화함으로써 손쉽게 달성되었다고 할 수 있을 것이다.

이로써 노동시간은 최소한의 노력으로 최대의 결과를 얻어야 하는 공리주의적 경쟁 속으로 말려 들어가게 되고, 객관적인 것으로 변환된다. 시간이 돈이라는 것은 단지 자본가의 주관적인 공상이 아니라, 교환의 비율을 결정하는 어떤 척도를 통해 객관적으로 존재하는 현상인 것이다. 그것이 바로 '가치'라고 불리는 것이다. 스미스이래 고전 경제학에서 이 가치의 크기는 노동시간에 의해 측정된다. 시간이 금이라는 것, 다시 말해 시간이 경제학적 가치를 갖는다는 사실에서 이제 시간과 화폐가 하나의 동일한 것이 되고 있음을 알 수 있다. 이런 의미에서 자본주의의 시간이란 다름 아닌 '화폐화된 시간'이라는 말을 할 수 있을 것이다. 시간이 화폐화되는 만큼, 시간은 화폐에 포섭되는 것이라고 할 수 있겠다. 화폐화된 시간, 그것은 화폐에 포섭된 시간과 다르지 않다. 따라서 시간이 화폐화 되었다는 것은, 이제 화폐가 시간의 형식으로 개개인의 모든 활동, 개개인의 삶 전체에 침투하게 되었다는 것을 뜻한다고 볼 수 있을 것이다.[184)]

화폐화된 시간은 이제 자본주의에서 생산이나 교환, 분배에 이르기까지 사람들의 활동을 규제하는 일반적인 형식이 된다. 모든 것은 화폐화됨으로써만 그 가치를 인정받을 수 있고, 모든 활동은 화폐화되는 한에서만 유의미한 시간으로 인정받을 수 있게 된 것이다. 이는 경제학자들이 가치법칙이라고 부르는 것이 실제로 뜻하는 내용이기도 하다. 여기서 '노동가치' 라는 개념을 통해 작동하는 가치법칙은 모든 사람의 시간을 화폐화했던 것처럼, 이제는 모든 사람의 삶과 활동을 화폐화하는 것이다.[185)]

그런데 지금까지 인간의 역사, 특히 근대 문명과 자본주의가 지배하고 있는 현재의 삶의 방식에서 시간은 인간의 자연스러운 삶의 리듬에서 분리된 어떤 형식으로 점점 독립되었으며, 그것이 점점 더 많은 사람들의 삶을 사로잡고 포획하는 그런 과정이었던 것으로 보인다. 시계적 시간은 손목시계를 통해 일상에 놀라울 정도로 침투하여 있으며, 그 시계적 시간은 자본주의의 화폐적 형식과 결합하여 삶을 '좀 더 정확히', '좀 더 빨리', '좀 더 길게' 라는 구호로 몰아붙이고 있다. '시간은 돈이다' 라는 말은 이제 '속도는 돈이다' 라는 말로 변형되어 사람들의 발걸음과 손놀림, 눈의 움직임과 마음의 움직임을, 미덕이 된 속도를 향해 몰아붙이고 있다.[186)]

아도르노는 자동차 질주의 알레고리를 통해 기술적 문화의 야만적 폭력성을 비판한 바 있다. 그는 질주의 폭력성은 기계를 다루는 표면적인 작동 행위에 국한되는 것이 아니라 우리의 내면에도 영향을 끼친다. 가령 문을 거칠게 여닫는 일상적인 행위는 곧 다른 사람을 거칠게 대하는 대인관계의 행동에도 무의식적으로 영향을 끼친다. 아도로노에 의하면, 빠르게 작동하는 기계의 영향은 우리의 무의식적인 일상 행위에도 반영되어 점차 파시즘적 학대의 폭력성 및 과격성을 띠게 된다고 한다. 마찬가지로 상대방을 재빨리 탐색하려는 행동도 단순히 계략적인 성격을 지닌 인간의 행동만으로 볼 수 없으며 오히려 기술적 문화에 의해 무의식적으로 강요된 폭력성의 '흔적'을 띠고 있는 것이다.[187)]

자본주의는 '좀 더 빨리'를 외치며 손을 놀리게 하고, '좀 더 빨리'를 외치며 상품의 유통 속도를 높이려 하며, '좀 더 빨리'를 외치며 소비의 속도를 높이려 한다. 왜냐하면 시간이 돈인 만큼 속도가 돈이기 때문이다. 그것은 비릴리오(P. Virilio) 말대로 '속도의 파시즘'[188)]을 만들어낼 수 있다고도 할 수 있을 것이다. 모든 것을 '좀 더 빨리'라는 단일한 욕망의 중력장 속으로 밀어 넣는다는 점에서 말이다. 하지만 이 경우 속도는 아무리 빨라도 단지 상대적인 속도일 뿐이며, 그 속도의 장(場) 안에서 운동하는 모든 것은 어느 정도 자신의 속도를 갖고 있지 못한 채 그저 중력 내지 관성과 같은 강제된 속도에 끌려갈 뿐이다. 그런 점에서 반대로 그런 속도 없는 속도에서 벗어날 수 있는 힘을 가질 때, 그 속도의 강제에서 벗어날 수 있는 힘을 가질 때, 혹은 그 속도의 장 안에서 매처럼 멈추어 서서 뭔가를 포착하려고 할 수 있을 때, 혹은 대개는 '느림'으로 표시되는 고유한 자신의 속도를 가질 수 있을 때, 그것은 비로소 '절대적인 속도'를 갖게 될 것이다. 자본주의에서는 이처럼 '느림'이 거꾸로 절대적인 속도가 되는 역설이 발생하는 것이다.[189)]

이렇게 '시간 기계'는 자본주의 도시공간에서 개인은 대부분 욕망의 중력장과 권력의 중력에 이끌려 '절대적인 시간' 을 갖지 못한채 속도의 강제 속에서 벗어날 수 없는 것이다. 이게 바로 개인의 일상을 지배하는 '시간의 테러리즘' 이라고 할 수 있다.

4. 대타자의 붕괴와 자발적 복종

자신이 타락한 세계의 일원임을 인식하면서도 여기서 빠져나오지 못하는 '냉소주의적 주체' 는 앎과 실천이 분리된 자아를 형성한다. '냉소주의적 주체' 는 또한 차이에 대한 소비를 끊임없이 추구하면서 잉여쾌락으로 삶을 이어가는 '소비인간' 의 얼굴을 드러낸다. 이러한 '냉소주의적 주체' 는 새로운 계급갈등의 핵심인 자본화하는 공간 속에서도 자본의 욕망에 이끌리면서 끊임없이 억압당하고 만다. 자본주의 사회에서 화폐의 소유가 바로 공간과 시간에 대한 소유, 즉 사회적 권력의 원천이 되고 있기 때문이다.

그렇다면 '냉소주의적 주체' 혹은 '소비인간' 은 자본에 의한 물신화와 수동화의 대상에서 벗어날 수 없는가? 지젝에 의하면, 탈근대에 살고 있는 주체들은 이제 대타자의 권위가 사라짐으로써, 더 이상 자연이나 전통의 주체가 아닌 선택의 주체가 된다. 그런데 문제는 여기서부터 시작되는데, 다름 아닌 '복종에 대한 집착' 이다. 지젝은 자율적 주체들이 더 이상 대타자의 법에 종속되지 않게 되면, 이러한 공식적인 권위 상실을 벌충하기 위해 '사적인 법' 이나 지배종속 관계에 호소하기 쉽다고 생각한다. 일례로 지젝은 가학-피학적인 성애의 증가를 든다. 이런 관계를 맺은 사람들은 '주인' 이나 '지배자' 의 자발적인 피지배자 또는 노예가 됨으로서 리비도적인 만족을 얻는다. 이는 자유로운 위반 행위가 공적 규제를 전복시킨다는 통념

을 뒤집는 것이다.[190]

이와 같이 대타자의 붕괴로 생겨난 자유가 실제로는 어떤 부담으로 다가와 규제에 대한 열망을 불러일으킨다는 데 있다면서 지젝은 이를 '탈근대성의 역설' 이라고 말한다. 예를 들면 대타자의 붕괴는 작은 타자들이나 부분적인 대타자들을 발생시키는데, 규제나 윤리적 잣대를 만들어내는 전문가 위원회의 증가를 꼽을 수 있다. 이런 위원회의 증가는 일반적으로 받아들여지는 상징적 금기들의 부재를 시사한다.[191]

대타자의 붕괴에 따른 또 다른 반응은 실재로 배후에서 사회를 조종하며 모든 것을 통제하는 어떤 사람이나 조직의 존재, 즉 '타자의 타자' 를 믿는 편집증의 징후이다. 제머슨도 탈근대성의 지배적 병리로 편집증을 들고 있다. 예를 들면 스릴러 영화나 대중소설에서는 정부나 신문,시장 등 중요한 사회기구를 은밀히 통제하는, 보통 군산복합체로 표현되는 모종의 비밀조직이 빠짐없이 등장한다. 지젝은 이런 편집증의 원인이 대타자의 붕괴에 대한 반작용에 있다고 분석한다. 그래서 지젝은 전형적인 탈근대적 주체란, 공식적 제도에 노골적인 냉소를 드러내는 동시에 모든 것을 조종하는 보이지 않는 타자나 음모의 존재를 확고하게 믿는 사람이라는 역설적 주장을 편다.[192]

지젝은 이런 병리적 상황을 바꾸기 위해 정치적 행위, 더 나아가 혁명의 필요성을 제기한다. 지젝에 의하면, 탈근대적 주체의 곤경을 해결하려면 탈근대의 가능 조건 자체[193]를 거부해야 한다. 이런 곤경들이 의미를 갖는 지평 혹은 상징계를 바꾸어야 한다. 그런 정치적 혁명은 곧 혁명이다. 그러나 지젝은 혁명이후에 어떤 세상이 나타날지는 말할 수 없다고 한다. 일부 비판가들이 제젝의 사유가 모호하다고 비판하는 이유가 바로 여기에 있다. 이에 대해 지젝은 다만 자신은 오직 좀 더 나은 세계, 자신의 향락에 점령당하고 오직 노예 상태

속에서만 쾌락을 발견하는 편집증적 나르시시스트들의 세계가 아닌 다른 세계가 열리리라는 희망 속에서, 우리가 사는 세계(자본주의)를 거부한다는 것이다.[194)]

보드리야르 또한 풍부함을 예찬하는 소비사회의 신화에서는 죽음 이외에는 소외를 피할 방법이 없다는 것을 보여주고 있다. 소비과정은 더 이상 노동과정도 지양의 과정도 아니며, 기호를 흡수하고 기호에 의해 흡수되는 과정이다. 기호의 발신과 수신만이 있을 뿐이다. 그리고 개인의 존재는 기호의 조작과 계산속에서 소멸한다. 그는 자신이 늘어놓는 기호의 내부에 존재하는 것이다.[195)]

따라서 소비사회에서 사물의 배후에는 텅 빈 인간관계가 있고, 엄청난 규모로 동원된 생산력과 사회적 힘이 물상화되고 돋보이지만, 어느 날 갑자기 난폭한 폭발과 붕괴의 과정이 시작될 수 있다[196)]고 보드리야르는 강조한다. 이것이 보드리야르가 말하는 자본주의의 내파(implosion)이자 함열이다.

이와 같이 지젝과 보드리야르는 자본주의와 소비사회에 대한 구원과 전망 부재를 드러내고 있다. 이데올로기적 믿음의 자동화가 엄격하게 작동하고 있고 자율적 주체들은 자본주의 그 자체를 문제 삼지 않기 때문이다. 이러한 상황에서 일종의 '비약'을 전제하지 않는다면, 갑작스런 혁명 혹은 자본주의 자체의 종언을 기대할 수 없는 것이다.

여기서 다시 마르크스주의로 환원해볼 필요가 있다. 하비에 의하면, 자본주의 사회에서 자본의 부속물로 전락한 '신체'를 해방시키는 것이 중요하다. 마르크스의 자본주의 비판에 있어 중심점은 신체가 노동력이라는 가변자본으로 순환하게 됨에 따라 자본이 아주 빈번하게 노동하는 신체를 침범하고, 손상시키고, 억제하고, 불구로 만

들고 그리고 파괴시킨다는 것이다.[197]

그러나 신체에 대한 마르크스 접근의 핵심은 부정하는 것에 있지 않고 무엇을 건설 혹은 만드는 데 있다. 인간의 신체는 가치화와 표현의 사회적 · 생태적 갈등의 힘이 영원히 작동하는 전투장이다. 마르크스는 자본주의하에서 신체적 생산과 행위자의 과정을 이해할 수 있는 풍부한 개념적 장치를 제공하고 있다.[198] 즉 자본의 지배하에 있는 노동이 자신의 지배조건과 도구를 생산한다고 비난받고 있지만, 노동자의 전환적 · 창조적 능력은 언제나 생산, 교환, 소비의 대안적 양식을 전파시킬 수 있는 잠재력을 갖고 있다.[199]

따라서 노동자는 한 순간에 자본의 명령에 복종하지만, 다른 순간에는 이에 투쟁하게 되는 것이다. 예를 들면 생산과정 속에서 자본의 명령에 비열하게 복종하는 행위는 소비영역에 있어 적절한 기쁨과 욕구의 충족을 위해 인내해야 할 정당한 가격이라고 볼 수도 있다.[200]

이와 같이 하비에 의하면, 신체를 마르크스의 이해에 비추어 볼 때 자본축적의 전략이 될 수도 있고, 정치적 저항의 중심이 될 수도 있다고 본다. 그러나 소비사회에서는 소비이데올로기의 재생산으로 '냉소주의적 주체'와 '소비인간'을 낳으면서 주체의 정치적 저항은 무력해지고 자본축적의 전략이 우세하게 되는 것이다.

미디어:
욕구와 억압의 재생산

3

호르크하이머(Max Hokheimer)와 아도르노(Theodor W. Adorno)가 『계몽의 변증법』에서 제기했듯이 이성과 계몽의 역사가 개인의 자유를 증진시키고 억압상태를 해방시켜왔다는 역사주의는 허구적 이데올로기임을 알 수 있다.[201] 즉 전근대에서 근대로의 이행은 미셀 푸코가 보여주듯이, 이성에 의한 인간 해방의 역사가 아닌, 이성이 권력을 갖고 진리를 독점하는 과정이었다. 달리 말하자면, 우리가 진리로 알고 있는 것은, 우리가 그러한 '언술 행위적 경찰' 의 규칙에 복종하기 때문이다. 푸코의 작업은 바로 이러한 규칙을 해방시키는 것이다. 그는 해체의 전략을 통해서, 광기와 광인의 언어가 이성에 의해 배척되고 배지된 부분들의 제자리를 찾아줌으로써 지금까지 절대적 권한을 행사해온 이성의 힘을 상대화시키고 그 중심을 해체한다.[202]

그렇지만 세계는 이성의 지배에 의해 고대에서 중세, 근대에 이어 현대로 사회가 발전하면서 인간의 야만상태가 개선되고 민주적이고 자유적인 인간이 되었다고 하지만 현대 자본주의 사회 역시 봉건사회나 신분제질서에서와 마찬가지로 억압적인 상황은 여전하다. 고대 사회와 중세사회가 인간을 '신분'의 굴레로 인간을 신음하게 했다면, 현대의 자본주의 체제는 신분제 대신 '자본'의 굴레로 개인을 억압하고 일상을 파괴한다.

더욱이 현대의 자본은 상품의 물신화에서 보듯이 그 물신적인 속성으로 인간을 사물화하면서 인간존재를 비참한 상황으로 몰아가고 있다. 한마디로 인간조건의 야만상태는 프랑크푸르트학파의 지적처럼 계몽되고 자유주의가 확산된 현대에도 계속되고 있는 것이다. 오히려 자본주의적 착취는 더 교묘하고 은폐되어 있다. 그 전 방위적 역할을 하는 것이 매스 미디어 등을 비롯한 기술적 매체이다. 기술매체는 개인들의 일상생활 속으로 파고들어 식민화하고 상품화하는 기술정치의 핵심 매체역할을 수행하고 있다. 미디어는 지속적인 지배 이데올로기와 기존 질서를 옹호하는 성향을 지니며 이는 수용자인 대중들로 하여금 파편화된 일상생활로 내몰고 자신을 채찍질해 사회 구성원의 일원으로 살아가게 한다.

최근에는 '텔레크러시'[203]와 '미디어크러시'[204]라는 용어가 나돌 정도로 미디어의 영향력은 급속히 정치뿐만 아니라 일상생활 속으로 파고들어 관료제에 의한 생활세계의 식민화 못지않게 미디어에 의한 생활세계의 식민화가 심각한 수준으로 등장하고 있다고 할 것이다. 드라마나 미디어에서 강조하는 패션이나 유행, 트렌드는 수용자인 대중을 미디어가 설정한 의제 속으로 끌어들이고 나아가 생활과 의식을 강요하기에 이른다. 끊임없는 미디어의 일상의 침범은 이제 수용자인 대중의 의제설정의 방향타 역할을 할 뿐만 아니라 의식까지도 지배하기에 이르고 있다. 미디어의 현실 구성력은 프랑크푸르트학파가 우려한 수준으로 다시 회귀하는 것이 아닌가 하는 생각마저 들게 한다.

미디어에 대한 비판적 시각은 미디어의 현실 조작과 통제 관리에 대한 프랑크푸르트학파의 비판이론과 하버마스의 공개장의 재봉건화론, 이어 홀의 문화연구로 이어지고 최근에는 매체에 의해 매개된 지각경험을 연구하는 매체미학으로 진전되고 있다. 문화산업론과 문화연구, 매체미학은 공통적으로 매스 미디어에 대한 비판적인 논의와 함께 현대의 소비사회와 관료제에 의해 수용자인 대중의 파편화를 유도해 기존질서를 유지, 강화시켜주고 궁극적으로 억압적인 자본주의 체제를 재생산해내는데 기여한다고 주장한다. 다시 말해 미디어는 각 개인들을 억압사회의 질서에 동참하도록 설득하는 이데올로기적 국가장치의 역할을 수행하고 있고 '테러리스트 사회'를 만드는 전위대 역할을 하고 있다고 할 수 있다.

이러한 미디어 비판론들은 기술매체가 탈근대의 억압을 재생산하는 기제로 작용하고 있다는데 대부분 의견을 같이한다. 특히 일부에서는 미디어가 더 이상 다양한 이해집단들의 의견을 수렴하는 '매개' 도구가 아니라 의견을 주도하고 재현하는 '형성' 도구로서 기능하고 있다고 비판한다.

1. 미디어가 만드는 허위욕구

커뮤니케이션 현상에 대한 비판적 연구는 1930년대 프랑크푸르트학파의 비판이론가들에 의해 시작되었다. 프랑크푸르트 '사회연구소' 의 연구자들은 20년대에 기대되던 서구에서의 혁명이 무망해지고, 반대로 중부 유럽을 중심으로 파시스트 세력이 득세하는 등 반동적인 상황을 목격했다. 고전적인 마르크스주의적 이론에 따르면, 자본주의가 발달할수록 노동계급이 자본주의의 모순들을 깨닫게 되고 사회변혁의 주체로 나서게 된다는 것이다. 그래서 프랑크푸르트학파는 노동자들이 왜 역사의 주체로서 혁명에 가담하지 않고 현상에 안주하거나 아니면 오히려 반동적으로 행동하게 되는가에 주목했다. 그들은 그 주요 원인이 노동자들의 허위의식에 있으며, 그 허위의식은 주로 그 당시 널리 보급되어 일상화한 신문, 영화, 라디오, 음악 등을 통한 매스 커뮤니케이션 미디어에 의해 조성되는 것으로 보았다. 그래서 호르크하이머와 아도르노가 '문화산업' 이라고 규정한 대중문화와 매스 커뮤니케이션에 관심을 쏟기 시작하여 문화산업을 비판적으로 분석하게 됐다.[205]

대표적인 비판이론가(프랑크푸르트학파의 이론은 '비판이론' 으로 불리는데, 여기에는 비판에 대한 저항적 사고와 함께 칸트의 비판의 내면화와 헤겔의 억압체제에 대한 자기반성과 성찰적 분석 등의 의미를 담음)인 호르크하이머와 아도르노는 『계몽의 변증법』에서 현대사회에서 이성의 도구화로 인한 합리주의 득세로 개인 자율성의 망실과 관료주의에 의한 개성의 말살 등으로 전체주의의 공포를 초래했다고 주장했다. 즉 인간의 이성이 합리주의의 도구로 전락하는 역사적 과정을 추적하고 합리주의는 개인의 자유를 완전히 부정하며 이것이 전체주의적 사회 통제구조로 구체화했다고 그들은 지적한다. 때문에 이른바 발전이 정반대 결과를 가져오게 되어 "계몽은 전체주의적"이라는 결론을 내린다.[206)]

아도르노는 현대사회를 사는 사람들이 관료주의, 통제관리, 그리고 기술주의가 쳐놓은 거미줄 속에 살고 있으며, 자본집중, 합리주의적 계획, 대중문화 같은 것들이 개인의 자유를 완전 파괴했다는 것이다. 비판적인 사고능력은 없어진 지 오래고, 사회와 인간의 의식이 완전히 '사물화' 하여 자연세계의 사물과 다를 바 없다고 그는 개탄했다.[207)]

프랑크푸르트학파는 지배구조의 문화적 국면에 대한 연구인 '문화산업' 으로 이어진다. 그들에게 있어서 대중문화는 정치적 전체주의의 온상으로, 문화산업은 기존 체제에의 적응뿐만 아니라 현상유지와 보강에 이바지하는 것으로서의 대중문화를 분석한 것이다. 아도르노는 자본주의 제도하에서 문화는 대중이나 민중의 순수한 욕구에 의해 생산되는 것이 아니라, 인위적으로 불러일으키고 조작한 '욕구' 의 결과에 불과하다고 본다.[208)]

이러한 문화산업이 자본주의적 모순에 따른 노동자들의 불만을 억누르는 기제로 작용한다는 것이다. 즉 호르크하이머와 아도르노는 문화산업의 새로운 생산물들이 대중에 대한 정치적 통제를 강화하고, 더욱이 자본주의 체제의 현상유지에 대중을 유착시키고, 비판과 저항의 정신을 무력화하여 체제에 순응케하는 데 이바지 한다고 보았다.[209)]

이와 같이 비판이론가들은 문화산업의 대중매체들이 현실의 기존 이미지와 지배적인 해석을 재생산하고 보강하며 보다 공고하게 해준다고 본다. 그들에게 문화산업은 곧 기존체제에의 적응뿐만 아니라 유지 · 보강에 이바지 하는 것으로 여겨진다. 문화산업의 이데올로기의 힘이 막강하기 때문에 사람들 개개인의 의식은 없어지고, 있는 것은 문화산업이 강요하는 순응뿐이다.[210)]

아도르노는 매스미디어를 통해 소비자가 수동적인 억압의 상태로 상정되고 매스미디어가 전체 사회적 변혁에 대한 객관적 관심을 인식하지 못하도록 허위욕구를 만들어나가는 것으로 간주하며 이는 곧 문화적 생산자와 소비자 간의 일방적 관계를 뜻한다고 본다.[211)]

프랑크푸르트학파의 미디어에 대한 비판적 입장은 문화연구(cultural studies)[212)]로 이어진다. 문화연구는 대중문화를 현대 문명의 도덕적 · 문화적 기준에 대한 도전으로 인식하는 문화적 전통에서 파생되었지만 초기 연구들은 이러한 엘리트적인 시각을 버리고 일상적인 것과 평범한 것, 즉 우리의 삶에 강력하고도 확실한 영향력을 행사하는 생활의 여러 측면에 관심을 가졌다. 이 과정을 통해 우리는 개인으로, 시민으로, 특정 계급과 인종, 성의 구성원으로 만들어지며, 이것은 지극히 자연스럽고 예외가 없으며 저항할 수 없는 과정이다. 그러나 만일 우리가 당연하게 받아들였던 역할이 실제로는 당연시해서는 안 되는 것이라면 이러한 부분이 연구 대상에서 제외되어서는 안 된다. 따라서 대중문화의 초점은 우리의 일상생활이 어떻게 구성되며, 문화가 어떻게 그 주제를 형성하는 가로 옮겨져야 한다.[213)]

이러한 관점에서 접근한 대표적인 문화연구로는 홀(S. Hall)을 들 수 있다. 홀은 「이데올로기의 재발견: 미디어 연구에서의 피억압자들의 복귀」(1982)라는 논문에서 이데올로기적 국가장치의 하나인 미디어 연구를 다루고 있다. 이 연구에서 홀은 기호학과 알튀세의 이데올로기론을 활용해 미디어 담론에 대한 기호학적 분석을 통해 지배 이데올로기의 작동방식을 살펴보고자 했다. 홀은 미디어의 흐름을 1920

년대부터 세 시기로 구분하고 첫 번째 시기는 1920년부터 1940년대까지로 프랑크푸르트학파의 연구, 두 번째 시기는 1940년대부터 1960년대로 미국의 다원주의적 입장, 세 번째 시기는 홀이 주목한 시기로 1960년대 말 이후의 대안적인 비판연구 등으로 구분하고 있다.

홀은 첫 번째 시기의 연구는 미디어를 대중문화에 전적으로 부정적인 영향을 끼치는, 강력하고 직접적인 세력으로 보았다. 이러한 평가는 두 번째 시기인 1960년대의 미국의 주류 매스 커뮤니케이션 연구에 의해 거부되었다. 이 연구는 미디어의 힘에 대한 초기의 가정, 특히 긍정적 · 부정적 영향력을 생산하는 텔레비전의 막강한 잠재력에 대한 가정을 의심했다. 이 연구들은 미디어 메시지와 사회 구조에 대한 매우 단순한 생각을 가지고 있었기 때문에 미국 매스 커뮤니케이션 연구는 미디어가 사회를 별 문제 없이 반영하는 것으로 파악했다. 대중문화의 조작적 잠재력을 우려한 프랑크푸르트학파의 견해는 다원주의적 입장에서는 지나친 것으로 여겨졌다. 미디어는 이미 성취된 합의의 반영 또는 표현으로 여겨졌다.

60년대 이후 대안적인 비판연구에 주목한 홀은 미디어의 이데올로기적 작용과 효과에 대해 연구하였다. 홀은 세상의 사건들이 논란의 여지가 있는 경우, 그것들이 세상에 대해 우리가 예전에 가졌던 기대의 틀을 벗어나는 경우, 강력한 사회적 이해관계가 연루된 경우, 혹은 상반되는 이해관계가 작용하고 있는 경우, 여기서 연관된 권력, 즉 미디어는 이데올로기적 권력이며 사건들에 대해 특정한 방식으로 의미 작용할 수 있는 권력이다. 미디어는 의미작용의 수행자이다. 의미 작용은 실재하는 분명한 사회적 세력으로서 논란의 여지가 있고 갈등하는 사회적 쟁점에 개입하여 그 결과에 영향을 미친다.[215)]

이에 따라 홀의 문화연구는 매체의 반영적 역할, 즉 매체는 사물을 있는 그대로 보여준다는 역할을 믿지 않으며, 언어는 중립적이라는 주장도 거부한다. 문화연구는 현실을 단순히 일단의 주어진 사실로 보지 않고 현실을 구성하는 특별한 방식의 결과로 본다. 말하자면, 매체는 현실을 단순히 재생하는 것이 아니라 특정한 모습으로 정의한다고 보는 것이다.[216] 매체에 더 이상 단순한 '수단'의 의미를 부여하는 것이 아니라 매우 적극적인 의미를 부여하고 있다. "매체를 경로(Kanal)로서, 즉 단순한 기술적 매개로서 파악한다는 생각은 근본적으로 잘못된 것이라는 관점에 있다. 매체는 '매개' 도구가 아니라 '형성' 도구라고 보는 것이다."[217]

야콥슨(Roman Jakobson)이 언어의 여섯 가지 기능을 그려냈을 때만 해도 매체에 해당되는 '경로'는 단순히 '기술적 매개'의 의미로 파악되었고 또한 그 기능도 대체로 도구적인 차원에서 인식된 바 있었다. 그러나 이제 매체는 전통적인 '매개'의 의미가 아니라 '형성'이라는 적극적인 의미로 파악되고 있으며 이와 같은 능동적인 매체와의 창조적인 소통이 곧 '문화'로 규정되고 있다.[218]

이에 따라 자본주의 도시공간은 점점 더 미디어의 지배로 포위되고 자본의 욕망을 부추기는 광고가 도시를 자본화하고 있다. 사람들은 일상을 매개가 아니라 형성의 도구인 미디어가 지시하는 것만을 소비하고 미디어에 의해 노출되지 않는 소비는 소비의 욕망조차 일지 않는다. 극단적으로 말하자면, 미디어를 통해 뉴스로 보도되지 않는 뉴스는 실제 발생한 뉴스가 아니다. 또 미디어를 통해 광고되지 않는 책은 더 이상 책으로서 존재하지 않는다. 뉴스로 보도되는 뉴스만이 실제로 일어난 뉴스이다. 광고되는 책만이 책으로서 가치를 지닌다고 할 정도로 미디어 노출이 절대적인 가치를 획득하는 기준이 될 정도다.

여기서 우리의 일상을 뚫고 들어오는 다양한 커뮤니케이션 매체와 그것의 상징성, 그리고 그 메시지를 파악하는 '미디어 독해력'(media literacy)이 무엇보다 요구된다고 할 수 있다. 그러나 형성 도구로서의 미디어에 의해 의제가 설정되고 가치의 기준이 매겨지면서 사람들은 미디어에 의해 말해지고 보여지는 것에 더 적극적인 의미를 부여하는 실정이다. 욕망 또한 자신의 욕망이 아니라 미디어에 의해 형성화된 자본의 욕망을 소비하게 되는 것이다. 일상은 미디어의 지시어로 얼룩지고 비지시어는 설 자리가 없다. 미디어에 의해 소비되지 않는 상품 역시 상품으로서의 가치조차 제대로 획득하지 못하게 되는 것이다.

2. 시뮬라크르 혹은 짝퉁: 가짜가 진짜를 지배한다

우리가 살고 있는 디지털 매체 시대의 사회에서 우리는 점점 매체로부터 자유로울 수 없다. 인간의 일상적인 삶과 경험은 점점 더 매체 의존적으로 되고 있다. 다시 말해서 인간과 세계의 관계 맺음에 있어서 직접적 관계보다는 매체에 의해 매개된, 매체에 의해 변형된 경험을 주로 하게 되었다는 것이다. 특히 TV를 통해 시각적인 감응이 일어난 것만이 현실에서 의미작용의 실천이 일어나고 있다. 이것은 한편으로는 시각적 감응에 의한 의미작용의 실천이고 다른 한편으로는 시각적 감응에 의한 의미작용의 억압이자 배제이다.

그래서 현대인에게 무엇을 '읽었는가' 보다는 무엇을 '보았는가'가 주된 일상 대화의 대상으로 등장한지는 이미 오래 전이다. 이는 볼츠(N. Volts)가 『구텐베르크-은하계의 끝에서』[219]에서 표현한 대로 문자라는 구텐베르크적 세계와 이별하고 하이퍼미디어 세계로 진입했기 때문이다. 문자 문화의 헤게모니에서 시각 문화적 헤게모니가 생성되고 있는 것이다.

매체미학의 핵심은 바로 '매개' 도구에서 더 나아가 '형성' 도구로서의 매체로부터 우리의 일상생활이 점점 더 자유로울 수 없다는데서 출발한다. 매체미학은 80년대 중반부터 독일을 중심으로 본격적으로 제기된 미학[220] 분야에서의 새로운 조류다. 넓은 의미에서 매체 미학은 매체에 의한 매개를 주제로 한다. 매체미학은 무엇보다도 현대의 대부분의 경험이 매체에 의해 매개된 경험이라는 사실에 주목한다. 따라서 매체미학은 기계적 매체에 의해 매개된 지각 경험을 핵심 주제로 삼는다.

매체미학의 선구자라 할 수 있는 벤야민은 예술성의 개념으로 '아우라' (Aura)를 제시하고, 일상성과 구분되는 순수성의 아름다움으로 표현하고 있다. 여기서 아우라 개념은 주체와 대상의 완벽한 교감을 불러일으키는 예술혼으로 즉, 대타자라고 할 수 있다. 이는 예술작품을 통해서나 자연을 통해서 느낄 수 있는 아름다움의 체험인 것이다. 벤야민은 아우라의 경험을 주체의 시선을 통해 대상의 존재를 형성시키는 것이라고 설명하고 있다. 아름다움이란 단지 외양으로 발견되는 것이 아니라, 주체와 대상과의 상호관계를 통해 교감되는 것이다.

벤야민은 아우라의 구성요소를 예술작품이 갖는 '유일무이한 현존성', 다시 말해 예술작품이 위치하고 있는 장소에서 그 예술작품이 지니는 일회적 현존성에서 찾고 있다. 즉 종교적 제의의식에서 생겨난 아우라는 기술적 복제가 가능한 현대사회의 사회적 조건에 의해 세속화되면서 아우라를 상실하게 된다. 즉 대중은 복제를 통해 모든 사물의 일회성을 극복하려는 성향을 가지고 있다. 이러한 인간의 소유욕으로 인해 그림(예술품)에 대한 복제가 이루어지고 예술품

의 일회성과 지속성이 파괴되고 복제품의 일시성과 반복성으로 전락하게 된다.[221]

그러나 벤야민은 이러한 기술적 복제에 의한 예술품의 아우라 상실은 다른 한편으로 대중문화에 긍정적인 힘으로 작용하는 이중성을 지닌다고 본다. 즉 예술작품의 기술적 복제가능성은 세계 역사상 처음으로 예술작품으로 하여금 지금까지 종교적 의식 속에서 살아온 기생적 삶의 방식으로부터 벗어나도록 하였다.[223] 아우라의 붕괴는 한편으로는 예술품의 진품성을 상실하게 했지만, 다른 한편으로는 현실변혁과 해방의 잠재력을 가지는 변증법적 모순을 지니는 것이다. 여기서 벤야민은 기술복제시대의 예술의 사회적 실천과 정치성을 강조하게 된다. 즉 종교의식적인 것에 그 근거를 두고 있던 예술의 사회적 기능의 자리에 또 하나의 다른 사회적 실천, 즉 정치에 그 근거를 두고 있는 예술의 사회적 기능이 대신 들어서고 있다는 것이다.[224]

벤야민이 제시한 예술작품의 아우라 상실은 모방품이 진품을 대신함으로써 모방품이 다시 모방품을 낳고 있다. 이는 보드리야르에게 원본 없는 실체, 즉 시뮬라크르(simulacre)[225] 개념으로 이어지고 있다. 즉 보드리야르는 시뮬라시옹(simualtion)을 통해 포스트모던 사회의 본질을 꿰뚫고 있는데, 실재가 실재 아닌 파생실재로 전환되는 작업이 시뮬라시옹이고, 모든 실재의 인위적인 대체물을 시뮬라크르라고 부른다. 그에 의하면, 우리가 살아가고 있는 이곳은 가상실재, 즉 시뮬라크르의 미혹속인 것이다.

그러나 당초 벤야민의 예측과 달리, 아우라의 상실이 낳은 복제품 또는 시뮬라크르는 해방의 잠재력을 증대시키기보다 대중매체를 통한 자기재현으로 이어지면서 근대적 주체들을 분열시키고 억압하는 기제로 작동한다. 텔레비전이 확산하는 파생실재는 현실에서 모방충동을 불러일으키면서 원본 없는 원본을 재생산해내며 소외를 경험하게 하고 배제의 작용을 하기도 한다.

보드리야르는 기술매체의 시대를 실체가 없는 가짜가 실체로 둔갑하는 이미지의 시대로 규정하면서 극단적인 비관주의를 드러내고 있다. 보드리야르는 포스트모던 시대의 특징을 시뮬라시옹(simulation)으로 정의한다. 시뮬라시옹은 더 이상 영토 그리고 이미지나 기호가 지시하는 대상 또는 어떤 실체의 시뮬라시옹이 아니다. 오늘날의 시뮬라시옹은 원본도 사실성도 없는 실재, 즉 파생실재(hyper-reality)[226]의 모델들을 가지고 산출하는 작업이다.[227]

그러나 보르리야르에게 있어서 시뮬라시옹은 허위도, 조작적 재현도, 비현실도 아니다. 허위, 재현, 비현실은 모두 기호와 실재의 관계를 전제하지만, 시뮬라시옹은 기호의 지시대상 자체를 부정하고 기호로부터 출발한다. 즉 전통적 미학에서는 이미지는 현실을 반영하거나 감추는 데 반해, 시뮬라시옹에서 이미지는 사실성과 무관한 이미지 자신이 순수한 시뮬라크르가 되는 단계이다.

보드리야르의 시뮬라시옹에 의하면 기호를 구성하는 지시대상은 본질성을 상정한 기의의 존재는 없는 단지 기표의 상호작용 속에서 의미가 생산된다는 것이다. 이제 남은 것은 지시대상 없는 이미지의 난무일 뿐이며, 실재는 존재하지 않는다. 이제는 참과 거짓, 실재와 상상의 구분조차 지을 수 없는 부정형의, 무방향성의 시대에 살고 있다는 것이다.[228]

보드리야르는 영화[229]에 대해서도 벤야민과는 달리 아무런 희망도 발견하지 않는다. 보드리야르에 의하면, 역사의 격렬함에 의하여 현실로부터 쫓겨난 신화가 그 피난처를 발견한 것이 영화[230]이다. 이제는 역사적 실재를 영화가 표현하는 게 아니고, 영화 속에서 역사는 부활되고 살아나는 것이다. 즉 영화가 역사적 사건을 얼마나 유사하게 재현하고 있는가가 문제가 아니라, 이미 실재하지 않는 역사를 얼마나 영상이미지로 시뮬라시옹 하는가가 관건이다. 보드리야르는 이제 더 이상 영상은 역사적 실재와 관계가 없다고 보고 있다.[231]

영화 속에서 드러나는 역사적 사건은 대상을 유사하게 비추기 위한 것이 아니라 파생실재의 복원을 위해 시뮬라시옹된 것이다. 예컨대 영화 '런던 베리'와 같이 50년대의 영화들을 70년대에 새로운 영화기법으로 복원할 경우 이 영화가 영화 외적인 역사적 사건을 취급하여 그대로 재현하는 것을 넘어서서, 여기서는 영화에 의한 영화 자신의 역사를 복원하는 것이 되는 것이다. 영화는 스스로 표절하고, 스스로를 복사하며, 자신의 고전을 다시 반복하고, 자신의 원래 신화로 소급해 올라가며, 원래의 무성영화보다 더욱 완전한 무성영화를 만든다.[232]

영화이미지는 무엇을 구현하기 위해서가 아니라, 참조할 대상의 실재가 없는 가운데 자기자신에 매혹되어 스스로를 반복적으로 재생산한다. 한 영화의 실재 없는 이미지는 다른 영화에 재생되고, 이는 또 새로운 형태로 변형되어 재생산되기도 한다. 영화적 이미지는 그 자체가 현실을 구속하게 되는 도치관계가 성립된 것이다. 이제 오히려 현실은 영화가 이미지로 구현한 파생실재 속에 흡수되어 그 자체의 실재성을 상실하게 되는 것이다.[233]

아울러 영상이 원본 없는 파생실재를 만들어 이미시를 소비하면 그것이 파생실재의 아우라를 만들어 일상을 왜곡하고 억압할 수 있다. 텔레비전 드라마에서 '외도 신드롬'을 연출할 때 현실의 남녀관계보다 더 극적이고 일탈적인 관계를 묘사하려고 할 것이다. 광고, 즉 자본에 의해 뒷받침되는 프로그램으로 만들기 위해서는 시청률이

높아야 하기 때문이다. 이를 의식하다보면 실체 없는 시뮬라크르를 만들어낸다. 그것은 참조할 대상의 실재가 없는 원본이지만, 모방충동에 의해 새로운 원본으로 탈바꿈하게 되는 것이다. 그것은 또한 일상생활을 소통하고 조직하는 새로운 '코드'가 된다.

보드리야르에 의하면, 존재하는 것을 존재하게 하는 것은 기호체계의 '코드'이다. 코드는 현대의 소비사회가 낳은 신화이다. 차이화된 기호로서의 사물의 유통, 구입, 판매는 오늘날 우리의 언어활동이며 '코드'인데, 그것에 의해서 사회 전체가 의사소통하고 서로에 대해 말한다.[234] 따라서 코드는 모든 언어가 개인에게 말하는 것으로 이해될 수 있듯이, 개인에게 기호체계로서 말한다. 마치 언어가 의사소통을 규제하는 코드를 내포하고 있듯이, 사회도 우리의 일상생활을 조직하고 구조화하는 코드를 갖는다는 것이다. 이 같은 코드가 오늘날 소비사회 전체를 구성한다.[235]

보드리야르는 이 '코드'에 정치 · 경제 · 이데올로기 · 문화 등을 관통하는 거의 절대적인 지배력을 부여한다. 코드는 특히 보드리야르의 소비사회 이론과 대중매체 이론을 연결하는 중요한 핵심적인 개념이다. 왜냐하면 코드는 대중매체를 통해서 가장 효과적이고 광범위하게 전달되고, 또한 코드의 성격은 미디어의 기술적 가능성에 의해 결정되기 때문이다. 현실이 기술적 매체를 통해서 전달될 때, 그것은 어떤 질서 체계로서의 이데올로기적 구조 속에 놓여있는 기호로서 추상화된다. 가령 텔레비전에서 사건과 스펙터클, 뉴스와 광고는 서로 단속적(斷續的)으로 이어지지만 서로 모순되지 않는 메시지, 즉 방송이라는 추상적 차원에서 다른 기호들과 조합될 수 있는 기호로서 추상화되는 것이다.[236]

보드리야르에 의하면, 미디어가 전달하는 내용은 대부분의 경우 미디어의 실제기능을 은폐한다. 이 내용은 메시지인 척하지만 진짜 메시지는 인간관계의 깊은 곳에서 일어나는 구조적 변화이다. 대중매체가 전달하는 메시지도 대중매체가 전달하는 이미지가 아니라 대중매체가 강요하는 지각의 새로운 양식이며 가족 및 집단의 전통적 구조의 변화이다.[237] 그는 매스 미디어의 모습은 다음과 같다고 제시한다.

> 매스 미디어의 기능은 세계의 실제 현실에서 일어난 단 한 번의 사건으로서의 성격을 약화시키고, 서로 의미를 보완하고 서로 참조하게 하는 동질적인 각종의 매스 미디어로 된 다원적 세계로 현실의 세계를 대체시켜버리는 것이다. 결국 각종의 매스 미디어는 서로 똑같은 내용이 된다. 이것이야말로 '소비사회의 전체주의적 메시지' 이다.[238]

보드리야르에 의하면, 소비과정은 기회를 균등히 하거나 사회적 · 경제적 지위를 둘러싼 경쟁을 완화시키기는커녕, 오히려 모든 형태의 경쟁을 격화시킨다. 소비하는 것에 의해 우리들은 마침내 경쟁상태가 보편화된 '전체주의화' 된 사회에 살게 되었다. 이 사회에서는 경제, 지식, 욕망, 육체, 기호, 충동 등 모든 수준에서 경쟁원리가 관철되며, 모든 것이 차이와 초차이화의 끊임없는 과정 속에서 교환가치로 생산되는 것이다.[239]

예를 들면 미디어가 해외로 떠나는 여행객들이 급증하고 있다는 뉴스를 내보내면서 산호초 바다에서 낭만적인 휴가를 '소비' 하는 장면을 보여줄 때조차 사람들은 즐겁지 않다. '차이의 소비' 로 인해 소외되고 억압당한다. 휴가의 소비도 경쟁이 보편화될 뿐만 아니라 전체주의화되는 것이다.

이와 같이 사회에 만연한 경쟁주의가 전체주의를 부르고, 이것이 잠재적 폭력이 된다. 보드리야르에 따르면, 경쟁원리가 관철되는 소비사회에서 개인들은 사회적 상승과 개인적 쾌락의 극대화를 위해 더욱 경쟁상태로 내몰리게 되고, 만성적인 피로를 초래한다. 만성적으로 관리할 수 없는 개인들의 피로는 관리할 수 없는 폭력과 함께 잠재적 폭력이 된다. 극도로 내면화된 욕구와 갈망의 지상명령에 강제를 받은 개인들은 자신의 통일성을 잃어버린다. 욕구충족의 사회적 불균형과 불평등이 심화되면 이 사회는 점점 적대관계에 가득차고 해체된, 즉 '살기 불편한' 상태의 사회가 된다. 따라서 개인들은 만성적인 피로로 인해 배제되거나 욕구 충족과 사회적 지위상승을 위해 끊임없이 자신을 채찍질하게 되는 것이다. 이게 바로 르페브르의 '테러리스트 사회'의 속성과 맞닿아 있다. 보드리야르는 TWA항공을 예로 들면서 이를 '제도화된 미소'의 뒤에 있는 '배려의 테러리즘' 라고 강조한다.

> TWA항공 : 「손님에게 서비스를 제일 잘하는 본 회사의 종업원에게 총액 백만 달러의 특별 수당을 줍니다! 누가 이 행운을 차지할지는 손님 여러분에게 달려 있습니다. 친절한 서비스를 한 TWA의 종업원에게 투표해주시기 바랍니다!」[240)]

'미소의 파토스', 즉 승객에 대한 친절한 배려는 승무원에게는 세끼의 식사보다 더 중요하다. 경쟁에서 배제되지 않으려면 승무원들은 그 자신의 테러리스트가 되어 '제도화된 미소'를 생산해내야 한다. 승객들은 다만 제도화된 미소를 소비하는 것이다. 보드리야르는 이를 '사회적 배려'라고 부르면서, 현대 자본주의 사회가 소비자에게 보여주는 친절과 미소 뒤에는 냉혹함과 이윤추구, 그리고 폭력성이 감추어져 있다는데 주목한다.

보드리야르가 예를 든 '미소의 파토스'는 파생실재의 현실을 살아가는 노동자들의 단적인 모습이다. 상품화한 노동을 팔기 위해서는 스스로 가장(假裝)의 미소를 만들어내야 한다. 가장의 미소는 원본이 아니지만 그것이 바로 원본 없는 원본의 미소가 되는 것이다. 더 부드럽게 미소 지을수록 그 미소는 원본에 가까워지는 것이다. 하지만 원본은 없다. 최고의 미소를 지은 승무원의 미소 역시 원본이 아니지만 항공사는 그 미소를 원본이라며 다른 승무원들에게 본받을 것을 강요하게 될 것이다.

이와 같이 시뮬라크르가 원본을 대체하면서 원본보다 더 원본으로 환원되는 것을 '배려의 테러리즘'이라고 할 수 있을 것이다. 다른 사람을 위한 배려는 타인을 위해 자기 자신의 희생을 요구하기 때문에 자기 자신에 대한 테러리즘에 다름 아니다. 종업원은 승객들을 위해 미소를 짓고 있지만 그 미소는 만성피로에 시달린 미소인 것이다.

보드리야르에 의하면, 소비사회는 배려의 사회인 동시에 억압의

사회이며, 평화로운 사회인 동시에 폭력의 사회이다.[241] 매스 미디어에 의해 이미지가 현실이나 실재를 대체하고 지배하고 있다. 이미지는 모든 것을 삼키면서 실재를 사라지게 하고, 파생실재만 남게 한다. 보드리야르는 이게 바로 '이미지의 폭력'이라고 주장한다. 즉 오늘날 폭력을 산출하는 것은 현대성 자체이자 하이퍼모더니티라고 보드리야르는 말한다.[242]

3. 시선의 우생학: 눈길을 끌 수 있는 영상만 살아남는다

보드리야르에 의하면, 대중매체를 통해 재생산된 사물과 세계는 이전의 존재론적 의미를 상실한다. 사물의 세계는 자신의 구속력을 상실하고, 정보를 정보로서 생산하는 매개의 형식 속에서 의미를 지니는 기호가 된다. 다시 말해서 대중매체의 영향력이 커질수록 사물은 내면적 실체성을 상실하게 된다. 반면에 대중매체에 흡수되는 사건들은 대중매체의 추상성 속에서 등가적이고 동질적인 기호가 된다. 다시 말해서 대중매체는 현실세계에서 일어난 사건들을 서로 참조하게 하는 동질적인 요소를 만든다. 따라서 대중매체의 추상성은 모든 사건들이 지니는 고유한 성격들을 약화시키고 중성화한다는 데 있다.[243]

가령 텔레비전의 경우 뉴스와 광고는 현실세계를 마음대로 시각화할 수 있고 이미지로 읽을 수 있지만, 서로 연결되는 기호체계 안에 빠져들게 한다. 이때 현실세계의 진실은 더 이상 문제가 되지 않는다. 요컨대 대중매체는 현실세계의 독해체계를 결정하며, 그 체계의 기술적 모델로서 현실세계의 '메타언어'가 된다. 그러므로 대중매체는 사건으로 가득 찬 현실세계에 보다 추상적이고 보다 일관성 있는

자신의 논리를 강요한다.[244)]

따라서 기표에 의해 전체적인 기호교환관계가 주도됨에 따라 기표의 원천이자 지시대상인 현실 자체는 이제 상징적인 것의 모사물에 지나지 않게 되는 것이다. 이로써 지시대상의 재현 대신에 현실세계가 기호의 효과가 되고, 나아가 기호가 끌고 다니는 그림자 혹은 기호가 투영된 척도로 전락하는 시뮬라시옹 효과가 파생되는 것이다. 탈근대적인 미학관에 입각할 때 대중매체는 결코 현실을 반영하거나 모사하는 매개체가 아니며 본질적으로 반중재적이고 비추이적이며 의사소통을 방해하는 일방적 매체라는 것이다.[245)]

즉 텔레비전에 의해 세계에 대한 독해체계가 독점당하게 된 것이다. 이 경우 인간의 커뮤니케이션 교환은 마치 상품의 교환을 화폐가 독점적으로 매개하는 것과 같다. 대중매체의 커뮤니케이션에 의해 독점적으로 매개되며 대중매체를 통해 확인하는 일상적 현실이란, 현실 자체가 아니라 현실의 현기증(vertige de la realite), 혹은 현기증 없는 현실[246)]이 된다. 현실은 미디어의 재현에 의한 현실이 되면 그 현실은 언제든지 미디어적 필요에 따라 절취될 수 있다. 그 절취된 만큼 현실은 미디어 통제의 영역에 있다고 할 수 있다.

> 텔레비전이라고 하는 미디어가 그 기술조직을 통해서 전달하는 것은 마음대로 시각화될 수 있고 마음대로 절취될 수 있는, 또 이미지로 읽을 수 있는 세계의 관념(이데올로기)이다. 텔레비전의 영상은 존재하지 않는 세계의 메타언어활동이고자 한다. 이미지/기호는 세계의 철저한 허구화, 즉 현실의 세계를 전면적으로 이미지화하는 것의 오만함을 보여주는 것이다. '이미지의 소비' 의 배후에는 독해체계의 제국주의가 모습을 나타내고 있는 것이다.[246)]

보드리야르의 대중매체로 인한 허무주의는 독일의 매체이론가인 플루서(Vilem Flusser)에게도 발견된다. 새로운 기술매체가 주도하는 상황에서 영상은 더 이상 의식의 부차적인 산물이 아니라 그 자체가 오히려 의식을 압도하거나 사건을 만들어가는 주체로 작동한다는 것이다. 문자매체의 경우 텍스트와 수용자 사이의 성찰적 거리감이 작동하는 반면, 기술매체의 경우 수용자는 영상 안에 내던져져 있기 때문에 성찰적 거리감은 불가능하다. 극단적으로 말해, 영상 안에서는 수용자로서의 인간조차 수없이 흐트러져 있는 하나의 점으로 간주되고 마는 탈인간학적 진단마저 제시되고 있다.[248]

영상이 팽창하는 현재의 문화에서는 그러한 영상의 힘이 더욱 위력적으로 작동함으로써 넓은 의미에서 대중의 의미도 변하고 있다. 즉 대중이란 문화를 만드는 주체의 성격보다는 그러한 렌즈에 의해 만들어진 객체의 특성을 지닌다. "요컨대 대중문화는 대중을 위해서(더욱이 대중에 의해서) 만들어지는 것이 아니라 대중은 대중 매체의 산물이며 대중문화를 소비하도록 정형화된다."[249]

이와 같이 보드리야르와 플루서 등은 새로운 기술매체가 인간의 의식마저 압도하면서 성찰적 거리감을 작동시키는 것이 불가능하다고 주장한다. 이는 벤야민이 보들레르에게서 발견한 근대 도시에서 군중과 도시에 대해 성찰적 자세를 유지한다고 본 '거리의 배회자'(flâneur)를 애당초 불가능하게 한다. 인간은 "세상에 내던져진 존재"이지만 소비사회에는 "미디어에 의해 내던져진 존재"가 되는 것이다. 미디어가 주체가 되고 렌즈를 통해 수많은 객체를 만들어냄으로써 인간은 렌즈에 의해 만들어진 객체를 모방하는 인간으로 전락하고 마는 것이다.

더욱이 컴퓨터 같은 디지털 매체는 기존 매체의 영상을 통합하는 의미에서 '합성 영상' (synthetische Bilder)이라는 특성을 갖고 있다. 비릴리오(Paul Virilio)에 의하면 "합성영상이란 직접적 또는 간접적 관찰이 더 이상 가능하지 않은 도구에 의해 생산된 시각적 영상, 다시 말해 기계에 의해 기계를 위해 생산된 영상"[250]을 말한다.

문자매체와 달리 오늘날의 기술매체는 시간과 공간에 제약받지 않고 시공간을 자유롭게 넘나들며, 몽타주 방식으로 조합된 합성 영상이 새로운 의사소통적 공간을 구성하고 있다. 기계에 의해 생산되고 수용되는 합성 영상의 세계에서 영상들 간의 자유로운 결합은 전혀 예측하지 못한 방향으로 진행되며 그 결과로 '영상 세계' (Bilderwelt)가 열린다. "더 이상 예술에서처럼 유일무이한 영상은 존재하지 않으며 끝이 없고 관객의 자연적인 눈의 움직임을 통합적으로 재구성하는 영상세계가 존재한다."[251]

기술매체 시대는 문화의 특성을 변화시키면서 불투명성을 확산시킨다. 가령 순간 포착이나 그것의 인위적인 결합인 영상은 기억을 공고히 해주는 것이 아니라 오히려 의미의 애매성, 더 나아가 영상을 읽을 수 없는 상황까지 초래할 수 있다. 또 무언가를 간직하기 위해 영상으로 저장해놓았음에도, 그것을 보고 지각하는 사람들은 도대체 영상에서 무엇을 읽어야 할지, 무엇을 표상해야 좋을지 모르는 상태에 빠지기 마련이다. 비릴리오는 그러한 상태를 '독서 장애적 응시' (ein dyslexiches Sehen)[252]로 표현하고 있다.

시각적 합성영상이 지배하는 기술매체 시대의 또 다른 문제점으로는 컴퓨터 그래픽, 인터넷 등에 의한 시각적 영상이 팽배하더라도 그것이 기억의 지속성을 보장해줄 수는 없다는 것이다. 디지털 매체의 세계에서는 영상이 고유의 영역에서만 제한되지 않고 서로 자유롭게 넘나들며 결합한다. 일종의 '영상의 표류' 라고 일컬어지는 그러한 상황은 기억의 지속성까지도 애매하게 만든다. 그 주된 원인은 영상들 간의 경쟁이다. 대부분의 영상들은 만들어지는 그 순간 사라지거나 아예 영상으로 부각되지도 못한 채 사라지는 운명을 띠고 있다. 요컨대 비릴리오가 주장한 '시선의 우생학' 같은 논리에 의해 단지 몇 개의 영상만이 잠깐 사람들에게 보일 뿐이다. 수많은 영상들이 생산되고 있지만 사람들의 눈길을 끌 수 있는 영상만 기준으로 작용하고 있다. 다시 말해 참과 거짓 같은 규범적인 기준보다는 '눈길을 끌 수 있는' 미학적 영향력이 결정적인 기준으로 작용하고 있다. 영상시대에는 본질이 존재하지 않는 표피적인 영상을 단지 우발적으로 응시하는 행위만이 존속할 뿐이고, 그로 인해 기억의 문화 또한 그와 같은 우발적 응시에 의해 형성될 것임이 틀림없다. 요컨대 인과적이고 필연적인 이유로 특정한 영상을 바라보고 그 의미를 간직한다는 전통적이고 의식적인 기억 행위보다는 이제 우발적 응시에 의한 우발적 의미생산의 우발적 기억이 우리의 의식을 지배할 것이다.[253]

기술영상은 삶과 세계를 들여다 볼 수 있는, 역사의식을 함양할 수 있는 '창문' 으로 간주되지만, 영상을 자유롭게 결합하는 기술영상의 독특성으로 인해 오히려 역사의식의 부재나 종말을 가져온다. 이 점에 대해 플루서는 다음과 같이 밝히고 있다.

> 영상은 창문이 아니라 역사의 제방이다. 이제 정치적 선언은 세계의 변화를 목표로 삼지 않고 사진으로 촬영되는 것을 목표로 삼는다. 새로운 형태의 소통, 즉 영상과 사건 간의 피드백이 설정되는 것이다. 즉 사건이 영상을 먹어치우고 영상이 사건을 먹어치운다.[254]

또한 사건이 일어난 뒤 그 사건을 영상이 담아낸다는 생각은 영상

매체가 주도하는 오늘날의 상황을 정확하게 파악하지 못한 것이다. 장엄하고 충격적인 영상의 기술 매체 시대에서는 영상으로 옮겨지기 위해 사건이 일어나거나 또는 영상이 사건을 만든다. 이러한 기술매체 시대에서 영상 밖의 사건과 그 사건에 의한 종말론적 의식, 역사적 기억의 의미 등이 상실되고 대신 영상 자체가 종말론적으로 끊임없이 현재화될 가능성이 매우 높다.[255)]

> 엇비슷한 파국들은 더 이상 필요치 않으며 오히려 기술 영상 자체가 종말이다....즉 전문적인 목적을 위해서, 직선적 시간을 끝내기 위해서, 요컨대 신비로운 순환을 다시 준비하기 위해서, 영원히 순환하며 모든 것을 현재화하는 기억으로서 영상들이 만들어지고 있는 것이다. 다른 어떤 파국보다 기술 영상 자체가 종말론적이다.[256)]

끊임없이 무언가를 현재화한다는 의미에서 영상이 만들어지고 있지만, 그 영상은 실제 역사와는 아무런 관계없이 그 자체의 재생산에 몰두해 있으며 또한 영상 이면의 어떤 궁극적인 의미를 주지도 않는다. 영상은 당장 이 세계와 삶이 종말에 도달한 듯한 의미를 주지만 실제로는 그 영상 자체만이 종말론적으로 반복될 뿐이다. 결국 사건과 역사를 위한 수단으로서의 영상이라는 전통적 사유는 사라지고 '만들어진' 영상과 인위적이고도 유희적인 영상의 탈역사성이 나타나게 된다. 기술매체 시대에서 영상은 이제 '역사 그 자체' 나 '본래의 역사' 와는 무관하게 스스로 서사로서의 역사를 만들어나가고 있는 것이다.

이와 같이 기술매체의 발전에 따라 시각영상에 대한 독해의 장애로 또 한 번 인간은 객체로 전락한다. 더욱이 기술매체에 의해 실재가 아닌 우연의 역사가 만들어지는 상황에서 기억마저 완전한 것이 되지 못한다. 이전에 기억했던 것들도 합성이 자유로운 기술매체에 의해 한순간에 부정되는 순간도 경험할 수 있는 것이다.

근대이전에 문맹으로 인해 문자로부터 인간이 억압을 당했다면, 시각매체의 영상 미디어에 의해 억압을 당하고 있다. 영상미디어와 새로운 신종 기술매체가 등장하고 또 융합하는 지금에는 다시 시각적 합성 영상미디어에 의해 억압당하고 있는 것이다. 기술매체에 의해 수많은 영상이 합성되면서 영상세계에 대한 독서장애적 응시 또는 시선의 우생학에 의해서도 소외를 겪게 되는 것이다. 이는 대중매체의 시각적(청각적) 감응에 의한 억압에 이어 매체로부터 이중의 테러리즘을 당하게 되는 것이다.

4. '신명나는 허무주의'를 넘어

근대 사회는 이성에 의해 억압된 사회의 해방을 추구해왔지만 오히려 도구적 이성에 의해 인간에 대한 억압체제를 재생산해왔다. 반면 탈근대적 사회는 이성이 아니라 그 이성이 배격한 감성, 즉 시각적 감응에 의해 억압적인 소비사회를 재생산해오고 있다. 물론 근대나 탈근대 사회의 기저에는 모두 합목적성을 내세운 관료제와 국가자본주의가 엄격하게 작동한다. 달리 말하자면, 근대나 탈근대에서도 일상에서의 억압은 개선되지 않고 있는데, 도구적 이성뿐만 아니라 시각적 감응이라는 억압기제가 더 추가된 것으로 볼 수 있다. 여기에 시각적 감응에 의한 탈근대적 억압을 주도적으로 재생산하고 있는 것이 다름 아닌 기술매체라고 하겠다.

보드리야르와 플루서, 비릴리오 등의 매체미학은 기술매체가 진전할수록 그 매체에 의해 더욱 억압된다는 허무주의적 경향을 띠고 있다. 정보사회에 대한 전망에는 긍정주의와 비관주의가 엇갈리고 있지만 이들에게서는 한결같이 비관주의적이고 허무주의적인 전망이 우세하다.[257)]

기술매체의 허무주의에 따르면, 탈근대 문화는 새로운 종류의 깊이 없는 김빠진 문화, 새로운 종류의 피상성을 특징으로 한다. 그래서 그로스버그(Lawrence Grossberg)는 포스트모던 감성을 '신명나는 허무주의' (Empowering Nihilism)[258)]라고 비유하기도 한다. 탈근대 이미지가 정서적 몰입을 유도하기는 하지만 내용이 허무주의적이기 때문이다. 그 에너지가 주체와 현실 사이의 모순에서 나오는 것이 아니라 단순한 정서적 몰입에서 나오는 탓이다. 보드리야르는 탈근대의 대중매체들은 실재가 아닌 모방물인 시뮬라크드를 대량생산하고, 개인은 실재와는 관계가 없는 상품기호와 매체가 만들어 내는 표현 모방물의 상상적인 우주 속에 살게 된다고 지적한다.

기술매체는 '보다 많은 정보를 보다 빠르고 현실감 있게' 전달하는 것을 기본적인 목표로 한다. 매체의 역사를 뒤돌아보면, 효율성과 실용성의 측면에서 획기적으로 기능이 개선된 것도 사실이지만, 대중매체의 발달이 문화에 또 다른 음영을 드리우고 있는 것도 사실이다.[259)]

우선 대중매체에 의한 의사소통의 상황은 생산-유통-소비의 구조에서 정보와 문화적 내용들이 일방적으로 흐르기 때문에 생산자와 소비자가 근본적으로 단절된 의사소통체계를 이루게 된다. 또한 대중매체를 통해 전달되는 메시지는 가공의 세계를 구성한다. 아무리 세밀하고 현실감 있게 사실이 재구성되더라도 그것은 현실을 소재로 한 시뮬라크르이거나 가공물의 성격을 벗어나지 못한다. 다시 말해, 시뮬라크르는 문자 그대로 현실과는 근본적으로 구분되는 세계인 것이다. 또 대중매체가 사회공간을 확장하는 효과를 가져다주지만 매체를 통한 현실의 확장은 역설적이게도 일상생활의 축소를 가져올 수밖에 없다.[260]

기술매체시대에는 '가시성의 문화'에 대한 위험성을 인식할 필요가 있다. 이는 가시성 문화, 즉 시각문화가 비가시성 문화에 대한 억압으로 작용하고 있기 때문이다. 보고 즐기는 문화로서 가시성의 문화는 또한 문화의 보이지 않는 부분에 대해서 무관심하다.[261] 대중매체를 통해 보이는 모든 것은 보이지 않는 것을 희생시키는 배제의 원칙이 작용하는 것이다.

불투명성과 불안정성을 특징으로 하는 대중매체가 일상적 삶에 미치는 가장 큰 위험은 일상공간을 침해하거나 훼손한다는 점이다. 텔레비전이나 PC를 통해 문화공간이 무한히 확장될 것이라는 믿음은 환상에 불과하고, 여기에 의존할수록 일상생활은 더욱 더 침식된다. 앞서 지적한 비릴리오의 '독서 장애적 응시'나 '시선의 우생학' 같은 현상은 이미지의 소비의 장밋빛 미래에 대한 경계를 드러내는 단적인 예라고 할 수 있다.

대중매체의 일상공간 침해는 사회적 차원에서 볼 때 문화적 내용이 획일화되고 표준화되며, 일반인들을 문화의 주체가 아닌 객체로서 머물게 하는 결과를 낳는다. 이는 일상공간이 적극적인 문화공간으로서 기능하는 것을 저해하는 요인이 된다. 즉 매체화된 문화는 적극적인 활동의 공간으로서 일상공간이 활성화되는 것을 방해할 수 있다. 이러한 우려는 일상생활의 리듬과 대중매체의 기술적 편리성 사이에 서로 부합하지 않는 부분이 존재한다는 사실을 의미한다. 이는 기술발전이 반드시 일상적 삶을 질적으로 풍요롭게 만드는 것이 아니라는 점을 말해준다. 대중매체가 일상적 삶의 공간을 침식하고 그 내용에서 표준화한 내용을 일방적으로 부과한다면, 이는 또 다른 문화의 빈곤이라고 해도 과언이 아니다.[262] 기술매체가 주도하는 정보시대가 역설적으로 기표만 난무할 뿐 실제로는 유용한 정보의 빈곤, 문화의 빈곤을 초래한다는 것이다.

이와 같이 매체에 의해 일상공간이 침식당하고 실재성과 비판의식이 부정당하면 미래에 대한 희망이나 예측을 불허하는 페시미즘으로 빠질 수 있다. 그래서 보드리야르는 소비사회를 분석하면서 기술매체가 주도하는 소비사회에서의 이른바 '매체 허무주의'와 함께 극도의 무력감을 드러낸다. 기술매체가 시뮬라시옹과 같은 인위적 조작에 의해 의미 없는 이미지의 파편을 만들어내면서 현실을 구속하고 실재를 미혹하기 때문이다. 즉 지시대상 없는 기호, 외양으로만 존재하는 이미지들이 현실을 구성하고 미래를 무방향성으로 이끌어간다면, 모더니즘 미학에서 한 가닥 희망을 두었던 아우라의 상실은 해방으로 연결되지 않기 때문이다.

소비사회에서 생활세계는 단순히 존재의 조건으로서 주어지는 환경이 아니라, 제도적이고 매체적 장치에 의해 구획되고 변질되는 인위적 조정의 대상이다. 이러한 인위적 조정에는 항상 자본과 권력의 문제가 은폐되어 있다. 이것이 매체에 의해 훼손되고 있는 생활세계의 문제를 권력의 차원에서 바라보고 그 실천적 함의를 모색해야 하는 까닭인 것이다. 아울러 일상생활세계를 살아가는 구성원들도 단순히 수동적이고 피동적인 객체가 아니라 주체로서의 자각이 뒤따라야 함은 물론이다.

제2부

욕망하는 자본과 공간의 시학

공간의 시학 Ⅰ: 집으로부터의 불안

4

2부에서는 텍스트분석을 통해 개인을 억압하고 스스로 채찍질하게 하는 '테러리스트 사회'의 속성은 근대나 탈근대사회를 관통하는 공통된 현상임을 고찰하고자 한다.

먼저 4장에서 살펴볼 조세희의 『난장이가 쏘아올린 작은 공』은 우리나라의 자본주의 초기에 자본의 훈육전략에 따른 노동자들의 억압상을 재현해내고 있다. 빈민의 재생산과 함께 열악한 주거문제와 환경오염문제, 국가의 이윤을 위해 자본 앞에 침묵하는 권력기관에 대한 고발을 담아내고 있다.

이 소설은 현실 불모성을 상징성과 환상성을 통해 현실의 전복적 성격을 드러내고 있다. 이러한 환상성은 추상적 유토피아를 극복하지 못하는 한계를 드러내는 것이라고 하겠다. 자본의 비인간적인 모습은 실천적 행위를 담보하지 않을 때에는 관념적이며 유토피아적인 차원에 머물고 만다[1)]

『난장이가 쏘아올린 작은 공』은 디킨즈의 『어려운 시절』에서 드러난 자본의 훈육전략과 맥락을 같이하고 있다. 한 가지 아쉬운 점은 자본의 훈육전략의 핵심적인 교육의 중요성이 『난장이가 쏘아올린 작은 공』에서는 크게 부각되고 있지 않다는 점이다. 디킨즈는 『어려운 시절』에서 노동의 재생산을 위한 자본의 훈육전략을 자본가인 그래드그라인드의 목소리를 통해 자세하게 묘사하면서 공리주의적 교육을 비판하고 있다. 디킨즈는 노동자들에게 가해지는 '사실' 교육은 자본가의 자본축적을 위한 '일하는 기계' 로 만드는데 있다고 비판한다.

이어 살펴볼 최인호의 『이 지상에서 가장 큰집』에서 주인공은 50년을 일해 집을 마련하지만, 합목적성을 내세우는 관료기구가 법집행을 통해 집터를 공원화하면서 개인의 삶 전체를 파괴시키기에 이른다. 이는 국가가 의도한 순종적인 노동력의 제공과 이로 인한 소외와 억압에 그치지 않고 체계가 휘두르는 폭력성에 희생된 것으로 볼 수 있다.

이 두 작품은 노동자의 생존의 중심에는 집이 자리하고 있음을 드러내고 있다. 특히 한국사회에서 주택문제는 부르주아계급과 노동자계급을 가르는 대표적인 기표에 해당한다. 주택을 소유하고 투기할 수 있는 부르주아가 많으면 많을수록 주택문제로 억압당하는 노동자계급의 수도 비례적으로 늘어나게 된다. 이는 마르크스가 자본의 축적과정에서 자본가의 부가 축적되면 될 수록 이를 뒷받침하는 노동빈곤의 수가 늘어나게 된다는 것과 맥락을 같이한다고 하겠다.

1. 근대적 노동의 재생산과 집의 문제

노동력을 팔아서 번 돈으로 집세를 내고 생필품과 기호품을 사고자 하는 노동자는 눈앞에 널린 상품들의 자유에 압도당하고, 상품들의 자유로움에 구매자로서 끼어들려 해도 돈이 늘 모자라기 마련이다. 더욱이 과소비가 자본주의 경제발전의 원동력이 되는 후기자본주의 시대에 그야말로 끝없이 춤추고 노래하는 상품들이 부추기는 소비 욕망의 주체로서 자신의 모습과, 철저한 경제논리에 묶인 채 생계를 위한 노동력 판매를 반복해야 하는 노동의 주체로서 노동자는 더 이상 그 어떤 자유든 그것을 느끼고 체험할 수 있는 단일한 주체가 아니다. 축적본능과 쾌락본능 사이에서 분열된 자본가처럼, 노동자 또한 분열된 주체가 된다.[2)]

자본주의 사회에서 노동자는 노동하지 않고선 살 수 없다. 다른 활동을 하는 것도 마찬가지다. 노래든, 춤이든, 공부든, 사랑이든 모든 종류의 활동이나 활동에 대한 욕망은, 노동을 통하지 않고선, 노동을 가치화함으로써 획득하는 화폐 없이는 불가능하다. 따라서 그 모든 활동과 욕망은 한편으로는 생존의 조건인 노동 이후로 미루어지고, 노동에 대한 잔여적인 영역으로, 일종의 '레저'로 밀려난다. 이를 위해서도 노동은 필수적인 조건이고 전제적인 욕망이다.[3)]

가치를 생산하고 싶다는 욕망, 가치를 생산하는 활동을 하고 싶다는 욕망이 가치 있게 살고 싶다는 욕망을 대신하고 교체한다. 그런데 그러한 욕망은 정확하게 자신의 활동을 판매하고 싶다는 욕망이다. 자본에 의해 구매되어 자본에 포섭되고 싶다는 욕망, 이런 점에서 '노동의 욕망'은 분명 '자본의 욕망'이다. 자신의 생존, 그리고 가족의 생존을 생각한다면 노동은 노동자 자신의 욕망이 된다.[4)] 노동을 통해 화폐를 획득하지 않으면 노동자 자신의 욕망을 충족시킬 수 없기 때문이다. 여기에 노동이 인간을 전유하기보다 강제하는 측면이 있는 것이다.

하지만 노동 없이는 먹고 살 수 없기에 노동을 해야 한다. 다시 말해 자본에 자신의 노동력과 노동의사를 판매하는 행위 없이는 먹고 살 수 없는 자본주의적 생산의 조건이야말로 노동하지 않는 자는 먹을 수 없다는 태도를 만들어낸다는 것이다.[5)]

이는 인간의 본질은 노동이라는, 노동하는 자만이 인간이라는 것을 의미한다. 노동을 통해서만 우리는 인간의 대열에 들어갈 수 있고 자신의 인간다운 본질을 구현하는 보람찬 삶을 살 수 있기 때문이다. 반대로 노동하지 않는 자, 예컨대 실업자, 게으름뱅이, 부랑자, 구걸로 돈을 벌려는 자, 가치화되지 않는 활동하는 자는 모두 인간이 아닌 것이다.[6)]

16-17세기, 혹은 '본원적 축적'(primitive accumulation)[7)]이 시작되었던 그 이전 세기부터 인간에 속하지 않는 '사회적 해충'들을 교화하여 인간으로 만들려는 거대한 노력이 유럽 전역에서 행해진다. 부랑을 제한하고 그것을 처벌하는 이른바 '빈민법'은 그것 가운데 하나다. 1547년 영국의 법에 따르면, '노동하는 것을 거절하는 자'는 그를 게으름뱅이라고 고발한 자의 노예가 되어야 했다. 또 파리 시민 100명당 1명꼴로 '종합병원'이라는 이름의 수용소에 가두었던 '거대한 금' 역시 이러한 '해충'들을 인간세계로부터 격리하여 인간으로 개조하거나 교화하려는 조치 가운데 하나였다. 이로써 노동하는 자만이 인간이라는 원칙이 자본주의적 실천이성의 요청으로 확립된다.[8)]

아탈리(Jacques Attali)[9)]는 노마드(nomad)의 개념을 빌려 노동과 감금의 역사에 대해 분석하고 있다. 아탈리에 따르면 군주제적 관료기구 등 모든 관료기구는 일하지 않고 돌아다니는 자를 경계하는 것이 주요 임무였다. 이들은 일하지 않으면서 이동하는 자에 대해 일종의 강박관념처럼 경계했다. 다른 곳과 마찬가지로 유럽에서도 오래전부터 정착민들의 발명품인 국가는 모든 노마드들에 대항해 싸우는 것을 첫째 임무로 삼고 있었다. 군주제적 관료제의 최고 적은 바로 불행한 여행자인 가난한 사람들이었다. 특히 일정한 거주지도 없고 일도 하지 않는 사람들에 대한 감시가 가장 심했다. 가난한 사람들을 감금하고 강제노동을 시키는 일은 관료들의 주된 관심사가 되었다.[10)]

14세기 중엽에 흑사병으로 인구가 격감하자 국가와 관료기구는 돌아다니는 자를 일하게 만들기에 나섰다. 이는 흑사병이 남긴 교훈이었다. 즉 돌아다니는 사람들이 다른 데 가서 병을 퍼뜨릴 수 있다면 추방은 좋지 않은 방법이다. 대신 병원이나 감옥, 일터에 가두는 방법을 택했다. 큰 국가의 관료들은 가난한 사람들에게 강제노동을 시키기로 결정했다. 영국에서는 1349년에 '노동자법'이 생겨 실업자들의 노동이 의무화되었다. 1354년 11월, 이 노동의 의무화는 프랑스왕국 전역으로 확대된다.[11)] 1536년 프랑수아1세는 떠돌아다니는 사람들을 감시하는 임무를 띤 시립 경찰부대를 창설했다. 이 새로운 기구는 오로지 도시의 특정 구역, 사거리, 술집, 개인주택, 선술집, 떠돌이나 아무데도 소속되지 않은 못사는 사람들이 주로 숨어있는 문란한 장소를 매일 순찰하러 다니는 일만 했다. 모든 노마드들은 그렇게 해서 정착민들의 노비 신세가 되어 강제노역을 담당했다. 바로 이러한 떠돌이들을 지칭하기 위해 '노마드'라는 말이 생겨났다.[12)]

아탈리의 분석처럼 가난한 사람은 노동을 강제하기 위한 대상으로서 중세이래 관료제의 감시 대상이었다. 중세에 이어 근대에 이르러서도 오히려 더 구조화되고 있다. 산업혁명이 시작되면서 노동자에 대한 감시와 사슬은 더욱 강화되었다. 마르크스주의에 따르면 자본주의는 바로 가난한 자들을 양산하면서 발전했고 이들의 노동으로 자본의 축적이 이루어질 수 있었던 것이다.

그런데 역설적이게도 자본은 자본의 축적과 함께 이러한 '비인간'을 스스로 끊임없이 만들어낸다. 즉 자본의 축적은 유기적 구성의 상승을 야기함으로써 산 노동을 끊임없이 죽은 노동으로 대체하며, 인간의 대열에 들어 노동하고 있던 사람들을 노동하지 않는 비인간의 세계로 끊임없이 몰아낸다. 과잉인구는 아직 취업하고 있는 노동자들에 대해 실업화하려는 압력을 일상적으로 행사한다. 그것은 자본에 복종하지 않는 자, 자본의 요구에 적절하지 않게 된 자를 '비인간'이 될 운명으로 매몰뿐만 아니라, 정상적인 노동자 전체로 하여금 죽음에 근접한 그 끔찍한 운명을 항상적으로 떠올리게 함으로써 자본에 대한 복종과 충성을 강요한다. 그것을 피하기 위해서는 어떠한 형태의 노동에도 적응해야 하고, 갑작스런 업무나 배치의 변경에도 순응해야 하며, 그렇지 못한 자는 무능력하거나 불성실한 자로 쫓겨날 각오를 해야 한다.[13]

과잉인구는 또 '인간'의 대열 안에 들어가기 위한, 혹은 그 안에서 살아남기 위한 노동자들의 경쟁을 만들어낸다. 이 경쟁은 노동자들 사이에 적대적 거리를 만들어낸다. 다른 노동자는 모두 자신의 경쟁자요 적이다. 노동자로, '인간'으로 살아남기 위해선, 자신이 다른 사람보다 낫다는 것을 보여주어야 한다. 고용을 위한 노력은 그 경쟁에서 성공하기 위해 자신 스스로 선택한 것이요 자신의 욕망이 된다. 마르크스는 제임스 스튜어트를 인용해서 다음과 같이 말하고 있다. "노예제에서 사람들은…타인의 노예였기에 노동을 강요당했다. 지금 사람들은 그들 자신의 욕망의 노예이기에 노동을 강요당한다." 영어를 잘하고 싶다는 욕망은 사실상 그런 능력을 필요로 하는 자본의 요구로 인해 발생하는 것이다.[14]

결국 노동하는 자만이 인간이라는 노동의 인간학의 명제는, 노동을 통해서만 인간답게 살 수 있게 만드는 자본주의의 조건 아래서, 노동자가 자본의 요구를 자신의 욕망으로 삼게 만드는 욕망의 배치를 작동시킨다. 우리는 이 욕망의 배치 안에서, 자본이 요구하는 능력과 자질을 자신의 신체에 새기게 된다. 요컨대 욕망의 배치로서 노동의 인간학이란 자신의 활동을 가치화하고자 하는 욕망의 배치이고, 자본이나 화폐소유자에게 자신의 능력을 팔고자 하는 욕망의 배치며, 이렇게 하여 정의되는 노동을 통해서 인간이 되고자 하는 욕망의 배치다. 이리하여 노동의 인간학을 구성하는 핵심적인 두개의 축에서, 노동중심주의의 인식론적 배치의 뒤편에서 우리는 자본의 욕망 내지 요구를 노동자가 자신의 욕망으로 삼게 하는 욕망의 배치를 발견하게 된다.[15)]

그런데 노동자는 가족주의의 체계 내에서 위치할 때 자본의 요구를 자신의 욕망으로 삼게 만드는 욕망의 배치를 더욱 강력하게 작동시킨다고 할 수 있다. 이 가족주의는 부르주아지가 고안한 노동의 전략으로 탄생한다. 자본가들은 노동자 스스로 내핍과 희생을 받아들이게끔 하는 억제의 심리장치를 생산하여 노동자들의 모든 욕망의 투여를 가족주의와 소비주의 등의 사적인 소우주 속에 가두고자 하는 것이다.

노동자를 가장으로 만들고, 가정을 책임지게 함으로써 노동의 사슬에 묶어두는 방법은 19세기 후반 부르주아지가 고안한 가족주의의 전략의 요체였다. "홈, 홈, 스위트 홈!"(Home, home, sweat home!)이라는 슬로건으로 요약되는 부르주아 가족주의는 18세기 후반에서 19세기 초에 결혼장치 안에 사랑의 장치를 포개면서 모든 욕망을 가족 안으로 영토화 함으로써 탄생했다. 이는 노동자의 주거문제가, 노동자의 계급투쟁과 더불어 사회적인 중심문제로 부상하게 되는 19세기 후반, 노동자들을 영토화하기 위한 전략으로 변형되어 제시된다. 이는 특히 생산과 주거, 생활을 결합하려는 코뮌주의자들의 노력에 대항하기 위한 전략으로 이른바 '박애주의자'(philanthropist)들에 의해 고안되었다. 여기서 가족주의는 "내 모든 삶은 오직 가족을 위하여 바치겠다."거나 "내 가족은 내가 책임지며, 이를 위해서 내가 할 수 있는 것은 무엇이든 다하겠다."는 욕망의 배치라고 말할 수 있다.16)

하지만 이는 결코 노동자의 자연스런 욕망의 발현이 아니었다. 부르주아지는 노동자들에게 주택을 분양해 주고, 그 대가로 평생을 채무노예로 묶어두는 전술을 사용한다. 주택은 노동자들을 선술집에서 가정으로 불러들이는 기표와 같은 것이다. 부르주아지들은 이런 방식으로 자신의 가정에 대한 책임을 가장에게 온통 짐 지움으로써 어떤 고통에도 불구하고 자신의 직장에 붙어 있도록 만드는 전략을 구현하고자 했다. 이로써 노동자는 자신의 삶을 영위하기 위해서 뿐만 아니라 자신의 가족의 삶을 책임지기 위해서라도 자신의 일자리에 무슨 수를 써서도 붙어 있어야 하는 것이다.17)

가족주의의 중심에는 노동의 재생산과 이를 지속적으로 담보하는 주택의 문제가 얽혀있다. 주택은 단순한 주거지 이상의 이중적 의미를 지닌다. 즉 주택은 자본가에게는 노동자로 하여금 노동의 재생산을 위한 필요에 따라 존재하는 '생산'의 의미를 지닌다. 아울러 주택은 '사회적 지위'를 알려주는 기표로서 작용한다. 주택은 단순히 건물을 소유하는 것이 아니라 그 건물이 상징하는 기호로서의 이미지, 즉 사회적 지위나 신분을 드러내는 기표인 것이다. 그래서 주거지 또한 자본가와 노동자의 주택으로 구획화되어 있다.

이러한 관점에서 볼 때 19세기 이후 대도시 노동자 노동의 재생산을 위해 기능하는 집과 현대 소비사회의 차이의 욕구를 실현하는 '소비'의 대상으로서의 집으로 구분되는 것이다. 이는 또한 바슐랭(Henri Bachelin)이 『하인』(*Le Serviteur*)에서 말한 오두막집과는 거리가 멀다. 바슐랭이 묘사한 집에서는 가족들의 안전을 지켜주고 안락을 주는 곳으로서 거주 기능의 근원적인 면모를 엿볼 수 있다.

바슐랭에 의하면, 그가 어렸을 때 살던 집은 더할 수 없이 소박한 집이었다. 프랑스 모르방(Morvan)지방의 어느 읍 마을에 있는 시골집이었지만, 농사의 부속 건물들이 딸려있고, 아버지가 부지런하고 검소하여 가정의 평안과 행복을 찾을 수 있는 그런 집이었다. 날품팔이꾼이고 성당지기인 아버지가 저녁이면 램프 불빛이 희미하게 밝히고 있는 방안에서 성인들의 전기를 읽는, 바로 그 방안에서 어린 앙리는 그의 원초적인 몽상을 즐겼다.[18] 그는 집의 안락함과 순수성에 대해 『하인』에서 이렇게 적고 있다.

> "저는 숲 한가운데 따뜻하게 덥혀진 숯꾼들의 오두막집 속에서 살고 있다고 상상하면서 즐거워하곤 했습니다. 저는 그 즐거운 감각을 저 혼자서만 즐겼습니다. 저는 이리들이 우리 집의, 닳아지지 않는 화강암의 문지방에 그들의 발톱을 대고 뾰족하게 가는 소리를 듣고 싶을 지경이었습니다. 제게는 우리 집은 그런 오두막집과 같은 것이었지요. 저는 제가 그 안에서 굶주림과 추위에서 지켜지고 있음을 보는 것이었습니다. 제가 몸을 떨었다면, 그것은 다만 바로 안락 때문이었습니다."[19]

바슐랭이 그린 집은 외부의 위험으로부터 자신과 가족을 보호해주는 안락한 집이다. 특히 집이 주는 그 안락함 때문에 몸을 떨었다는 대목은 집의 근원적인 면을 엿보게 한다.

그렇지만 자본주의 도시공간에서의 집은 더 이상 바슐랭의 '오두막집'이 아니다.

이제 사람들은 세계(집)안에 있지만 전혀 보호받지 못하는 불안감에 사로잡히고 있다. 에코(Umberto Eco)[20]는 우리 시대의 모습을 새로운 중세에 비유하며 최종적 파국에 대한 불안감인 '인세큐리타스'가 포스트모던 사회를 지배하고 있다고 말한다.

도시마르크스주의자들이 말하는 것처럼 자본주의 도시공간에서의 주택은 노동의 재생산을 위해 도구적인 곳으로 전락했다. 국가와 산업자본가는 이러한 필요에 따라 신도시를 건설했다. 신도시의 주택에는 르페브르가 무렝에서 본 것처럼 기계적이고 합목적성이 지배하는 도시이다. 그곳에서는 유기적인 삶이란 찾아볼 수 없다.

주택이 노동의 재생산을 위해 존재하는 데서 알 수 있듯이 산업혁명 이후의 노동자의 생활은 더 이상 산업혁명 이전의 생활과 같지 않았다. 그것은 노동자들에게는 이제까지 겪어보지 못했던 악몽이었다. 노동자들은 자본가의 잉여가치를 창출하는 도구로 존재하는 것이다. 엥겔스는 산업혁명 이전 노동자들의 생활을 다음과 같이 기술하고 있다.

> 노동자들은 겨우겨우 안락한 삶을 누리면서 아주 독실한 신앙심과 고결함을 지닌 채 정직하고도 평화로운 삶을 살았다. 그들의 물질적 처지는 후손들의 그것보다 훨씬 좋았다. 그들은 과로할 필요가 없었으며 원하는 만큼만 일하고도 필요로 하는 것을 벌었다. 그들은 정원이나 들판에서 건강에 좋은 일을 할 여가를 가졌는데 이 일은 그 자체가 그들에게 오락이었다. 그들은 또한 오락이나 놀이를 이웃과 함께 할 수도 있었다. 볼링, 크리켓, 축구 등의 놀이를 통해 그들은 육체적 건강과 활력을 유지했다. 그들은 대체

로 튼튼하고 체격이 좋았다.... 그들의 아이들은 시골의 신선한 공기 속에서 성장했으며 아이들이 부모의 일을 돕는다고 해도 그것은 아주 가끔씩 있었으며 하루에 8시간 내지 12시간씩 일하는 경우는 절대 없었다.[21]

엥겔스에 의하면, 인간은 오히려 산업혁명 이전보다 더 노동[22)]에 의해 소외되고 있다고 개탄한다. 물론 그 이전의 자본주의 사회, 봉건제 사회, 노예제 사회 등 인간사회에서는 외형상 물리적으로 억압하던 시기였다. 자본주의 초기 단계나 그 이전의 중세사회에서는 생산양식이 개인의 일상적 삶을 송두리째 지배했다. 하지만 산업혁명 이전에는 그래도 인간이 자연과 더불어 노동으로부터 소외되거나 억압당하지 않았다. 산업혁명을 거치면서 인간은 원하지 않은 노동을 해야 하는 등 노동으로부터 소외받으면서 일상생활이 점점 억압되고 있다는 것이다. 개인적 일상생활에 대한 억압성은 산업혁명을 거쳐 자유와 평등이 확대된 현대에 이르러서도 외형상 개선된 것 같지만 결코 그렇지 않다.

공장제하에서의 노동자들은 산업혁명 이전의 오락과 유희와 결합된 생활을 상실하고 기계의 부속품으로, 즉 도구의 지위로 추락한다. 오늘날 생활수준이라는 용어는 양적이고 물질적인 함의가 더 많이 내포되어 있어 상대적으로 산업혁명 이전보다 더 나아졌다고 말할 수 있다. 하지만 이는 질적인 측면을 무시한 함의일 것이다. 엥겔스는 하지 않아도 될 노동을 해야 하는 산업혁명 이후의 인간에게는 진정한 유희마저 상실되고 있다고 진단하는 것이다.

엥겔스(1820-1895)에 앞서 디킨즈(Charles Dickens, 1812-1870)는 이미 그의 소설 『어려운 시절』[23)]에서 코크타운의 노동자들의 실상을 통해 이를 예견한 바 있다. 디킨즈가 보기에 다수의 노동자를 한 곳에 모아놓고 일정한 작업만 시키면서 규율을 강제하는 공장제 생산양식이 민중에게는 일시적인 빈곤과 질병보다도 더 큰 재앙이었다. 민중의 전통적인 생활방식은 자연과 조화한 채 불규칙한 생활리듬을 따르는 것이었다. 농업에 종사하든 어업이나 목축에 종사하든 계절에 따라 일의 종류와 강도는 변하기 마련인데 공장제하에서는 똑같은 일을 하루 종일 동일한 강도로 반복해야 했다. 즉 노동자들은 산업혁명이 진전될수록 생활수준이 향상되었으나 반면 하나의 기계 부품이나 도구의 지위로 추락했다. 전통적인 가족경제의 파괴와 작업의 규율과 단순성, 장시간 노동과 비인간적인 작업환경, 레저와 오락의 상실 등으로 불만은 오히려 높아갔던 것이다.

또한 『어려운 시절』에서는 훈육과 감시로 특징지어지는 근대사회에 대한 푸코의 통찰을 앞질러 보여주고 있다. 1850년대 당시에는 공리주의[24]가 지배적인 사상이었는데, 이들의 최대 관심사는 아이들과 노동자들이 '사실'(fact)[25] 이외의 다른 생각을 하지 못하도록 하고, 푸코가 말한 '순종적인 신체'로 개조하는 일이었다. 즉 『어려운 시절』의 그래드그라인드 등 공리주의자들은 푸코가 지적한대로 교육의 공간이 학습기계처럼 기능하도록 만들어서 그 '기계'를 통해 아이들의 감성과 상상력을 지우고, 근면하며 유순한 직공으로 훈육하고자 하였던 것이다.[26]

자본의 관점에서 보았을 때 훈육이란 자본이 자기 외부에 있는 이질적인 세력이나 움직임을 자기의 호흡과 리듬에 맞게 개조하는 것을 의미하므로 훈육이 빅토리아 시대에 고유한 것이라고 할 수는 없다. 그러나 신체를 겨냥하여 직접적인 폭력을 동원하는 이전까지의 훈육에 비해, 18세기 후반 이후의 훈육은 영혼을 목표로 삼아 이데올로기적인 순화방식에 주로 의지한다는 차이를 보여준다.(물론 빅토리아 시대에도 전시대에 사용되던 종류의 폭력적 방법이 완전히 사라진 것은 아니다.) 지배세력은 공리주의 철학과 자유방임주의 정치경제학에 의해 하층민을 이데올로기적으로 순화시키기 위해 노동에 필요한 것 이외에는 궁금해 하지 않도록 가르치는데 집중했던 것이다.[27]

디킨즈의 『어려운 시절』은 교실에서 학교 소유자인 그래드그라인드가 교사들에게 훈시하는 장면으로 시작한다.

> "자, 내가 원하는 것은 사실이요. 이 학생들에게 사실만을 가르치시오. 살아가는 데는 사실만이 필요한 거요. 사실 외에는 어떤 것도 심지 말고 사실 이외의 모든 것은 뽑아버리시오. 사실에 기초할 때만 논리적으로 사고하는 인간을 만들 수 있는 거요. 학생들에겐 사실 이외의 어떤 것도 하등 도움이 되지 못하오. 이것이 내가 내 자식들을 키우는 원칙이고, 이것이 내가 이 학생들을 교육시키는 원칙이오. 사실만을 고수하시오, 선생!"[28]

당시 공리주의자들은 대중을 교육시키는 일에 관심을 기울였지만, 교육은 공리주의 철학에 입각해 단지 노동에 필요한 인간형을 만들어내는데 주안을 두었다. 즉 학교에서 아이들에게 '사실'만을 가르치고 노동에 필요한 계산만 가르치면 된다는 식이다.

18세기 후반 이후에 채택된 자본의 새로운 훈육전략은 이제까지 익명의 군중으로만 존재하던 대중 대신에 모종의 통계학적 주체 개념의 발견이라는 결과를 낳았다고 한다. 그러나 이 과정을 거치면서 형성되고 발견된 개체성은 기계적 장치의 한 부품으로 존재하는 개인이지, 개개인의 개성과 활력을 장려하는 진정성을 지니는 것은 아니었다.[29]

디킨즈의 『어려운 시절』을 비롯한 산업소설[30]은 새 시대를 상징하는 듯이 보이던 산업도시에 대한 당대인의 당혹감을 충실히 반영하고 있다. 산업소설은 이윤추구만을 목적으로 하는 산업도시에서 빈부문제가 노동자와 자본가간의 계급문제로 극대화되었음에 주목한다. 즉 산업혁명이후 첨예해진 노동자와 자본가간의 대립과 산업노동자들의 비참한 생활을 그려 전통사회로부터 급격히 이탈된 사회모습을 제시한 것이다. 그러므로 산업소설에서는 근대 초기의 산업자본주의 면모와 세습적 신분에서 떨어져 나온 계급사회 모습이 극명히 부각된다.[31)]

2. 욕망하는 자본 : 『난장이가 쏘아올린 작은 공』

이번 텍스트 분석에서는 우리나라에서 산업혁명기의 시대상에 해당하는 1970년대의 산업사회상을 조명한 조세희의 『난장이가 쏘아올린 작은공』을 텍스트 분석할 것이다. 이를 통해 도시의 자본화에 따른 일상생활의 억압 이데올로기를 도시빈민의 주거와 환경, 노동문제를 중심으로 드러내고자 한다. 디킨즈가 이미 1850년대에 『어려운 시절』등을 통해 재현해낸 것이지만, 우리나라는 서구에 비해 산업화가 늦어 1970년대에 이르러서야 이러한 산업소설이 등장할 수 있었던 것이다. 조세희의 이 소설을 분석대상으로 삼은 이유는, 이 소설이 초기 자본주의 도시공간의 모순을 집약적으로 형상화한 작품으로 당시 억눌린 노동자들의 삶을 들여다볼 수 있는 대표적인 작품으로 평가되기 때문이다.

60, 70년대 당시 우리나라는 착취에 바탕을 둔 자본주의 초기 단계였다고 할 수 있다. 어떻게 보면 디킨즈가 『어려운 시절』을 비롯한 산업소설을 쓴 영국의 19세기 중반에 해당할 것이다. 이 시대에는 장

시간 저임금 노동을 통해 인간의 육체를 잔인하게 혹사하고 감시하면서 절대적 잉여가치를 창출할 수 있었다.[32] 그러나 산업화가 급속하게 이루어진 반면 노동과 생활의 상대적인 유기적 관계는 오히려 악화되면서 도시 노동자들은 19세기 영국의 노동자들에 다를 바 없는 열악한 지위로 추락했다고 볼 수 있다.

또 70년대에는 미디어와 광고의 발달도 초기 단계에 해당한다고 할 수 있으며, 국가에 의한 언론통제가 이루어지던 시기였다. 따라서 이 당시는 국가주도의 경제개발을 통해 자본주의적 착취구조가 사회적으로 광범위하게 확산되는 단계로, 영국을 비롯해 서구에서 이미 19세기말에 겪었던 자본주의 초기의 착취국면을 보여주던 시기로 볼 수 있다. 70년대의 한국의 파시즘적 사회체제는 그대로 개인들의 일상적 삶을 파괴했을 뿐만 아니라 자본주의 착취구조로 인해 피지배계층, 특히 무산계급의 노동자들은 정치와 경제 양 측면에서 억압하고 강제하는 이중적 질곡으로부터 도피할 수 없었다.

이러한 시대적 배경에서 나온 『난장이가 쏘아올린 작은공』은 우리나라가 소비사회로 이행하기 이전인 산업사회의 단면을 드러내고 있는 대표적인 텍스트이다. 여기서는 70년대 한국자본주의 분석과 함께 자본과 권력이 어떻게 개인의 일상을 파괴하고 가정을 해체하는지, 빈민굴이 어떻게 지속적으로 주변화하는지를 보여주고 있다.

『난장이가 쏘아올린 작은공』에서 재현하고 있는 1970년대 현실은 자본주의 일반론의 틀로는 쉽게 규정되지 않는다. 전자본주의적인 것과 자본주의적인 것이 중층적으로 얽혀있다. 『난장이가 쏘아올린 작은공』의 연작 가운데 특히 「내 그물로 오는 가시고기」와 「칼날」은 1970년대 한국의 자본주의적 특징을 가장 잘 함축하고 있는 작품이다.[33]

조세희의 소설은 바로 도시가 자본화하기 시작한 시점에서의 세계를 그리고 있다. 난장이는 산업화와 양적 팽창의 경제정책을 모토로 한 70년대를 살아가는 소외되고 억압된 노동자 계층과 도시 빈민들을 상징한다. 난장이의 비정상적인 육체는 그들이 몸담고 있는 세계도 또한 불구이며 온전치 못하다는 것을 드러낸다. 난장이의 3남매 인영수와 영호 그리고 영희가 바라보는 은강이라는 세계는 불모의 땅이며 사랑도 화해도 없는 죽은 땅이다. 아무리 일을 해도 그에 대한 대가는 육체적인 고통과 생존에 허덕이는 저임금, 그리고 열악한 작업환경과 공해로 시달리는 환경의 파괴다. 또한 「칼날」, 「육교 위에서」의 신애에게 있어 세계는 모순되고 부조리하며 부정축재하는 사람이 오히려 기세등등한 부정적인 공간이다.[34]

> 나의 손자들은 그들의 증 · 고조부대의 터무니없는 시절 이야기를 듣고 낯을 붉히게 될 것이다. 일종의 경제발작 시대로, 윤리 · 도덕 · 질서 · 책임이 모든 생산행위의 적으로 간주되었다는 것을 그 아이들은 알아.[35]

이 인용문은 전근대적 시대현실을 잘 드러내 보여준다. 은강그룹 창업주의 손자인 경훈이 자신의 손자들은 자신의 할아버지 시대를 과학적 · 합리적 · 자유민주적인 의미에서의 근대시민의식과는 거리가 먼, 윤리 · 도덕 · 질서 · 책임이 없는 '경제발작시대' 로 규정지을 것이라는 부분도 그렇거니와, 공정한 자본경쟁의 룰이 적용될 수 없도록 만들고 있는 전근대적 부패관료와의 유착, 노동자들에 대한 자본가들의 폭력이라는 전근대적 통제방법 등은 모두 전근대적 잔재와 연관되어 있기 때문이다.[36]

난장이는 칠십 년대 한국 사회와 경제의 생산과 소비 및 분배구조에서 억압받고 소외받는 계층을 표상하는 전형적 인물이다. 산업사회의 증후가 본격화되던 당대 사회에서 자신의 난처한 경제적 토대와 세계의 타락상으로 인해 철저하게 소외된 삶을 살 수밖에 없었던 존재다. 말하자면 본격적인 산업화 이전 세대, 즉 반봉건 · 반자본적 이행기 세대의 인물로서 전형적으로 하향 전락한 경우라 하겠다. 이런 계급적 조건의 인물을 작가는 '난장이' 라는 신체적 불구성에 빗대어 상징적으로 형상화한 것이다. '난장이' 의 저편에는 상대적으로 불구성을 내포하고 있는 '거인' , 즉 자본가와 권력이 놓인다.[37)]

사회경제적 조건 면에서 거인은 (+)징표를, 난장이는 (–)징표를 지니고 있음을 보여준다. 물론 이는 타락한 교환가치 측면에서의 징표일 따름이다. 가치 측면에서는 그 징표 체계가 역전된다. 난장이는 사랑으로 일하고 사랑으로 자식을 키우고 싶어 했다. 반면 난장이의 대안에 자리 잡고 있는 거인 자본가의 손자인 경훈은 "사랑으로 얻을 것은 하나도 없다."고 말한다.[38)]

이 대목은 디킨즈의 『어려운 시절』에 나오는 학교재단이사장의 자녀들과 비교해볼 수 있다. 디킨즈는 사랑을 모르고 오직 '사실' 과 '계산' 에 따라 교육받은 이사장의 두 남매의 비극을 통해 공리주의 교육을 비판하고 있다. 공리주의 교육을 받은 그래드그라인드의 두 남매(누나인 루아이자와 남동생 톰)는 공리주의 교육의 결과가 어떻게 되는지를 보여준다. 누나인 루아이자는 동생을 위해서 20살 이상이나 나이가 더 많은 자본가 바운더비와 결혼을 한다. 그녀가 배운 공리주의적 교육에는 '사랑' 이라는 항목이 아예 없으므로, 이 결혼은 공리주의적 관점에서 볼 때 아무런 하자가 없다. 톰은 누나 덕분에 바운더비의 은행에서 일하게 되지만, 돈을 훔치고 그 죄를 노동자인 스티븐 블랙 풀에게 뒤집어씌우는 등 도덕적 파탄에 이른다. 이렇듯 디킨즈는 공리주의적 교육이 인간의 기본적 욕구를 억압하

거나 왜곡함으로써 균형 잡힌 인간으로의 성장을 저해하는 경향을 가짐을 보여준다.[39)]

이 소설에서 반복적으로 강조되고 있는 것은 가난한 노동자들이 어떻게 노동을 재생산하는지를 보여주고 있다. 그들이 살고 있는 행복동이나 행복동에서 쫓겨나 정착한 은강은 현실 불모성을 상징하는 곳이다.

「난장이가 쏘아올린 작은공」에서는 난장이네가 살고 있는 행복동의 집은 난장이가 평생 일해 지은 집이다. 그렇지만 집은 철거반원들에 의해 순식간에 허물어져버린다. "5백년에 걸쳐 지은 집"이라고 비유할 정도로 평생 동안의 땀이 서린 집이지만, 법을 집행하는 관료기구(철거반원)에 의해 순식간에 형체도 없이 사라진다.

> "지금 선생이 무슨 일을 지휘했는지 아십니까? 편의상 오백년이라고 하겠습니다. 천 년도 더 될 수 있지만, 방금 선생은 오백 년이 걸려 지은 집을 헐어버렸습니다. 오 년이 아니라 오백 년입니다."[40)]
>
> "헐릴 저희 집 같은 걸 새로 지으려면 백삼십만 원은 있어야 됩니다. 저희 아버지가 평생을 일해 지은 집예요. 우린 그걸 이십이만 원과 바꾸어야 될 입장예요. 거기서 전세 주었던 돈 십오만 원을 제하고 나면 칠만 원이 남습니다."[41)]

여기서 '5백년' 이라는 표현은 아마도 그만큼 난장이 가족들이 오랜 기간에 걸쳐 힘들게 지은 집임을 상징적으로 묘사하는 것으로 볼 수 있다. 또 철거반, 즉 관료기구의 강제력에 의해 순식간에 허물어지는 것을 대비적으로 보여주는 것이라고 하겠다.

철거민들에게는 재개발 아파트 입주자격이 주어졌지만 대부분 입주권을 팔았다. 아파트는 철거민들에게는 입주해 살기에는 너무 비용이 많이 드는 곳이었다. 입주를 할 경우 매달 1만5천 원씩을 내야 한다. 이를 감당할 수 있는 철거민들은 없다. 결국 아파트는 돈이 있는 사람에게로 돌아갈 수밖에 없는 것이다. 그래서 철거민들은 시에서 주는 이주보조금보다 겨우 2만원을 더 받고 입주권을 팔았다. 결국 재개발은 이들 철거민을 위한 게 아니라 '도시의 자본화'를 진전시키기 위한 관료기구의 편의를 위한 것임을 반증한다.

"그건 우릴 위해서 지은 게 아녜요."

영호가 말했다.

"돈이 많이 있어야 되잖아요?"

영희는 마당가 팬지꽃 앞에 서 있었다.

"우린 못 떠나. 갈 곳이 없어. 그렇지 큰오빠?"

"어떤 놈이든 집을 헐러 오는 놈은 그냥 놔두지 않을 테야."

영호가 말했다.

"그만 둬."

내가 말했다.

"그들 옆엔 법이 있다."[42]....

"얼마에 파셨어요?"

"십칠만 원 받았어요."

"그럼 시에서 주겠다는 이주 보조금보다 얼마 더 받은 셈이죠?"

"이만 원 더 받았어요. 영희네도 어차피 아파트로 못갈 거 아녜요?"

"무슨 돈이 있다구!"

"분양 아파트는 오십팔만 원이구 임대 아파트는 삼십 만원이래요."

"다 어느 쪽으로 가든 매달 만 오천 원씩 내야 된대요."

"그래 입주권을 다들 팔고 있나요?"

"영희네도 서두르세요."[43)]

관료제는 합목적성을 내세워 행복동 사람들의 삶을 송두리째 뽑아버린다. 이는 하버마스가 말한 체계에 의한 '생활세계의 식민화'의 전형적인 사례다.

하버마스는 사회를 '생활세계'(Lebenswelt)인 동시에 '체계'(System)라고 개념화하였다. 여기서 생활세계는 사회화, 문화적 재생산, 사회통합처럼 반드시 언어적 의사소통을 통해서 행위조정이 이루어져야 하는 영역이고, 체계는 권력과 화폐와 같은 비언어적 매체를 통해 행위조정이 이루어지는 영역을 일컫는다. 그리고 서구 역사에는 합리화의 두 과정, 즉 '체계 합리화'와 '생활세계 합리화'의 과정이 존재한다. 그리고 이 두 과정은 현대로 진입하면서 분리되지만 '법'에 의해 서로 연결되어 있다. 본래 체계의 합리화는 생활세계의 합리화에 의존하지만, 후기 자본주의 단계에서는 체계 합리화가 생활세계에 오히려 파괴적인 방식으로 영향을 미친다. 다시말해 하버마스는 서구 사회에서는 자유주의적 자본주의에서 후기 자본주의로의 자본주의 발전과 함께 경제체계의 복잡성이 증대되면서 국가 기능이 크게 증대되었으며, 그 결과 국가 기구의 행정적인 하위체계의 복잡성도 증대되었다. 문제는 이렇게 성장한 경제체계-행정체계의 복합체가 이제는 역으로 생활세계 속에서 침식과정을 유발한다는데 있다. 이러한 현상을 하버마스는 '생활세계의 식민화'(Kolonialisierung der Lebenswelt)라고 불렀다.[44)]

이러한 현상은 정부가 전에는 자율적이었던 생활영역들, 즉 학문, 육아, 가족관계, 재생산, 이혼, 음식에서 약물에 이르기까지 개인적

소비 등에 대한 정부의 법적 규제가 점차 증가하고 있다. 하버마스와 오페(Claus Offe)는 이를 사회의 '재봉건화'(refeudalization), 즉 사생활에 대한 정부의 개입 증가가 중세 유럽과 유사한 역동성을 띠고 있다고 분석한다.[45]

행복동 사람들이 노동의 재생산을 위해 거주하는 집은 언제든지 관료기구에 의해 철거당할 수 있는 집으로 그들의 의지대로 살 수 있는 안락한 집이 아니다. 아파트에 입주해 살 수 없는 철거민들이 갈 곳은 없다. 그들은 다시 변두리로 쫓겨난다. 그곳 역시 자본가의 자본축적이 이루어지면 또 철거될 것이다. 철거민은 철거당하는 악순환이 기다리고 있는 것이다. 집이 철거당하고 아버지가 죽은 후 영호네는 공장지대인 은강의 변두리로 이사를 하게 된다.

여기서 알 수 있는 것은 이러한 빈민가의 재개발이 과연 '누구를 위한 재개발이냐' 하는 것이다.[46] 하비에 의하면, 대부분 도심재개발은 '대문이 있는'(담장으로 폐쇄된)[47] 지역으로 개발되면서 그곳에 거주했던 노동빈민들을 배제하는 자본의 공간으로 변모하게 된다.

달리 말하자면 빈민가의 재개발은, 들뢰즈와 가타리의 용어를 빌리자면, 부르주아지를 위한 '재영토화'인 것이다. 빈민굴 등 자본화하지 않은 자본주의 도시공간의 경우 억압과 무질서, 빈곤과 불결, 부패와 환락이 만연한다면서 이를 방지한다는 명목으로 재개발되며, 폐쇄적으로 부르주아지화한 거주지로 변모하게 된다.

마르크스와 엥겔스가 자본주의의 악이 가장 극명하게 드러나는 곳이 도시라고 했듯이 난장이가족이 이사를 간 은강이 바로 그러한 곳이다. 엥겔스는 도시 프롤레타리아트의 빈곤과 불결에 대해 책임져야 할 것은 도시가 아니라 자본주의적 생산양식이라고 말한다. 사실상 대도시는 이미 배태되어 있는 악의 성장을 더욱 공고히 할 뿐이다. 도시는 자본주의적 모순의 온상으로서, 그리고 자본주의 고유의 본질적인 경향이 고도화된 공간이다. 엥겔스가 밝힌 바처럼 노동자들에게 비참한 생활을 강요하는 것은 냉철하고 신중한 자본가들의

행동이 아닌 자본주의체제 바로 그 자체라고 할 수 있다. 은강에서 노동자들의 비참한 생활과 자본가들의 자본의 축적은 바로 자본주의 체제에서 비롯되는 것이다. 관료제와 자본가들의 공고한 유착에 의해 저질러지고 있는 것이다. 그래서 엥겔스는 자본가들이 자신의 이기심을 억누르고 이러한 상태를 해결하려 해도 항상 그 자신을 얽어매는 자본주의 논리에서 벗어날 수 없다고 강조한다.

영국에서 18세기경에 시작된 산업혁명에 의해서 도시에는 공장이 집중하고 또 공장은 전국에서 노동자들을 불러들이면서 도시는 점점 커져 갔다. 런던에서는 19세기 초의 인구가 100만 명 정도였으나, 1841년에 195만 명, 1887년에 420만 명, 1901년에는 650만 명으로 거대화하면서 대도시로 성장해 갔다. 그러면서 많은 도시 문제가 발생하였다. 공장주는 돈을 벌 수 없을 때까지 생산을 계속하고, 또 더 큰 공장으로 늘려간다. 반면 도시에 사는 노동자의 주택은 열악한 상태였다.[48)]

다음의 묘사는 은강의 환경이 200년 전의 영국과 다르지 않음을 보여준다.

> 그런데 우리 네 식구가 살기 위해 온 은강시는 머릿속 이상사회와 너무나 달랐다. 우리는 참고 살았다. 쾌적한 생활환경을 찾아 은강에 온 것이 아니다. 공장 주변의 생물체가 서서히 죽어가는 것을 나는 목격하고는 했다. 은강 공작창과 합성 고무 공장 앞을 지날 때 나는 땅만 보고 걸었다. 공장을 끼고 흐르는 작은 내를 건널 때는 숨을 쉬지 않았다. 시커먼 폐수 · 폐유가 그냥 흘렀다. 노동자들은 아침 일찍 공장으로 걸어 들어갔다. 저녁 때 노동자들은 터벅터벅 걸어 나왔다. 그들은 잠을 쫓기 위해 잠 안 오는 약을 먹고 일했다. 영국의 상태는 아주 끔찍했었던 모양이다. 로드함 공장에서는 어린 공원들이

정신을 차리게 하기 위해 채찍질을 했다는 기록을 나는 읽었다.... 이들 노동자와 가족들이 공장 주변에 빈민굴을 형성하고 살았다. 노동자들은 싸고 독한 술을 마셨다. 죽어서 천국 간다는 복음만이 그들에게 위안을 주었다. 참혹한 생활에서 빠져나오기 위해 아편을 쓰는 사람도 있었다. 공장주인과 그의 가족들은 상점이 깨끗한 거리, 깨끗한 저택에서 살았다. 그들은 좋은 옷을 입고 맛있는 음식을 먹었다. 교외에 그들의 별장이 있었다. 신부는 그들을 위해 기도했다. 더 참을 수 없게 된 영국의 노동자들은 공장을 습격했다.[49]

은강은 난장이가족들이 악취로 고통 받던 행복동과 다를 바 없다. 오히려 은강은 공장의 유독가스로 인해 더 열악하다. 은강 사람들은 자신들의 생명의 목을 죄는 공해의 원인을 알지만 속수무책이다. 거대한 자본가와 관료제의 유착구조 앞에 노동자들은 무기력하기만 하다. 은강에는 공장뿐만 아니라 경영주와 그 경영주를 관리하는 관료기구들이 있지만, 이들은 노동자들의 편이 아니다. 그들은 노동자를 배제하는 거대한 세력을 형성하고 있다. 노동자의 삶과는 상관없이 자본의 축적을 도와주는데 일조하는 기구인 셈이다.

그러나 우리 시대의 특징 그대로 자기 책임을 다하는 사람은 많지 않다. 어떻게 보면 은강은 버려진 도시이다.

교육청 · 시청 · 경찰서 · 세무서 · 법원 · 검찰청 · 항만관리청 · 세관 · 상공회의소 · 문화원 · 교도소 · 교회 · 공장 · 노동조합 등이 그곳에 있다. 노동자들이 공장에서 하는 일은 쉽게 알 수 있지만 기관이나 단체, 또는 집회소 사람들이 하는 일은 그렇게 간단하게 이해할 수 없다.[50]

은강에서 바람 이상 중요한 것은 있을 수 없다. 은강 사람들은 뒤늦게 그것을 알았다.... 그런데 오월 어느 날 밤, 은강 사람들은 바람이 갑자기 방향을 바꾸었다는 사실을 알았다. 바람은 바다로 안 불고, 내륙으로도 안 불고, 공장지대의 상공에 머물렀다가 곧바로 주거지를 향해 불었다. 막 잠이 들려던 어린아이들이 바람이 방향을 바꾼 사실을 제일 먼저 알았다. 어른들은 아이들이 갑자기 호흡장애를 일으키는 것을 보았다....[51)]

아홉시에서 자정까지, 세 시간에 지나지 않았지만 은강 사람들은 큰 공포 앞에 맨몸으로 노출된 자신들을 알고 몸서리쳤다. 짧은 시간에 은강 사람들은 여러 가지 불안을 경험했다. 아무도 정확히 말하지 못했지만, 그들은 은강 역사에 전례가 없는 생물학적 악조건 속에서 자기들이 살아간다는 것을 깨달았다. 다음날 그들은 문제를 해결해 보겠다고 생각했다. 그러나 이내 큰 벽에 부딪혀 그들은 맥없이 물러서고 말았다. 은강을 움직이는 사람들은 서울에 있었다.

윤호는 아버지가 무서운 일을 하고 있다는 것을 늘 생각했다.

수많은 공장, 그 공장을 움직이는 경영인들, 그리고 그 경영인들을 움직일 수 있는 사람은 서울에 있었다.[52)]

쉽게 주택을 소유할 수 있는 사회에서는 노동자의 자발적인 노동을 기대하기 힘들다. 르페브르가 소비사회의 속성을 '테러리스트 사회'에서 찾을 수 있다고 했듯이, 집 한 채를 소유하기 위해서는 평생 자신의 꿈을 유보한 채 노동의 현장으로 나가게 해야 한다. 수십 년을 저축하면 겨우 집 한 채를 마련할 수 있어야 노동의 재생산을 담보할 수 있을 것이다. 더욱이 행복동 사람들처럼 재개발로 인해 아파트가 주어져도 비용 때문에 그곳에 살 수 없는 사람들이 많을수록 노동의 재생산은 쉬워지는 것이다.

그래서 『난장이가 쏘아올린 작은 공』에서처럼 노동자들에게 주택은 목숨과도 바꿀 수 있는 그런 것이다.

아버지는 멀어진 집을 힐끔 보았다.

"난 죽기로 결심했다."

아주 낮게 아버지는 말했다.

"장남이기 때문에 너에게만 이야기하는 거다. 난 죽기로 결심했어."

"왜요?"....

"너희 삼남매하구 너희 엄마 때문이야. 그리구 저 집 때문이다."....

"아버지가 돌아가신다고 해결될 일이 있어요?"

"너희들 짐이 되기가 싫어."53)

그렇다면 왜 사람들은 노동을 해야 하고 집을 마련해야 하는가? 그 기저에는 다름 아닌 '가족주의'의 기제가 작동하고 있다. 근대 부르주아지는 노동의 전략으로 '가족주의'를 고안해냈다. 노동자는 가족주의의 체계 내에서 위치할 때 자본의 요구를 자신의 욕망으로 삼게 만드는 욕망의 배치를 더욱 강력하게 작동시킨다. 그래서 노동을 통해서 가족을 부양하며 인간답게 살수 있다고 믿지만, 노동자는 평생 노동의 사슬에 묶이고 만다. 노동자들은 주거문제에 매달릴수록 더욱 노동에서 벗어날 수 없다. 주택을 분양받으면 그 채무를 갚기 위해 평생 노동을 해야 하는 것이다.

이 소설에서는 이러한 현실을 비극적으로 재현하고 있다. 난장이는 가족의 삶을 책임기기 위해 평생 노동을 하며 집을 마련했지만 이마저도 철거당하게 된다. 이른바 개발독재에 의한 산업화가 판잣집뿐만 아니라 일자리도 앗아갔다. 그래서 난장이가 그의 아내와 아들딸의 짐이 되지 않기 위해 선택할 수 있는 길은 죽음뿐이었다.

증오하는 돈을 죽어라 하고 벌었으나 남은 것은 빚뿐이었다.... 남편과 아내는 서로를 위로하면서 오랫동안 살아온 종로 청진동 집을 팔아 빚을 갚았다. 나머지로 이 변두리에 작은 집을 샀다. 그런데 물이 나오지 않았다.

아버지가 행복동 삼층집을 팔고 북악산 산허리 숲속 단층집으로 이사를 한다고 처음 말했을 때 누나는 발을 동동 구르며 싫다고 했었다. 비서를 따라갔다 와서는 반대로 이사 갈 날만 기다렸다. 울타리가 쳐져 있는 동네였다. 입구에 경비실이 있고, 경비원들이 차를 세워 동네로 들어가는 사람들의 신원을 확인했다. 전혀 다른 세계에 와 있는 느낌이었다. 거리는 깨끗하고, 집들은 그림 같았다. 걸어서 이 저택촌을 드나드는 사람은 하나도 없었다.

시대와 불화한 신애 남편의 아버지와 그 가족은 끝내 몰락하고 행복동 방죽가 난장이네 집 부근으로 밀려들어온다. 반면, 정치권력에 기생하는 율사인 윤호 아버지와 그 가족은 이와 반대로 행복동 방죽가 난장이 집이 내려다보이는 곳을 떠나 북악산 산허리에 위치한 성북동 저택촌으로 옮겨가고 있다.

여기서 집은 신분에 따른 사회적 기표로서 작용한다. 안락한 집을 소유하지 못한 사람들에게 집은 소외와 배제, 박탈과 억압의 구실을 한다. 난장이네 집 부근으로 이사 온 신애가족은 집으로 인한 박탈과 배제를 경험하게 되는 반면, 저택촌으로 이사를 가는 윤호네는 집과 함께 사회적 지위상승을 경험하게 되는 것이다. 물론 저택촌의 집이 안락한 집을 상징하는 것이 아니고 달동네의 집이 모두 배제되고 박탈을 상징하는 것은 아니다. 하지만 집이 그 자체로서가 아니라 사회적 기표로서 작용할 경우에 집에 대한 함의는 달라지는 것이다.

마르크스주의에 따르면, 노동자들은 더 좋은 집, 안락한 집을 소유하기 위해 노동에 내몰리게 되고 그럴수록 노예적 삶을 살아간다. 마르크스가 "돈을 소유하려고 하면 할수록 더 가난해진다."고 말했듯이, 더 좋은 집을 소유하려고 하면 할수록 자신이 살고 있는 집은 더 초라해지는 것이다. 미디어에 의한 자본의 욕망이 더 거셀수록 주택에 대한 욕망은 더 강렬해진다. 여기서 집 역시 보드리야르의 '차이의 욕구'를 실현하기 위한 장이 되는 것이다.

> "아버지는 너무 지치셨다."
>
> 어머니가 말했다.
>
> "알겠니? 이젠 아버지를 믿지 마라. 너희들이 아버지 대신 일해야 한다."
>
> 어머니가 울었다. 어머니는 인쇄소 제본 공장에 나가 접지 일을 했다. 고무 골무를 끼고 인쇄물을 접었다. 나는 겁이 났다. 나는 인쇄소 조역으로 출발했다.... 영호와 영희도 몇 달 간격을 두고 학교를 그만두었다. 마음이 차라리 편해졌다. 우리는 보이지 않는 보호를 받고 있었다. 남아프리카의 어느 원주민들이 일정한 구역 안에서 보호를 받듯이 우리도 이질 집단으로서 보호를 받았다. 나는 우리가 이 구역 안에서 한걸음도 밖으로 나갈 수 없다는 것을 깨달았다. 나는 조역 · 공목 · 약물 · 해판의 과정을 거쳐 정판에서 일했다. 영호는 인쇄에서 일했다.... 우리는 죽어라 하고 일했다. 우리의 팔목은 공장 안에서 굵어갔다. 영희는 그때 큰길가 슈퍼마켓 한쪽에 자리 잡은 빵집에서 일했다.... 우리는 무슨 일이 있든 공부는 해야 한다고 생각했다. 공부를 하지 않고는 우리 구역에서 벗어날 수 없다고 생각했다. 세상은 공부한 자와 못 한 자로 너무나 엄격하게 나누어져 있었다. 끔찍할 정도로 미개한 사회였다. 우리가 학교 안에서 배운 것과는 정반대로 움직였다.[54]

난장이 가족과 같이 판잣집에 사는 노동자들은 빈민굴의 구역을 벗어나지 못한다. 주거지를 벗어나지 못하고, 신분의 울타리에서도 벗어나지 못한다. 신분질서는 너무나도 공고하게 구축돼 있어 죽어라 일만해야 하는 난장이의 아들에게는 우선 공부할 기회조차 주어지지 않는다. 공부를 하지 못한다는 것은 빈민굴을 벗어날 수 없음을 의미한다. 그들은 죽어라 일만 하면서도 빈민굴을 벗어나지 못하는 존재가 된다. 그것은 푸코가 말한 감금장치라고 할 수 있다. 역사적으로도 노동자들은 노동의 재생산을 위해 감금당하고 노동에 동원되기도 했다.[55)]

난장이 가족이 아무리 열심히 일해도 빈민굴을 벗어나지 못하는 이유는 바로 노동을 해야 하는 집단으로 '보호' 받기 때문이다. 이는 중세시대에 노동의 재생산을 위해 부랑자들을 감금하고 강제로 노동을 하게 했던 것과 마찬가지라고 할 수 있다. 그러나 공장에 나가는 한 이들은 빈민굴을 벗어나지 못한다. 평생 법을 어기지도 않고, 열심히 일만 했지만, 이들은 빈민굴을 벗어나지 못한다.

"사람들은 사랑이 없는 욕망만 갖고 있습니다. 그래서 단 한 사람도 남을 위해 눈물을 흘릴 줄 모릅니다. 이런 사람들만 사는 땅은 죽은 땅입니다."

"하긴!"

"아저씨는 평생 동안 아무 일도 안 하셨습니까?"

"일을 안하다니? 일을 했지. 열심히 일했어. 우리 식구 모두가 열심히 일했네."

"그럼 무슨 나쁜 짓을 하신 적은 없으십니까? 법을 어긴 적은 없으세요?"

"없어."

"그렇다면 기도를 드리지 않으셨습니다. 간절한 마음으로 기도를 드리지 않으셨어요."

"기도를 올렸지."

"그런데 이게 뭡니까? 뭐가 잘못된 게 분명하죠? 불공평하지 않으세요? 이제 이 죽은 땅을 떠나야 됩니다."[56)]

난장이 가족은 먹이사슬의 4단계에서 대대로 살아왔다. 난장이와 그 가족은 약육강식의 인간세계에서 짓밟히면서도 꿈을 꾸며 살아가지만 아무리 노동을 해도 이 먹이사슬의 단계에서 벗어나지 못하고 있는 것이다.

아버지는 내가 그린 그림을 들여다보았다.

"먹이 피라미드 야요."

내가 말했다.

그 효용이 뭐냐?

"생태계를 설명하는 그림 야요."

설명을 해봐라.

"이 맨 밑이 녹색 식물로 일단계 야요. 이 식물들을 먹는 동물이 이단계이고, 식물을 먹는 동물을 잡아먹는 작은 육식동물이 삼단계, 또 이것을 잡아먹는 큰 육식 동물이 맨 위의 사단계야요."…

"그래도 전 알아요. 우리는 이 맨 밑야요. 우리에겐 잡아먹을 게 없어요. 그런데, 우리 위에는 우리를 잡으려는 무엇이 세 층이나 있어요."

"아버지도 쉬셔야지!"

어머니가 말했다.

"그동안 너무 힘든 일을 하셨어. 이제는 편히 쉬실 수 있을 게다."[57]

먹이사슬의 4단계에 있는 노동자들은 더 많이 노동을 하고 노동임금의 상승을 통해 이를 벗어나려고 노력한다.

그러나 마르크스에 의하면, 노동자가 모든 것을 구입할 수 있기 위해서는 자신과 자신의 인간성을 팔아야 한다고 말한다. 노동은 자본의 축적을 유발하지만 노동자를 자본에 더욱 종속시키고, 노동자를 보다 극심한 경쟁 속에 빠지게 하며, 노동자를 초과생산의 사냥터로 몰고 간다. 노동자들의 부유해지려는 욕망은 오직 그의 정신과 육체를 제물로 바칠 경우에만 충족될 수 있다.[58]

결국 난장이는 마르크스가 지적했듯이 피라미드의 맨 밑에서 일을 하다 죽어서야 노동의 먹이사슬에서 벗어난다. 난장이가 죽은 후에도 난장이 가족에게 바뀐 것은 없다. 행복동에서 은강시로 이사 오지만 이곳 역시 공해로 숨조차 쉬기 힘든 빈민굴이고 난장이의 3남매는 학교에 가지 못하고 공장에 들어간다. 이들 가족은 대대로 고단한 노동이 내물림되는 것이다.

아버지의 죽음이 우리 생명 활동의 양식에 변화를 주었다. 은강으로 온 우리는 호흡까지 조심스럽게 했다. 처음에 우리는 바싹 마른 콩알처럼 아주 약한 호흡을 했다.

영호가 먼저 은강전기 제일 공장에 들어갔다. 영희는 은강방직 공장에 들어갔다. 두 동생이 일자리를 잡은 것을 확인한 나는 은강자동차에 들어갔다. 삼남매가 똑같이 은강 그룹 계열의 공장에 훈련공으로 들어갔다. 돌아가신 아버지와는 전혀 다른 일을 우리는 시작했다. 우리는 큰 공장 안에서 기계를 돌려 일하는 수많은 노동자들 중 하나에 불과했다. 그것도, 아직 기술을 익히지 못한 훈련공이었다. 우리는 그 집단 속에서도 최하 계급에 속했다. 어쨌든 우리는 큰 공장에 들어가 일을 하게 되었고, 집도 공장이 멀지 않은 곳에다 얻을 수 있었다. 신분에 맞게 우리는 빈민굴에서 살았다.[59]

우리는 아버지에게서 무엇을 바라지는 않았다. 아버지는 그동안 충분히 일했다. 아버지만 고생을 한 것이 아니다. 아버지의 아버지, 아버지의 할아버지, 할아버지의 아버지, 그 아버지의 할아버지-또-대대로 거슬러 올라간다. 그들은 아버지보다 더 심한 고생을 했을 수도 있다.[60]

마르크스가 『자본론』에서 18세기 초에 맨드빌의 언급을 인용해 분석한 것처럼 노동자들의 주택구입을 어렵게 하는 것은 자본주의에서 노동자들의 노동을 이끌어내기 위해서는 불가피한 것이다. 심지어 맨드빌은 노동자들은 굶어죽지 않도록 보호되어야 하지만, 그들이 저축할 만큼은 받지 못하도록 해야 한다고 강변한다. 그리고 멜드빌은 그날그날의 노동에 의해 생계를 꾸려가고 있는 사람들에게 일을 하도록 자극을 주는 것은 오직 그들의 빈곤뿐이라면서 심지어 그 빈곤을 완화시키는 것은 현명하지만 제거시켜 버리는 것은 어리석다고 주장한다.

그러나 은강에서 우리 삼남매는 공장에 나가 죽어라 일했으나 방세 내고, 먹고....남는 것은 없었다. 우리가 땀을 흘려 벌어온 돈은 다시 생존비로다 나가버렸다. 우리만 그런 것이 아니었다. 은강 노동자들은 똑같이 생활을 했다. 좋지 못한 음식을 먹고, 좋지 못한 옷을 입고, 건강하지 못한 몸으로 오염된 환경, 더러운 동네, 더러운 집에서 살았다....[61]

그들은 우리와 전혀 다른 배를 탄 사람으로 행동했다. 그들은 우리의 열 배 이상의 돈을 받았다. 저녁 때 그들은 공업지대에서 먼 깨끗한 주택가, 행복한 가정으로 돌아갔다. 그들은 따뜻한 집에서 살았다.[62]

엥겔스의 분석에서처럼 자본주의 사회는 자체적으로 주택문제를 해결할 능력이 없다. 오히려 자본의 축적을 위한 지속적인 노동의 재생산을 위해 주택문제를 해결할 의지가 없다고 한다. 엥겔스가 「주택문제에 대하여」에서 분석한 것처럼 오늘날에도 도시재개발을 통해 한 지역에서 슬럼을 근절시키더라도 다른 지역에서 그것을 다시 나타나게끔 할 뿐이다. 행복동에서 쫓겨난 영호네가 이사 온 은강의 빈민굴은 다름 아닌 빈민굴의 재생산에 다름 아니다. 노동의 재생산을 요구하는 한 빈민굴은 사라지지 않는 것이다.(나아가 신도시는 노동의 재생산을 위한 또 다른 얼굴이라고 할 수 있다.)

반면에 회사의 경영진(자본가)은 오염된 공장지대에서 벗어나 쾌적한 교외나 상류층이 사는 도심의 개발지구의 좋은 집에서 산다. 이러한 주거지 분화는 렉스와 무어가 제시한 '주택계급'(housing class)을 통해 이해할 수 있을 것이다. 주택계급은 주택이라는 희소자원을 둘러싼 갈등에서 발생하며 주택에 대한 접근성의 차이에 따라 계급관계가 결정된다는 것이다. 『난장이가 쏘아올린 작은 공』에서도 계급에 따라 주거지 이전이 나타나고 있다. 윤호네는 행복동에서 저택촌으로 이사를 하고 반면 정치권과의 불화로 신분하락을 겪는 신애네는 노동자들의 거주지인 행복동으로 흘러든다. 또 난장이네는 빈민굴인 행복동을 떠나 은강으로 이사 가지만 그곳 역시 공단인근에 새롭게 조성된 노동자들의 집단 거주지로 빈민굴과 다름없다.

노동자의 열악한 주택문제와 상류층의 쾌적한 주택상황은 비단 어제 오늘의 일이 아니다. 그래서 엥겔스는 도시빈곤이 오직 전체 사회의 변화, 즉 자본주의 체제의 소멸에 의해서만 해결될 수 있다고 주장한다.

> "자본주의적 생산양식 하에서 밤마다 우리 노동자들을 몰아넣는 그 악명 높은 각종 질병의 온상, 빈민굴은 결코 사라지지 않는다. 그것들은 단지 다른 곳으로 옮겨갈 뿐이다. 최초로 빈민굴을 발생시킨 경제적 필연성은 다음 장소에서도 여전히 빈민굴을 만들어낸다. 자본주의적 생산양식이 존재하는 한 주거문제의 자체적 해결이나 수많은 노동자들을 압박하는 여타의 사회문제들의 해결은 기대할 수 없다. 그 해답은 자본주의적 생산양식의 폐지, 노동자 계급 자신에 의한 모든 생활수단 및 노동수단의 전유에 있는 것이다."[63)]

'도시의 공기는 당신을 자유롭게 해준다'(Stadtluft macht frei).[64)] 독일의 이 속담은 '도시가 영주로부터 자유롭게 만들어준다'는 의미로 쓰였다. 농노의 신분에 얽매어 있던 근대 초기에 도시는 자유의 원천이었다. 그러다 도시가 자본화하면서 이들 가운데 일부는 신분상승을 하기도 했지만 대부분 다시 자본의 굴레에 예속되는 신세가 되었다. 농노신분에서와 마찬가지로 달라진 게 별로 없었다. 이들은 열악한 주거환경과 노동으로 내몰렸다. 도시가 자본화되면 될수록 가난한 사람들은 늘어갔고 삶은 더욱 비참해졌다. 자본의 억압은 갈수록 교묘해지고 노동자들은 다만 살아남기 위해 노동을 할 수밖에 없었다.[65)]

회사 사람들과 우리의 이해는 늘 상반되었다. 사장은 종종 불황이라는 말을 사용했다. 그와 그의 참모들은 우리에게 쓰는 여러 형태의 억압을 감추기 위해 불황이라는 말을 이용하고는 했다.... 변화는 없었다. 나빠질 뿐이었다. 한 해에 두 번 있던 승급이 한번으로 줄었다. 야간 작업수당도 많이 줄었다. 노동자들도 줄었다. 일 양은 많아지고, 작업시간은 늘었다. 돈을 받는 날 우리 노동자들은 더욱 말조심을 했다. 옆에 있는 동료도 믿기 어려웠다. 부당한 처사에 대해 말한 자는 아무도 모르게 쫓겨났다. 공장 규모는 반대로 커갔다. 활판 윤전기가 들어오고 자동접지기계가 들어오고 옵셋 윤전기를 들여왔다. 사장은 회사가 당면한 위기를 말했다. 적대 회사들과 경쟁에서 지면 문을 닫을 수밖에 없다고 말했다. 이것은 노동자들이 제일 무서워하는 말이었다. 사장과 그의 참모들은 그것을 알고 있었다.

그것은 생각만 해도 무서운 일이었다. 큰 공장이 문을 닫으면 수많은 노동자들은 갈 곳이 없었다. 작은 공장들이 채용할 인원은 한정이 되어 있다. 나는 돈도 못 벌고 놀게 될지도 모른다.[66]

디킨즈의 『어려운 시절』에는 자본가의 비열함과 이에 순응하지 않아 해고되는 노동자의 처지가 잘 묘사되어 있다. 노동자 스티븐 블랙 풀은 밀고자가 되기를 거부했다는 이유로 해고된다. 즉 자본가는 해고라는 카드를 내세우면서 노동자에게 굴종하도록 요구한 것이다. 해고된 스티븐이 코크타운에서 일자리를 얻으려고 하지만 구하지 못한 다. 그는 이미 자본가들의 블랙리스트에 올라 있기 때문이다. 자본가 사이에서는 개별 자본가에 대한 불순종은 자본가 전체에 대한 반항과 동일시하는 연대가 형성되어 있는 것이다.

노동자는 실업자가 넘쳐나는 과잉인구와 함께 자신이 언제 실업자가 될지 모른다는 '실업의 압력'을 두려워한다. 여기에 자본가는 노동자의 이러한 약점을 놓치지 않는다. 자본가의 입장에서 서술하고 있는 「내 그물로 오는 가시고기」에는 그러한 상황묘사가 나온다.

> 그가 아버지를 어떻게 할 마음을 가졌던 것은 아버지가 억압의 중심에 바로 그가 있었기 때문에 어쩔 수 없는 것이었다고 말했다. 변호인이 억압이란 말에 대한 설명을 요구했다. 그러자 아버지가 산하 회사 공장 종업원들에게 쓰는 억압은 언제나 생존비 또는 생활비와 상관이 있는 것이며, 따라서 그것은 모든 사람들이 제일 무서워할 수밖에 없는 경제적인 핍박을 의미한다고 지섭은 말했다. 그는 계속해 이런 억압을 무서워하지 않는 사람은 있을 수 없으며, 그 억압을 정면으로 받는 중심에 있는 사람으로서 자기의 저항권 행사를 생각해보지 않은 사람이 있다면 그는 바보이든가 생존을 포기한 자일 것이라고 말했다. 들을수록 화가 나는 말뿐이었다. 그의 말을 들어보면 이 세상 최고의 악당은 반대로 우리였다. 우리가 인간의 존엄과 가치를 파괴해버렸고, 법 앞에 평등한 사람들을 사회적 신분에 따라 차별하는 사회적 특수계급을 인정하였으며, 많은 사람들에게서 인간적인 생활을 할 권리를 빼앗았다.[67]

이와 같이 노동자들의 신체를 포섭하고 지속적으로 작동하게 하는 것은 다름 아닌 실업화 압력이다. 이는 노동자 각각을 개별화하며, 실업이라는 끔찍한 상황에 몰리지 않기 위해서 자본가에게 복종하고 자본가의 눈에 들고자 하며, 그들의 눈에 부합하는 능력을 갖추려고 한다. 굶주림 내지 죽음과 연결된 실업의 공포가 복종에 자발적 형태를 부여한다.[68] 스티븐처럼 해고되지 않으려면 밀고자도 기꺼이 되어야 하는 것이다.

난장이의 큰아들 영수는 결국 노동자를 억압하고 착취하는 회사

경영주를 살해하려다 그의 동생을 죽이고 만다. 즉 영수는 노동자들을 부당하게 억압하고 착취한 경영주에 대해 이른바 저항권을 행사해 그를 살해하려고 한 것이다. 이는 디킨즈가 『어려운 시절』에서 말한 '사실' 만을 가르치고 '상상' 하는 것을 가르쳐서는 안 된다고 한 이유이다. 『어려운 시절』에서 코크타운의 지배자들이 힘써 가르치는 핵심은 "덧셈 · 뺄셈 · 곱셈 · 나눗셈에 의해 모든 일을 그럭저럭 해결한 다음에는 절대 궁금해 하지 말 것"[69]이라는 명령 속에 단적으로 응축되어 있는데, 이들은 어린아이들뿐 아니라 노동자들에게도 이를 관철시키기 위해 열심이었다. 지배세력은 공리주의 철학과 자유방임주의 정치경제학에 의해 하층민을 이데올로기적으로 순화시키기 위해 노동에 필요한 것 이외에는 궁금해 하지 않도록 가르치는데 집중했던 것이다.[70]

한편, 자본가를 응징하려는 영수의 논리는 자신을 억압하는 정치단체 등에 대해 폭력으로 대항하는 테러리스트의 논리와 다를 바 없다. 현대 국제사회에서 정치적인 테러리즘의 경우 폭력 자체가 비록 비합법적이라 하더라도 억압적인 정치질서(체제)에 대한 권리 행사라는 측면에서 나름대로의 정당성을 지니는 것으로 간주된다. 물론 정치질서를 주도하는 강자의 입장에서는 테러리스트의 폭력에 대해 정당성을 인정하지 않고 있다. 영수를 변호하는 지섭은 이러한 저항권의 논리를 대지만 법(강자)은 이들의 입장을 지지해주지 않는다. 영수는 결국 사형 당한다.

르페브르가 말한 '테러리스트 사회' 의 징후는 도시의 자본화가 본격화되면서 징후화하기 시작한다. 자본의 축적이 이루어질수록 개인들은 더 가난해져갔다. 공장은 많아졌지만 오히려 가난한 노동자들은 더 늘어갔다. 가난한 노동자를 옥죄는 이들은 소설 속에서 반장과 같은 '중간 관리자' 들이다. 이들은 조직 속에서 자신도 모르게 '자본의 욕망' 에 순치되어 자본가의 이해를 충실히 대변하는 착취자로 변한다. 이는 그 자신이 악한 인간이라기보다 그 역시 조직 속에서 살아남기 위해 그 자신을 테러리스트로 만드는 것이라고 할 수 있다. 그렇지만 사용자측에서는 반장이 잔인하기 때문에 그렇게 한 것이라며 개인적인 행위라고 말한다. 자본가들은 이러한 중간관리자를 대리자로 이용하면서 노동자를 착취하고 자본을 축적한다.

노동자3: "그 옷핀이 저희 노동자들을 울리고 있어요." .... "밤일을 할 때 일어나는 입니다. 누구나 새벽 두세 시가 되면 졸음을 못 이겨 깜빡 조는 수가 있습니다. 반장이 옷핀으로 팔을 찔렀습니다."

사용자4: "말도 안 되는 소립니다."

노동자4: "저희는 벌레가 아녜요."

사용자2: "왜들 이래요!"

노동자5: "반장은 옷핀을 짧게 잡습니다. 그 끝으로 팔을 찌르는 거예요. 살 속으로 파고들어 잠을 좇아 틀을 잘 볼 수 있었는지 모르겠습니다. 그렇지만 저는 지난 한 달 동안 밤일을 하는 조합원들이 울면서 틀 사이를 뛰는 것을 너무 자주 보았습니다."

노동자4: "생산성 향상과 핀의 관계를 알고 싶습니다."

사용자4: "아무 관계가 없어요."

노동자2: "핀을 쓰는 건 아셨죠?"

사용자4: "왜들 이러지, 정말. 그런 못된 짓을 하는 걸 알았다면 가만히 놔뒀겠어요? 어떤 반장이 핀을 사용했다면, 그것은 그 개인이 갖고 있는 잔인한 성격 탓이지 회사와는 상관이 없는 일예요." ...

사용자2: "여러분이 이미 알고 있는 대로 우리 공장은 폭행 · 협박 · 감금, 기타 정신 또는 신체의 자유를 부당하게 구속하는 수단으로 근로자 여러분의 자유 의사에 반하는 근로를 강요하고 있지 않습니다."[71]

노동자들은 집 한 칸을 마련하기 위해 심지어 옷핀이 찔러도 이를 내색하지 못한 채 밤일을 하는 등 자신의 모든 것을 희생한다. 심지어 그러한 사회에서 살아남기 위해 더욱 자신을 옥죄면서 그 자신을 억압한다. 그럴수록 자본가의 자본의 축적은 용이하다. 노동자들은 내쫓기지 않기 위해 자본의 요구에 순종적이지 않으면 안 된다.

공장 내의 단순 노동은 어린 노동자들의 장시간 저임금의 노동으로 충당되었다. 그리하여 공장을 중심으로 인구가 집중하고, 도시에는 빈민굴이 생겨났다.... 그러나 노동자의 손해는 경영주의 이익이라는 단순한 지적이 우리의 뒤통수를 쳤다. 부의 증가는 저임금 노동자의 수의 증가와 비례해왔다는 역사를 그가 들춰냈다.[72]

이 구절은 『자본론』에 나오는 자본의 축적 부분과 연결된다. 자본주의 도시공간에서 노동자들은 자본의 축적에 기여하지만 그럴수록 이들의 처지는 더욱 열악한 상황에 빠지고 있는 것이다. 빈민굴은 엥겔스가 말하는 것처럼 자본주의의 지양 없이는 결코 사라지지 않는다.

디킨즈가 『어려운 시절』에서 비판한 자본주의 도시공간에서 자본의 공리주의적 훈육전략은 한국 사회에서도 여전히 유효하다. 즉 산업혁명이후 초기 자본주의 도시공간을 무대로 소설을 선보인 디킨즈의 산업소설은 자본의 훈육전략을 재현하고 있다. 여기서 디킨즈는 근대적 주체는 공리주의적 교육과 자본의 논리에 의해 훈육되면서 왜곡되고 억압되는 과정을 비판적으로 보여주고 있다. 특히 이윤추구만을 목적으로 하는 산업도시에서 빈부문제가 노동자와 자본가간의 계급문제로 극대화되었음에 주목한다.

70년대 한국은 영국에서의 초기 자본주의 상황과는 시기적으로 큰 차이가 나지만 그럼에도 불구하고 자본과 노동의 관계는 달라진 것이 없다. 19세기와 마찬가지로 21세기에서도 자본이 축적되면 될수록 거대자본에 의한 현실 불모성은 심화되고 있다. 노동자는 높아지는 교육비용과 주택문제를 해결하기 위해 더 노동의 현장으로 내몰리고 있다. 직접적으로 감시하는 관료기구는 실재하지 않지만, 관료기구는 국가정책에 의해 자본과 한 축을 형성함으로써 더욱 공고하게 노동자에 대한 감시체계를 구축하고 있다 할 것이다.

자본주의 도시공간에서 주택문제는 단순히 주택이라는 건물의 문제가 아니라 자본주의 사회가 안고 있는 핵심적인 문제라고 할 수 있다.

이와 관련, 『계몽의 변증법』에서 자본의 논리가 철저하게 투영되고 있는 대중문화와 도시의 주택문제를 연결 짓고 있다. 대중문화의 획일성이 주택문화의 획일성으로 이어지고 있는데, 대중문화와 같이 주택에서도 자율적인 주체의 모습을 찾을 수 없다고 지적한다. 즉 대중문화와 주택문제는 공통적으로 자본화의 논리가 숨어있다는 것이다.

> "영화와 라디오와 잡지는 개개 분야에 있어서나 전체적으로나 획일화된 체계를 만들어내고 있다. 대립된 정치적 견해들은 그럴듯한 미사여구에도 불구하고 사실은 모두 비슷하게 강철의 리듬을 찬양하고 있다. 기업의 장식적인 본사 건물이나 전시장은 권위주의 국가에서나 그렇지 않은 국가에서나 별 차이가 없다. 온 사방에 솟아 있는 으리으리한 기념탑 같은 고층건물들은 다국적 기업의 치밀한 계획성을 과시하며, 이 다국적 기업이 보인

모범을 향해 모든 기업은 맹렬한 기세로 달려간다. 위로할 길 없는 도시에 널려있는 삭막한 주거 집단과 사무실들은 이러한 기업들이 만들어낸 기념물이다. 시멘트로 이루어진 도시 중심가 주변에 남아 있는 옛 가옥들은 슬럼처럼 보이며, 국제 상품 전람회장에 세워진 임시 구조물들처럼 도시 변두리의 새로 지어진 간이 주택들은 기술진보를 찬양하지만 잠시 사용된 후에는 통조림 캔처럼 버려지기를 기다리고 있다. 도시의 주택사업은 위생적인 소주택을 보급하여 개인들을 자율적인 주체로 보이게 하지만 사실은 그들의 반대편에 있는 절대적인 자본의 힘에 개인들을 좀 더 철저히 종속시키고 있다. 중심가가 생산자인 동시에 소비자인 주민들을 일과 유흥을 위해 끌어들인다면, 닭장 같은 집들은 빈틈없이 잘 조직된 주거 단지를 이룬다. 대우주와 소우주의 가시적 통일성은 개개의 인간들이 그들 문화의 대표자인 것처럼 보여준다. 그러나 그것은 보편과 특수의 잘못된 동일성이다. 독점 하에서 대중문화는 모두 획일적인 모습을 하고 있다."[73]

자본주의 도시공간은 주택문제와 함께 발전해왔다고 해도 지나친 말이 아닐 것이다. 즉 자본주의가 기계제 대공업의 수준으로 발전하면 도시에 노동자들이 집결하면서 주택문제가 발생하기 시작한다. 자본을 축적하면 할수록 공장은 거대해지고 노동자들은 더욱 더 그 공장과 주변에 집결하게 된다. 도시에 자본이 급속히 축적되면 될수록 인구의 대량유입이 급속도로 이루어진다. 주택의 신축은 매우 완만하게 진행되는데 반해 공업은 매우 빠르게 발전한다. 도시는 조밀해지고 주택부족은 심화된다. 주택을 얻지 못한 가난한 노동자들은 도시 주변부로 밀려나고 여기에 도시 빈민굴이 형성되는 것이다. 노동자들의 슬럼화는 자본주의가 존재하는 한 사라지지 않는다. 다만 주변부로 밀려나 새로운 빈민촌을 재생산할 뿐이다. 이러한 빈민들은 자본주의 도시공간의 신종 노마드들인 셈이다.

그러나 자본주의 노동자들은 중세의 노마드들처럼 물리적인 감시를 당하지 않는다. 반면 눈에 보이지 않는 관료제와 자본의 이데올로기에 의해 스스로를 억압적인 상태로 묶어 자신을 채찍질해 스스로 노동을 내면화한다. 「내 그물로 오는 가시고기」에서 '행복한 마음으로 일하게 하는 약'은 경영주의 냉혹한 속성을 풍자하는 비유를 이루고 있다고 할 수 있다. 즉 노동자들도 이제 자본의 욕망과 미디어의 광고, 소비이데올로기의 반복 재생산에 의해 순치되어 자신도 모르는 사이에 노동의 억압상태를 행복하게 받아들이고 있는 것은 아닐까? 자본의 욕망에 포섭된 노동자들이 처한 끔찍한 현실이라고 할 수 있을 것이다.

> "우리 공장 노동자들이 행복한 마음을 갖고 일하게 하는 방법을 제가 알아냈어요."....
>
> "그들이 행복한 마음으로 일만 하게 하는 약을 만드는 거예요. 그들이 공장에서 먹는 밥이나 음료수에 그 약을 넣어야죠. 약은 우수한 연구진을 구성해 만들게 해야 돼요. 처음엔 경비가 많이 들겠지만 장기적으로 보면 이 이상 좋은 방법은 있을 수 없어요."[74]

3. 생활세계의 식민화 :『이 지상에서 가장 큰 집』

집이 없다면 인간의 존재는 산산이 흩어져 버릴 것이다. 인간은 성급한 형이상학자들이 가르치듯 '세계에 내던져' 지기에 앞서, 집이라는 요람에 놓이는 것이다. 삶은 집의 품속에 포근하게 숨겨지고 보호되어 시작되는 것이다.[75]

바슐라르는 “집은 인간에게 안정의 근거나 또는 그 환상을 주는 이미지들의 집적체이다.”[76] 나아가 “집이란 우리들의 최초의 세계이다. 그것은 정녕 하나의 우주이다.”[77]라고 묘사한다.

현대 자본주의 도시공간에서 집은 노동의 재생산으로 내몰린 노동자들에게는 마지막 안식처와 같은 곳이다. 노동자들에게 집은 ‘사회적 지위’를 상징하는 공간이기에 앞서 파괴적인 일상으로부터 보호받을 수 있는 최초의 세계이다. 그래서 도시의 노동자들은 누구나 그곳에서 추위와 배고픔을 달래고 안락함을 얻기를 원한다.

최인호의 『이 지상에서 가장 큰집』[78]은 도시공간에서 작은 집이라도 소유할 수 없는 가난한 사람들의 상황을 역설적으로 보여주는 작품이다. 최인호는 이 짧은 소설을 통해 도시 빈민의 집에 대한 열망을 그려내고 있다. 집 없는 상태에서 집짓기를 시도하는 주인공 작은 노마의 간절한 사연을 담고 있는 이 소설은 존재 근거를 박탈당한 채 피투성이처럼 살아가는 ‘피투성’(被投性)의 존재인 인간이 집으로 상징될 존재 근거를 마련하려는 열망을 담고 있다. 단순한 도시 빈민의 이야기를 넘어 인간존재론의 성찰을 가능케 하는 모티프가 바로 작은 노마의 집짓기라고 하겠다.

나아가 이 소설에서는 하버마스가 말한 ‘생활세계의 식민화’를 집을 통해 엿볼 수 있다. 관료기구는 합목적성(목적합리성)을 내세우며 강제적인 법 집행을 통해 주거지를 공원으로 바꾸고 이 과정에서 수십 년간 힘들게 마련한 가난한 사람들의 집을 허물어버린다. 이는 재개발과 도시계획이라는 행정절차를 통해 합법적으로 이루어지지만, 동의가 아닌 일방적인 강제집행에 속한다. 강력해진 행정-경제체계는 생활세계의 의사소통을 무시하거나 왜곡하면서 일상을 침식하는 것이다. 더욱이 행정-경제체계는 관료제의 합목적성에 의해 뒷받침되기 때문에 체계 합리화는 더 파괴적인 방식으로 생활세계에 영향을 미친다. 행위자의 상호이해를 추구하는 생활세계는 목적합리성에 대항할 수 없는 것이다. 이러한 전형적인 예는 달동네의 재개발 과정에서 그대로 드러난다.

소설 속 주인공은 예순일곱 살이 되어서야 지상에서 너무나도 작은 집을 소유하지만 이내 철거당한다. 그가 지은 집이 도시계획구역에 포함돼 불과 며칠도 살지 못하고 강제철거된 것이다. 그는 별 다른 저항을 행사해보지도 못하고 집을 헐리고 만다. 철거는 『난장이가 쏘아올린 작은 공』에서와 마찬가지로 행정체계의 자의적인 권력 행사에 속한다.

거지를 대물림한 주인공은 작은 집을 갖기 위해 일생동안 집짓기에 자신의 삶을 바쳤다. 이 역시 집을 소유하겠다는 목표를 이루기 위해 자기 자신을 채찍질하며 테러리스트가 된 결과로 얻을 수 있었다. 하지만 그마저도 합목적성을 내세운 국가권력의 폭력에 의해 집을 잃게 된다. 결국 그는 철거당한 집 주위를 맴돌다 철거반원에 의해 붙들려 어디론가 사라지게 된다. 노인은 평생 거지노릇을 하며 50년 만에 겨우 집을 마련했지만, 관료기구의 자의적인 법집행에 의해 삶의 터전이 뿌리째 뽑혀버린 것이다.

구체적으로 살펴보면, 이 소설은 앞서 살펴본 『난장이가 쏘아올린 작은 공』에서 난장이네의 영희[79]가 보인 행동을 연상케 할 정도로 집의 문제에 접근하고 있다.

거지였던 아버지(노마)에게서 태어난 '작은 노마'는 개천물이 흐르는 다리 밑에서 태어나 자란다. '작은 노마'는 어릴 때 아버지와 어머니와 함께 다리 밑에서 자다 홍수가 나면서 어머니는 그만 거센 물결에 휩쓸려 떠내려가 죽게 된다. 그때부터 '작은 노마'는 집을 갖는 것이 소원이 되었다. 홍수에도 떠내려가지 않는 집, 비와 바람을 가릴 수 있는 집, 그런 안전한 집을 갖는 것이 소망이 되었다.80)

> 집을 갖는 것이 소원이었던 '작은 노마'는 마침내 나무 위에 올라가서 잠이 들곤 했었다. 그곳은 습기가 밴 맨땅보다는 편안하고 아늑하였다.
>
> "그곳은 네가 잘 곳이 못 돼."
>
> 아버지는 언제나 그렇게 말했다.
>
> "그곳은 집이 아니다. 그곳은 사람이 자는 곳이 아니다. 그곳은 박쥐나 새, 개똥벌레 같은 벌레들이 잠드는 곳이다."
>
> 그러나 그는 나무 위에서 잠자기를 포기하지 않았다. 그곳은 그가 꿈꿔 오던 집의 다락방 같은 느낌을 불러일으키고 있었다.81)

국민이 국가에 노동을 제공해 국가의 이윤확보와 체제유지에 기여한다면 국가는 국민이 뜻밖의 재난으로 목숨을 잃게 하거나 위기에 빠지지 않게 보호해야 한다. 시민을 위기로 내몰고 예방이 가능했을 질병에 걸리게 하거나 혹은 궁핍에 의해 때 아닌 죽음에 직면하도록 만들었을 때, 이것은 '사회적 살인'과 다름없는 '국가적 살인'이라고 엥겔스는 주장한다. 엥겔스는『영국 노동 계급의 상태』에서 공해를 '사회적 살인 · 상해 행위'라고 불렀다. 그리고 이 범인은 지배계급인 자본가들이라고 지적했다.

아버지가 남겨놓고 간 물건 가운데 어디선가 주운 찢어진 성경 한 페이지가 있었다. 아들은 글자 하나도 읽을 줄 모르던 아버지가 왜 그 책 한 장을 가지고 있었는지 이해할 수 없었다. 아들 역시 글을 읽을 줄 몰라 행인에게 부탁해 읽어달라고 했다. 그 성경 구절은 인간의 고귀함을 이야기하는 부분이었다.

> "공중에 나는 새들을 보아라. 그것들은 씨를 뿌리거나 거두거나 곳간에 모아들이지 않아도 하늘에 계신 너희의 아버지께서 먹여주신다. 너희는 새보다 훨씬 더 귀하지 아니하냐. ... 또 너희는 어찌하여 옷 걱정을 하느냐. ...너희는 어찌하여 그렇게 믿음이 약하냐. 오늘 피었다가 내일 아궁이에 던져질 들꽃도 하느님께서 이렇게 입히시거늘 하물며 너희야 얼마나 더 잘 입히시겠느냐. 그러므로 무엇을 먹을까 무엇을 마실까 무엇을 입을까 걱정하지 말라...."[82]

하버마스가 지적했듯이 합목적성을 띠는 관료기구는 생활세계를 식민화하면서 일상을 유린하지만, 정작 국민들을 보호하는 데는 소홀하다. 홍수로 어머니를 잃은 작은노마는 그 이후부터 지상에 자기 집을 가지기 위해 부단히 노력한다. 도시로 흘러들어온 그는 산비탈 언덕 위에 기거할 집을 지었다. 그렇지만 그 집은 무허가였다. 밤새 집을 짓고 난 아침이면 '투구를 쓴 사람"[83](철거를 집행하는 행정공무원의 폭력성을 빗댄 것으로 보임)들이 와 집을 때려 부쉈다. 이를 통해 그가 살고 있는 도시는 관료기구가 그물망처럼 조직화되어 일상을 감시하고 있음을 알 수 있다.

그는 도저히 이들의 눈을 피할 수 없음을 깨닫고 자기가 돈을 벌어 집을 짓기로 마음을 먹는다. 그는 일꾼으로서의 능력이 없어 어디에도 일할 곳이 없었다. 돈을 벌기 위해서는 교육과 자본의 훈육전략에 따라 일정 수준의 교육을 받아야 하는데 그는 교육을 받지 못했던 것이다. 결국 그는 노동을 통해 돈을 벌수 없자 다시 동냥질을 했다. 감시가 심한 무허가 주택에서는 더 이상 살 수 없음을 깨닫고 자신의 집을 갖기 위해 동냥질한 돈을 50여 년 동안 한 푼도 쓰지 않고 모았던 것이다.

그는 집을 얻을 때까지 하루에 한 끼만 먹었으며 그가 동냥질을 해서 모은 돈을 한 푼도 쓰지 않았다. 그는 꼬박 오십 년간을 장님 행세를 했다.[84)]

이 대목은 다름 아닌 '지금-여기'의 현실이다. '장님 행세' 또한 수많은 사람들의 현실이기도 하다. 현재 우리 사회는 집을 마련하기 위해 일생을 저축과 대출금에 저당 잡혀 살아간다.

르페브르가 말했듯이 주택문제는 '테러리스트 사회'의 속성을 단적으로 드러내는 상징적인 것이다. 노동력의 순종적인 확보와 연관된 주택문제는 다름 아닌 노동력의 재생산의 문제와 이어져 있다. 작은노마는 작은 집을 마련하기 위해 50년에 걸쳐 동냥질(노동)을 해야 했다.

한 채의 집은 노동자들의 임금으로는 쉽게 구매할 수 있는 것이 아니다. 쉽게 구매할 수 있다면 노동자들은 자신의 꿈을 유보해가면서 굳이 억압적인 노동의 일상으로 나서지 않아도 되기 때문이다. 주인공 작은노마처럼 50년을 꼬박 벌어야 작은 집을 구입할 수 있어야만 국가와 자본가는 순종적인 노동력을 확보할 수 있는 것이다. 이 때문에 노동자들은 집을 마련할 때까지 감히 일탈을 꿈꿀 수조차 없다. 르페브르가 말한 것처럼 꿈을 유보하고 젊음을 바치면서 자기 자신을 옥죄이고 스스로 테러리스트가 되어야만 집을 마련할 수 있는 것이다.

더욱이 관료기구와 자본가는 주택문제를 개인화시킴으로써 효과적인 저항조차 할 수 없게 만든다. 푸코에 의하면, 개인화한 주택문제의 경우 권력의 중심이 탈중심화되어 있기 때문에 그에 맞서는 단일한 저항이 불가능하다. 즉 저항을 이끄는 단일한 집단, 계급이 없기 때문이다. 개인들은 각자의 작업장 · 수용소 · 병원 · 연구실 · 대학 등을 활동 공간으로 삼아 구체적이고 특정한 투쟁을 수행해야 한다.[85] 푸코의 이런 분석은 근대적 주체들이 자본의 욕망에 포획되어 단일한 저항을 상실한 채 지배당하는 삶을 살아갈 수밖에 없음을 예고하는 것이라고 할 수 있겠다.

개인들은 더 안락한 주택을 소유하기 위한 경쟁으로 내몰리는데, 여기에는 미디어가 큰 역할을 한다. 이는 미국 중산층과 주택문제를 연구한 워런(Elizabeth Warren)의 분석에서도 확인된다. 워런에 따르면, 미국 중산층이 교외주택 구입이 격화된 것은 좋은 학군내 주택에서 자녀들을 교육시키기 위해서다. 도심의 교육체계에 대한 신뢰가 무너지자 교외 주택 구입 붐이 일어났다. 주택가격은 상승했고 이러한 악순환은 결국 중산층의 파산으로 이어졌다는 것이다. 워런은 그 이유를 바로 범죄 등으로부터 비교적 안전한 교외의 좋은 주택에서 자녀를 학교에 보내기 위해 무리하게 모기지론 등 대출을 무리하게 이용해 주택을 구입하게 된 데서 찾고 있다.[86]

특히 워런은 이러한 주택가격의 폭등은 공통적으로 미디어의 영향력이 컸다고 분석한다. 미국 중산층의 교외주택 과소비 붐은 범죄보도와 관련한 미디어의 영향이 컸다. 자동차를 도난당하거나 근처 거리에서 무서운 살인사건이 일어났다는 뉴스가 대대적으로 보도될 때면 가정들은 시내보다는 교외가 더 안전한 곳이라고 믿게 된다는 것이다.[87]

여기서 특히 주목되는 것은 집값 폭등이 결국 중산층과 노동자들의 지속적인 노동의 재생산을 담보하는 결과를 낳는다는 점이다. 이는 결국 자본가의 이익 내지 국가의 이익과 부합하는 것으로 집값 폭등과 이로 인한 노동의 지속적인 담보는 국가나 자본가가 바라는 것이라고 하겠다. 이는 결국 "국가정책이 노동자보다 자본가의 편"이라는 마르크스주의자들의 주장과 맥락을 같이한다.

이와 같이 노동의 재생산의 이면에는 주택에 대한 대출제도가 있다. 규제완화의 혜택을 입게 된 대출업자들은 가정에 돈이 떨어질 때마다 돈을 빌려주기 시작한 것이다. 미국에서 최근 10년간 해마다 모기지 채무는 신기록을 작성했다.[88] 주택담보 대출은 더 빨리 늘어나 4년 만에 150% 이상 증가했다.[89] 소비자금융에 대한 규제완화가 누구나 쉽게 주택담보 대출을 할 수 있게 돼 이것이 미국 중산층 가정들을 빚더미에 올려놓았다는 것이다. 그래서 워런은 주택과 교육으로 야기된 미국 중산층의 문제를 해결하기 위해 사회적 차원에서 금융재규제가 필요하다고 제안[90]한다. 중산층의 붕괴를 막기 위해서는 사람들이 당장 손쉽게 대출을 받을 수 있는 편의에 이끌려 약탈적 대출업자의 먹이가 되는 일이 없도록 소비자금융에 대한 규제를 강화해야 한다는 것이다.[91] 약탈적 대출 자본가가 자본을 축적하면 할수록 이른바 '유주택빈민'(house poor)의 생활 상태는 악화될 수밖에 없기 때문이다. 그러나 자본가의 입장에서 노동의 재생산을 위해 이러한 '유주택빈민'을 의도적으로 양산할 필요가 있을 것이다.

그는 실제로 거의 장님이 되어버린 노인이었으며 완전히 허리가 굽어버렸다. 그는 인생의 모든 정력을 집을 사기 위해서 돈을 모으는 데 바쳐왔으므로 그의 어머니가 원했듯이 자신의 아이를 가지지 못했으며, 그래서 '작은 작은 노마'도 만들어내지 못했다. 그러나 그는 그 희망을 완전히 버린 것은 아니었다.

자신의 집을 갖게 되면 그는 아내를 얻고 아이를 낳으리라고 갈망하고 있었다. 그는 아직 예순일곱 살이었으며 아이는 마땅히 안락한 집과 따스한 방에서 낳아야 한다고 굳게 믿고 있었다.[92]

작은노마가 평생 결혼도 하지 않고 돈을 모은 것은 다름 아닌 집을 갖기 위함이었다. 그는 오직 집을 마련하기 위해 결혼도 유보한 채 자신의 전 생애를 희생한 것이다. 이와 같이 집에 대한 소유경쟁은 노동의 재생산을 위한 국가 주택정책을 손쉽게 한다. 디킨스가 말한 것처럼 "국가의 주택정책은 자본의 주택정책"이 되는 것이다. 즉 국가의 주택정책에 따라 주택의 자가 소유가 늘어날수록 순종적인 노동력을 확보하게 된다는 것이다. 주택의 자가점유는 소유 개인주의의 이데올로기를 주입하고, 더욱이 금융제도를 통해 장기적으로 부채 부담을 부과하여 지속적으로 노동자들을 순종시킬 수 있다. 이는 노동계급의 응집력을 와해시키는 것이기도 하다.

그러나 평생 노동을 생산하며 마련한 집에서 그는 누구와 함께 살 것인가? 그는 집마련을 위해 결혼도 하지 못할 정도로 집에 강제되었다. 자기 자신을 억압하고 채찍질하면서 50여년을 돈을 모았던 것이다. 이야말로 르페브르가 말한 '테러리스트 사회'가 아닐 수 없다. 결국 그는 자기 자신이 '테러리스트 사회'의 희생양이 된 것이다. 그렇지만 그가 50년간 돈을 저축해 예순일곱 살에 마련한 집은 마치 장난감 같은 작은 집이었다. 그는 이 집을 마련하기 위해 50년 동안의 삶을 '소비'한 것이다.

그는 어쨌든 예순일곱 살에 아주 작은 집을 소유할 수 있었다. 나는 그의 집을 가보았다. 나는 그렇게 작은 집을 본 적이 없었다. 그것은 너무 작아서 집의 설계 모형 같아 보였다.

길은 방 하나와 부엌, 그리고 손수건만큼 작은 마당을 갖고 있었다. 방은 그가 누우면 발가락이 문지방 밖으로 나갈 만큼 작았는데, 그래서 그의 집은 집이 아니라 누에고치 같아 보였다. 그래도 그것은 엄연한 집이었다.[93)]

그는 마당에 엉겅퀴도 심는 등 단장을 했다. 벽에는 아버지가 남겨준 성경 한 페이지를 액자에 담아 걸어놓았다. 그가 죽기 전에 할 일이 하나 남아 있었다. 바로 그의 어머니가 그토록 간절히 원했던 아이를 갖는 일이었다. 달리 무슨 불행한 일만 벌어지지 않는다면 그는 자기가 꿈꾸었던 대로 그 집에서 행복한 여생을 보낼 수 있을 것이었다. 그러나 그가 꿈꿔왔던 행복은 오래 가지 않았다. 그는 그 집에서 불과 일 주일밖에 살지 못하고 철거당하고 말았다.[94)]

어느 날 시청에서 투구를 쓴 사람이 몰려와서 노인에게 이렇게 말했다.

"이 집을 떠나주십시오. 우리는 이 집을 부숴야 합니다."

"어째서요?"

노인은 울부짖으며 물었다.

"이 집이 무허가 건물인가요?"

"아닙니다. 무허가 건물은 아닙니다만 이 동리가 도시계획 구역에 들었습니다. 도시 미관상 우리는 이 집을 부숴야 합니다. 우리는 이곳에 공원을 지을 것입니다. 물론 그에 해당하는 대가는 지불하겠습니다. 동리 주민들이 모두 우리 의견에 찬동했습니다. 할아버지만 남았습니다. 여기에 사인을 해주십시오."

노인은 단호하게 머리를 흔들었다.

"이 땅은 내 땅이며, 이 집은 내 집입니다. 내가 이 집을 갖는 데 얼마나

오래 걸렸는지 아시오? 난 당신이 태어나기 전부터 동냥질을 했소."

"할아버지"

그들은 웃으면서 말했다.

"이건 집이 아닙니다. 이건 새장입니다. 할아버지는 이제 좀 더 큰집으로 이사를 할 수 있습니다."[95]

50년이 지나 할아버지가 된 작은노마는 집을 마련하자마자 또다시 '투구를 쓴 사람' 들이 들이닥친다. 이전에는 무허가 집이어서 저항조차 할 수 없었다. 그런데 이번에는 합법적으로 마련한 집이 철거당하는데도 그가 할 수 있는 저항수단은 없었다. 관료기구는 "도시미관상"의 합리적인 이유를 들이대면서 그가 50년 동안 동냥질을 해서 마련한 집을 부숴버린 것이다. 그가 고집을 부리자 그를 체포해버린다.

결국 그는 그의 터전을 내주고 그의 집은 공원으로 바뀌고 만다. 그가 받는 보상비는 너무 적어서 어떤 집도 살 수 없었다. 소설에서는 이를 상징적으로 다음과 같이 묘사하고 있다.

그의 집은 아주 작아서 그 집을 비우고 난 뒤 받은 돈으로는 이 지상의 어떤 집도 살 수 없었다. 그가 한때 소유했던 집보다도 작은 집은 존재하지 않았다. 그것은 한 잔의 우유와 식빵 두개, 말린 건어물, 그리고 나서 우표 한 장 살 수 있는 돈에 불과했다.

노인은 생전 처음 그 돈으로 그토록 먹고 싶었던 우유와 식빵 두개와 말린 건어 한 마리를 샀다. 그는 그의 집을 먹어버린 셈이었다. 나머지 돈으로 그는 우표 한 장을 샀다.[96]

노인은 비록 집이 강제로 철거됐지만, 그 집에 대한 미련을 버릴 수 없었다. 그래서 노인은 공원으로 바뀐 집터에 원을 그려 자기 집임을 표시하고 그 안에 들어가 생활을 했다. 그러자 이번에도 투구를 쓴 사람들이 어김없이 나타나 그를 강제로 차에 태워 어디론가 싣고 갔다. 결국 노인은 '공원 내 접근금지' 처벌을 받게 된 것이다.

최인호는 이 짧은 우화 같은 소설을 통해 자아와 세계의 대결적 상황에서 세계의 폭압성을 극대화해 보여주고 있다. 작은노마는 홍수에 떠내려간 어머니와 같은 일을 되풀이해 당하지 않기 위해, 또 집이 없어 얼어 죽은 아버지처럼 자신도 당하지 않기 위해 모든 것을 희생하고 50년 만에 집을 마련했다. 그렇지만 국가는 오히려 합목적성을 내세우며 법을 집행하면서 개인의 삶 전체를 파괴시키고 만다. 이는 국민을 보호해주지도 않는 국가를 위해 순종적으로 노동력을 제공하고, 자위책으로 집을 마련했지만 국가는 오히려 그 국민에게 폭압성을 드러낸 것이다. 이것이야말로 도구화된 이성에 의한 국가의 내면화된 폭력이라고 할 수 있을 것이다.

공간의 시학 Ⅱ: 미디어로부터의 불안

5

이 장에서는 소비사회의 시뮬라시옹과 미디어의 중독성을 여과 없이 재현해내고 있는 『화이트 노이즈』를 분석해보고자 한다. 이 소설은 1985년에 미국에서 발표되었지만 20여년이 지난 우리 사회의 단면을 읽기에 충분한 작품이다. 즉 소비사회와 포스트모던 사회적 현상은 시간적 경과에 따라 우리 사회에 적용되고 있는 것이다.

특히 드릴로의 소설에서는 미디어가 말하고 보여주고 보도하는 것만이 가치를 획득하는 이른바 '매체권력'의 경향을 강하게 드러내고 있다. 이러한 매체권력화는 다름 아닌 하버마스가 지적하는 '공개장[97]의 재봉건화'로 설명할 수 있다. 하버마스는 매스미디어에 의한 조작은 의사 공개장의 재봉건화를 초래했다고 지적한다. 즉 표상과 외양이 합리적 논쟁보다 더 비중 있게 다루어지고, 설득력 있는 권위층의 조작에 의해 합리적 · 비판적 공중이 대중으로 전환되었다는 것이다. 하버마스는 신문과 잡지, 텔레비전과 라디오 등 공개장의 매체가 이제는 단지 하나의 약속으로만 존재할 뿐이라고 주장한다. 그래서 문화를 논쟁하는 공중에서 소비하는 공중으로의 전이가 이루어졌다고 주장한다. 이에 따라 공개장은 접근기준에 내포된 계급적 편견, 국가 간섭의 확대, 새로운 의견관리기술 등에 의해 손상되었다는 것이다.[98]

드릴로는 『화이트 노이즈』에서 모두가 똑같은 경험을 하게 만드는 기표는 정보사회의 인간적 삶의 방식을 근본적으로 회의하게 한다. 이미지들로 가득찬 세상에서 모사현실(Simulation)에 의해 조종당하지만 사람들은 자신이 주인이고 스스로 의지로 선택하고 살아가는 자율적인 인간이라고 믿는다. 하지만 이미 그는 자본의 욕망의 그물에 이미 포획되어 있다. 슈퍼마켓이 살아있음을 확인하는 공간이 되고, 미디어가 말하는 것만 소비하는 미디어를 통한 자기재현에 이르고 있다.

물론 현대의 자본주의의 단계를 일률적으로 소비사회로 명명할 수 없다. 소비사회는 각 국가마다 자본주의의 진전 상태가 달라 전 세계적으로 공통적인 현상으로 볼 수는 없기 때문이다.

그러나 르페브르와 보드리야르는 소비사회를 1960년대부터 서구사회에서 본격화된 후기자본주의 단계의 현상으로 보고 있다. 상품 그 자체가 아니라 상품의 이미지와 기호를 소비하는 소비사회에서 소비를 조장하는 매개체가 다름 아닌 시각적 미디어, 즉 텔레비전을 비롯한 기술영상매체이다. 때문에 일상을 억압하고 차이의 소비에 의해 소외를 조장하는 소비사회와 매스 미디어 발달은 불가분의 관계를 지닌다고 하겠다.

오늘날 미디어는 재현 내용을 전달할 뿐 아니라 미디어를 통해 욕구를 불러일으키는 자기재현에까지 이르고 있다. 특히 미디어는 오늘날 주체가 배제된 시뮬라시옹의 세계를 만들고 있다. 이 시뮬라시옹화한 리얼리티는 지시대상도, 근거도, 원천도 갖고 있지 않으면서 재현의 논리 바깥에서 작용하고 있다. 기술미디어가 일상화되는 사회에서는 맥루한의 주장처럼 메시지만 소멸되는 것이 아니라 미디어와 실재가 같이 함몰될 수 있다. 즉 미디어가 지시대상도 없는 내용을 재현함으로써 어떤 사회적 의미도 담지 못하고, 메시지와 함께 함몰될 수 있다는 것이다.

후기 자본주의하에서의 이러한 새로운 인간 경험의 양식의 변화를 가장 극명하게 표현하고 있는 용어가 보드리야르의 파생실재일 것이다. 보드리야르는 파생실재의 리얼리티를 재현할 실재가 사라진 재현, 그러나 실재보다 더 실재다운 재현이라고 정의한다. 파생실재의 세계에서는 실재와 재현의 관계가 역전되고 재현이 실재를 지배하게 된다. 보드리야르의 표현을 따르면 실재는 재현 속으로 내파(implosion)된다. 즉 실재를 삼켜버린 재현이다. 시뮬라시옹은 더 이상 영토나 지시물이나 실체를 복제하거나 흉내 내는 것이 아니다. 그것은 어떤 모델에 따라 원본이나 실재 없이 실재와 같은 것을 스스로 생성하는 것이다.

보드리야르에 의하면 탈근대의 포스트모던 세계에서 삶은 미디어에 의해 재현되고 있다. 즉 포스트모던 세계에서는 삶이 재현에 의해 완전히 매개되어 있는 것이다. 이미 데리다의 재현으로부터의 '도피불가능성'을 통해 알 수 있듯이 포스트모더니즘에서의 재현은 불가피하다고 보인다.

그러나 삶이 재현에 의해 완전히 매개될 경우 파생실재가 지배하는 시뮬라시옹의 세계에서는 '재현의 위기'를 불러올 수 있다. 재현할 원본이 없이 가짜만 난무하기 때문이다. 더욱이 미디어는 그 재현의 위기를 더욱 증폭시킨다. 재현의 위기는 자신의 삶의 조건을 사유하고 다룰 수 있는 힘 자체를 폐기시키기 때문이다. 재현의 위기는 무기력하고, 무관심하고, 냉소적인 대중을 다시 재현한다. 이러한 냉소적인 대중은 기술매체와 맹목적인 과학기술의 발달로 정보와 이미지의 과잉 증식 속에 파묻혀 자신의 삶과 세계를 대상화할 수 있는 능력을 상실 당한다. 대중은 더 이상 지시할 수 있는 대상이 아니다. 그들은 재현의 질서에 속해 있지 않다. 그들은 더 이상 스스로를 표현하지 못한다.

보드리야르는 파생실재를 통해 소비사회는 결국 사회적이고 정치적인 모든 참여와 개입의 의지가 무력화되고, 인간과 인간의 소통이 차단된 공간, 근대적 의미에서의 공동체가 '내파' 된 공간의 표현임을 보여준다. 보드리야르에 의하면, 내파된 공간에서 개인은 코드화하는 권력의 요구대로 파생실재의 속으로 달려가는 것만 남아있다. 사람들은 파생실재를 증식하고 그 자체가 진리인 TV를 향해 달려간다. 일하면서도 TV를 보고 TV를 보는 데 방해되는 일은 아예 찾지도 않는다. 보드리야르는 이로써 생산 질서는 더 이상 유지되지 못하고 내부로부터 함몰한다고 말한다. 즉 밖으로부터의 공격에 의해 폭파(explosion)되는 게 아니라, 안으로 몰려 들어감으로서 내파(implosion)되는 것이다.[99]

그는 이러한 소비사회의 죽음을 통해 개인과 대중의 모든 공동체적 기획의 가능성이 소멸된 후기 자본주의의 삶을 설명하고 있다. 이를 통해 물신화와 기술매체에 의한 소외의 극한을 회의주의적이고 허무주의적으로 얘기하고 있는 것이다.

소비사회에서는 전체 사회의 죽음을 몰고 오는 파생실재가 지배한다. 따라서 재현의 위기, 무기력한 대중의 위기에 대응하기 위해서는 대중이 자율적이고 주체적인 삶을 통해 스스로를 재현할 수 있는 실천적 조건을 구성하는 일이 시급하다고 할 것이다.

1. 미디어가 사건을 만든다?

자본주의 발달의 초기 단계이든 후기 단계이든 국가와 사회체계의 개인에 대한 억압성은 생산양식이 변했다고 해도 결코 사라지지 않는다. 오히려 계몽(이성)주의의 기획이후에 인간조건에 대한 야만성이 제거되었다고 하더라도, 계몽된 사회 역시 재생산을 지속하기 위해 이데올로기적 장치 등을 통해 개인을 더 교묘하게 '착취' 하고 있다는 것이 르페브르나 보드리야르 등의 소비사회론자들의 주장이다. 즉 후기 자본주의의 소비사회의 단계에서는 표면적으로는 일상생활의 제약이 완화되었고 생산양식으로 볼 때 개인을 물리적으로 억압하는 사회라고 할 수 없다. 하지만 소비사회는 이전보다 더 교묘한 조작과 통제의 기제가 작용하고 있고, 이를 주도하고 있는 것이 미디어라는 것이다. 특히 미디어가 보여주고 들려주는 것만을 믿고, 나아가 이를 모방하는 미디어를 통한 자기재현의 경향을 보인다. 주체적인 개인이 미디어를 통해 만들어지고 있다는 것이다.

보드리야르에 의하면, 현대 소비사회는 미디어를 통해 소비를 조작하고 통제하며 무의식의 차원까지도 지배하기에 이르렀다고 본다. 소비뿐만 아니라 의사소통과 여론의 형성도 미디어를 통해 표현되고 있다. 심지어 일상의 화제도 텔레비전이나 영화 등 시각적 매체가 지배하고 있다. 즉 미디어가 말하지 않은 것은 말해지지 않고 미디어가 말해야만 비로소 말해지는 것이다. 맥루한(Herbert M. Mcluhan)의 유명한 명제처럼 '미디어는 메시지이다.' (The Medium is the m essage) 미디어 결정론을 담고 있는 이 공식은 시뮬라시옹 시대의 핵심적인 공식인데, 이 공식의 의미는, 의미적인 모든 내용물은 매체의 유일 지배적인 형태 속으로 흡수된다는 것이

다. 매체만이 사건을 만든다. 이것은 그 내용이 순응적이건 전복적이건 마찬가지다.[100)]

TV는 현실을 시뮬라크르로 만드는 기능이 있다. 즉 TV는 일종의 바이러스 혹은 시뮬라시옹의 핵으로서 다른 것들을 시뮬라크르와 같은 것으로 변모시킨다. 가까운 것은 같아진다는 환유 규칙에 따라 TV가 가까이 있다는 사실만으로 주변이 TV화 된다. 이러한 핵반응적인 연쇄반응은 실제 세계와 가상적으로 만든 가공의 세계와의 관계에서도 흔히 일어난다. 어떤 사건을 가공적인 시나리오로 꾸몄을 때 실제에서 그와 거의 같은 일이 발생하는 것을 우리는 흔히 관찰할 수 있다. 대중매체에 실린 어떤 거대한 사건은 잠시 후에 다시 그와 거의 유사한 사건을 불러일으킨다. 하나의 모델이 있으면 나머지는 이상하게도 그 모델화되어 간다. 이것은 또한 유행의 메커니즘이기도 하다.[101)]

르페브르와 보드리야르가 말한 소비란 인위적으로 만들어지는 상품을 소비하므로 자율적인 주체의 자유로운 활동이 아니다. 물건이 합리적 수요에 의해 공급이 되던 시대가 지나고, 인위적 소비를 촉진하는 디자인, 광고 등이 수요를 창출한다. 여기서는 상품 그 자체가 아니라 상품의 이미지가 중요해진다. 미디어에 의해 소비된 상품이 가치와 권위를 획득하고 그렇지 못한 상품은 그 가치를 인정받지 못한다. 미디어는 시뮬라크르의 재현을 넘어 자기재현을 드러내면서 사람들의 의식을 주형하고 있는 것이다. 이는 미디어가 현실을 매개하는 차원을 넘어 형성하는 것으로서, 미디어에 의한 재현의 위기라고 할 수 있을 것이다.

여기서는 『화이트 노이즈』에 대한 분석에 앞서 선행연구로 드릴로(Don DeLillo)의 『마오Ⅱ』(*Mao Ⅱ*, 1991)[102)]와 핀천(Thomas

Pynchon)의 『바인랜드』(*Vineland*, 1990)[103]에 나타난 현대 사회에서의 자본과 대중매체에 대해 살펴보고자 한다.

드릴로는 『마오Ⅱ』에서 한편으로는 대중매체를 적극 이용하면서 이미지를 조작하지만 결국은 자신의 정체성을 상실하면서 파국을 맞이한다는 점을 보여준다. 드릴로는 책이 상품이 되는 시대에 작가는 어떤 형식으로 존재하는가를 보여준다. 책은 더 이상 책의 내용이 아니라 디자인과 광고, 그리고 저자의 이미지로 존재한다. 반면 핀천은 대중매체에 의해 당대의 시대정신이 왜곡되고 개인 또한 쉽게 무너질 수 있음을 보여주고 있다.

『마오Ⅱ』에서 드릴로는 오늘날 작가의 존재방식을 테러리스트와 연결한다. 그는 1980년대 후반부터 드러난 미국 소비사회와 미디어 문화의 부정적 징후를 점검하면서 겉보기에는 다양성과 개인의 자유를 존중하는 것 같지만 내부에는 총체성을 지향하는 음모가 숨어있다는 것을 보여준다.

우선 소설의 줄거리를 살펴보면, 작가 빌 그레이를 관리하는 스코트는 빌의 심부름으로 사진작가 브리타를 만나기 위해 뉴욕에 온다. 그는 서점에서 수많은 책들이 "나를 사 달라"고 외치는 것처럼 느낀다. 책들은 통로마다 수북이 쌓이고 책의 주간, 북 페어, 포스터 등을 통해 판매를 촉진시킨다. 빌은 두 권의 소설로 정상의 인기를 누리는 작가다. 그는 아무 곳에도 나타나지 않고 그의 사진도 전혀 구할 수 없고, 그리고 책을 출판하지 않은지 오래다. 빌의 이미지를 관리하는 스코트는 10년 전 우연히 서점에서 빌의 책을 읽고 바로 자신의 모습을 발견한다. 그리고 은둔해있는 그의 주소를 찾기 위해 출판사의 메일 관리부에 취직한다. 그의 거처가 철저히 비밀리에 관리되기에 그는 우편물에 찍힌 소인을 통해 거처를 찾는다. 그리고 그 이후 빌의

집안과 저작물을 관리하는 집사가 된다.[104)]

빌이 은둔하는 이유는 출판사의 철저한 이미지 관리 때문이다. 책이 넘치고 소비가 촉진되면 책은 영향력을 상실한다. 그리고 책 자체의 내용보다 저자가 존재하는 방식에 의해 책의 가치가 정해지므로 상품이 소비되면 생명이 끝나듯이 책도 읽고 버려진다. 빌이 은둔하여 다 쓴 책도 출판하지 않는다. 빌은 소비되지 않기 위해 책을 출판하지 않고 철저히 세상으로부터 은둔한다. 그러나 이런 빌의 의도는 사실 출판사와 스코트의 이미지 관리와 정확히 맞아 떨어진다. 인기 정상에서 책이 더 이상 안 나오기 때문에 빌의 인기가 지속되고 두 권의 책은 여전히 잘 팔린다. 책은 출판될수록 작가의 힘은 약해지기에 은둔하여 책을 내지 않지만 바로 이것이 동시에 그의 인기를 지속시키는 이미지 전략이라는 것이다. 빌의 은둔은 바로 그의 이미지를 관리하는 출판전략과 일치한다.[105)]

드릴로가 『마오Ⅱ』에서 의도하는 것은 자본의 숨은 음모를 밝히는 것이다. 즉 다양성을 존중하는 사회이지만 그 속에 군중과 자본의 음모가 숨어있다는 것이다. 그는 죽음과 죽음충동(death drive)의 은유를 통해 마치 독자와 게임하듯이 여기저기에 실마리를 숨겨놓는다. 살고자 하는 욕망도 죽음충동의 이면이다. 죽음은 인간의 가장 근원적인 충동이요, 공포로서 미디어와 상품사회 속에 숨은 음모의 실체이다. 이 작품은 진짜 죽음보다 더 리얼한 죽음의 모사에 관한 이야기다. 이미지 시대에 작가는 은둔이라는 죽음을 모사한다.[106)]

빌은 "나는 죽은 책 위에 앉아 있다"고 말한다. 그는 이미 2년 전에 끝낸 소설을 계속 추고만 되풀이하는데, 그 행위는 사실은 오로지 숨을 쉬기 위해 쓰는 행위에 지나지 않는다. 책을 쓰는 저자는 죽고 이미지를 위해 추고를 계속하기에 빌에게는 자신의 행위가 죽은 책과 놀이를 하는 것과 다르지 않다. 소비를 하기 전에 책은 의미가 없다. 그런데 소비되면 생명이 단축된다. 이것이 이미지 시대 작가의 딜레마이다. 벤야민은 복제문화시대에 작품이 고유성과 아우라는 사라진다고 말했다. 그러나 그 말은 이제 반대로 나타난다. 포스트모던 상품시대에 복제본은 원본보다 더 리얼하기 때문에 반복이 오히려 아우라를 낳는다.107) 죽음의 모사가 진짜 죽음보다 더 리얼하다는 것이다. 이것이 이 소설에서 빌의 진짜 죽음이 오히려 모호하게 그려진 이유이다.

빌은 은둔하여 죽음을 모사하고 글쓰기를 모사한다. 그는 저자를 모사한다. 책의 고유가치란 없고 이미지가 창조한 반복된 가치만이 존재하는 사회에서 책은 작가의 존재방식과 뗄 수 없이 연결된다. 그러는 과정에서 책은 더 이상 개인의 의식에 영향을 주거나 삶에 방향을 제시하지 못하고 군중의 취향으로 전락한다. 작가는 더 이상 개인의 내적 사유를 안내하지 못하고 카메라의 응시에 좌우된다. 책은 상품이 됨으로써 스스로 죽은 것이다.108)

여기서 드릴로는 미디어에 의해 통제되는 현대 소비사회에서의 죽

음/모사죽음의 문제를 다루고 있다. 소설에서는 작가의 죽음보다 책의 죽음에 대한 전략이 우선이다. 작가는 책을 내고 싶어도 출판사의 판매전략에 따라 유보된다. 그 사이에 작가는 모사죽음의 상태에 빠지고 결국은 진짜 죽음으로 내닫는다. 즉 빌은 출판사의 이미지 관리에 복종하는 모사현실을 살면서도 현실적이고 평범한 삶의 기쁨을 누리기를 원한다. 차츰 그는 정상적인 가정을 갖지 못하게 하는 책을 증오한다. 죽음과 놀이하면서 점차 그는 삶의 모사를 증오하게 된다. 빌은 "나의 삶은 일종의 모사현실과 같다."(My life is a kind of si－mulation)[109]고 토로한다.

빌을 관리해온 출판편집인 찰스는 "난 이제 새 책을 원해, 빌"(I wa-nt a new book, Bill.)[110]이라고 말하면서 새 책의 출판과 함께 시낭송회를 통해 빌을 미디어에 노출시킴으로써 새 책의 홍보·판매 전략의 극대화를 노린다. 새 책을 출판하려면 좀 더 충격적인 카메라의 응시가 필요한 것이다. 테러리스트들이 자신의 존재를 알리기 위해 미디어를 이용하는 것처럼 책 역시 상품으로서의 광고를 위해 미디어에 노출되고 아울러 충격적인 효과를 얻을수록 상품으로서의 홍보가 극대화되기 때문이다. 이는 인질을 통해 자신을 알리는 테러리스트의 전략과 같다.

그렇다면 책을 팔기 위해 작가의 이미지를 관리하는 방법과 테러리스트들이 자신들의 존재를 알리는 방법은 같다. 그것은 카메라의 응시를 통해서 TV로 보도되어야 한다.[111] 책이 상품이 되는 소비문화에서 작가는 테러리스트와 같은 전략을 쓰게 된 것이다. 책이 고유가치로서 존재하지 못하고 작가의 이미지 관리에 의해 존재하는 책 상품시대에 작가는 테러리스트와 구별이 없게 된다.[112]

여기에서 드릴로는 작가를 테러리스트와 연결 짓는다. 소비사회와 미디어문화에서 작가는 테러리스트와 같은 방식으로 존재하고, 결국 테러리스트에게 그 자리를 내준다는 것이다.

소비사회에서 대중은 민주사회의 대중과 다르다. 민주사회는 개인의 선택과 의식에 의해 구성되고 운용된다. 그러나 상품시대의 대중은 개인의 선택을 마비시키는 카메라의 응시에 의해 운용된다. 이것이 새로운 대중인 군중이다. 즉 소비사회의 대중은 미디어에 통제되어 군중(crowd)이 된다. 소비시대의 대중은 더 이상 민주주의 이상으로서, 봉건군주의 대립으로 존재하는 대중이 아니다. 결국 대립되는 개념이었던 창조자인 작가와 파괴자인 테러리스트가 존재방식에서 같아지는 것이다. 카메라에 찍히고 군중에게 어필해야 존재가치가 생기는 소비사회에서 카메라의 응시는 총체성을 지향하는 봉건권력이다. 그리고 미디어 뒤에 숨은 권력은 바로 자본이다.[113]

드릴로는 이 작품에서 개인의 의식이 신의 자리를 대치한 모더니즘 문학과 달리 포스트모던 사회에서 개인은 신의 자리를 카메라와 상품에 넘겨주고 퇴행한다는 것을 보여주고 있다. 즉 카메라와 상품이 개인의 의식을 삼켜버리는 이미지 상품시대에 살고 있는 것이다.

핀천의 『바인랜드』는 미국의 1960-80년대의 역사를 다루며 미국문화의 파시즘적 비전을 조명하고 있다. 핀천은 이런 역사적, 문화적인 공간에서 텔레비전, 영화, 컴퓨터 등의 대중매체가 당대의 지배이데올로기로 굴절됨으로서, 마치 파시즘의 정권이 개개인에게 부과했던 것처럼 강력하게, 소설 인물들의 역사적 주체를 형성, 통제하고 있음에 주목하고 있다. 그는 이 작품을 통해 대중매체가 구현하는 시대의 정치적, 문화적 정황이 인간의 주체를 어떻게 주형하고 있는지 보여주고 있다.[114]

소설에서 핀천은 젊은 미국 지성인들이 정치 경제적 부정행위자들을 낱낱이 폭로한다고 생각되는 텔레비전의 힘에 매료되어 있기에, 그들의 이상이 대중 매체라는 이데올로기적 구성체로 인해 쉽게 무너지게 됨을 보여준다. 카메라의 눈이 진실을 포착하여 필름에 담아줄 것을 기대하지만 미디어 제국주의 앞에 무력할 뿐이다.

홀(Stuart Hall)은 대중매체가 국가의 이데올로기적 실천을 하는 다른 장치와 비교해볼 때, 현대의 산업문화인 대중매체를 복합적인 표현을 하는 총체성을 가진 강력한 이데올로기 대행자라고 말한다. 대중매체는 여론의 합의를 만들어주기 때문에 사회의 중심적 가치 체제를 드러내는 것이나 다름없다.[115]

또 이데올로기적 국가장치인 텔레비전은 개인을 주체로서 호명하기 때문에, 텔레비전은 이데올로기적 환영을 주체에게 준다. 그 환영을 수용하는 주체는 이데올로기적 기계과정 속에 빨려 들어가게 되어 텔레비전에 나오는 대상인 타자와 자기가 교체되는 주체 분열의 환상을 보게 된다. 라캉에 의하면, 주체는 담론의 효과로 드러나며 그 담론은 타자의 담론이다. 그런데 타자의 공간인 무의식도 언어의 구조를 가지고 있기 때문에 타자의 담론 또한 이데올로기적이다. 왜냐하면 이데올로기도 무의식의 자리에서 형성되기 때문이다. 그러므로 알튀세의 주장처럼 인간의 주체는 "항상 그리고 이미" 또 하나의 이데올로기의 덫에 걸려 있어서 주체의 구성에는 언제나 그리고 이미 이데올로기로 각인되어 있다. 결론적으로 말한다면, 텔레비전을 계속 보는 행위는 대중매체의 이데올로기 덫에 개인의 주체를 예속시키는 것이며, 결과적으로 통제된 이데올로기의 힘에 의하여 주체는 항상 감시당하는 격이다.[116]

『바인랜드』에서는 거의 모든 인물들이 텔레비전 중독자로서 대중매체의 횡포에 희생되고 있다. 주인공들은 깨어있는 대부분의 시간을 텔레비전을 보고 텔레비전이 방영되지 않을 때는 유령들처럼 거리를 방황한다. 이들은 인간성을 상실하여 인간이라기보다는 기계 같은 삶을 보내고 텔레비전에 중독되어 바인랜드를 떠돌아다니는 것이다.[117)]

『바인랜드』에서는 미디어를 통한 자기재현을 보이고 있다. 프레리의 아버지이며 록 음악가인 조이드 휠러는 텔레비전이라는 이데올로기적 국가장치에 환상을 갖는다. 핀천이 생각하기에 록큰롤은 음악과 춤을 겸비한 당대의 좌파계 성향이 있는 히피들이 의사소통을 하는 최상의 형태이다. 그것의 리듬과 가사에는 기성체제에 대한 비판과 타락된 성관계에 대한 역설적인 찬양이 담겨있으므로 당대의 정치 사회에 대한 거부가 있다. 그는 전 부인 프레네지를 아직도 연모하며 밤늦게 방영하는 짝사랑을 내용으로 하는 '너무나 하잘 것 없어 울지는 않지만' (Not Too Mean to Cry)이라는 록큰롤의 감성적 노래가 흘러나오는 텔레비전의 광고를 봄으로써 프레네지와의 관계를 회복해 보고자 꿈꾼다. 조이드의 전 부인이었고 60년대 한때 이상주의 실천자였던 프레네지도 텔레비전 문화에 노출되어 있다. 그녀는 유니폼을 입은 경찰관이 나오는 텔레비전 장면에서 성적 흥분을 느낀다. 그녀의 할머니가 유니폼을 입은 남성이 풍기는 권위적 이미지를 좋아했던 것을 물려받았기 때문이다.[118)]

사람이 가는 곳마다 텔레비전이 있는 바인랜드에서 사람들은 대중매체에 의해 수동화, 물화된다. 이에 따라 인간 주체가 텔레비전을 봄으로써 대상과 사물을 인식하게 되고 감지하는 것이 아니라, 거꾸로 타자인 텔레비전이 인간의 인식을 잠식하여 통제하고 영향을 주게 되는 것이다.[119)] 바인랜드의 이야기는 다름 아닌 대부분 소비사회에서 동시성을 지닌다고 할 수 있다.

2. 미디어중독과 시뮬라시옹 : 『화이트 노이즈』

여기서는 세 번째 텍스트 분석으로 탈근대적 모사현실의 재생산과 관련해 드릴로[120]의 소설 『화이트 노이즈(*White Noise*)』에 살펴볼 것이다. 이 텍스트는 보드리야르와 제머슨이 지적한 소비사회와 후기자본주의의 문화논리와 관련지어 분석할 수 있다. 1985년에 쓰인 이 소설은 당대 소비사회와 미디어, 미디어의 자기재현적인 모습을 담고 있을 뿐만 아니라 소비사회의 여러 징후들 가운데 주체의 억압을 드러내고 있어 분석에 적합한 텍스트로 여겨진다.

드릴로는 "현대인은 특정한 매개에 의해 떠도는 기표다"[121]고 한 인터뷰에서 밝혔듯이 그의 관심은 기표가 떠도는 사회, 매개에 의하지 않고는 의사전달이 불가능해진 미디어사회의 징후와, 다양성을 존중하는 듯 한 소비사회가 어떻게 개인의 자율성을 통제하는지 보여준다.[122]

포스트모던 사회는 어떤 지주를 중심으로 움직이는 것이 아니라 단순히 주어진 의미 없는 요소들을 조작하는 것으로 그친다. 정치는 대중을 하나의 전자적인 분자들로 취급하여 어떤 하나의 극에 자장을 형성하여 군중을 집합시키고, 다른 경우에는 다른 곳에 자장을 형성하여 제멋대로 조작을 한다. 경제 역시 조작을 하여야만이 거기에 있다. 수요와 공급의 법칙이란 옛날의 이야기일 따름이다. 대중과 대중의 소비는 조작될 따름이다. 상품과 광고는 조작의 메커니즘일 따름이고, 대중들은 중력과 자력에 이끌리는 쇳가루와도 같은 것들이다.[123]

조작에 의해 움직이는 실제가 없는 사회는 그 아노미 현상을 극복하기 위하여 끝없이 가짜 실제를 주입하기에 힘을 쓴다. 그래서 혹은 거짓 위기를 생산하고 전파하며, 위기를 극복하여 일하는 척하거나 실제가 있는 척한다. 문제를 만들어서 극, 다름, 차이를 생산하기에 바쁜 그런 사회인 것이다.

드릴로가 1985년에 『화이트 노이즈』를 발표하자 미국 학계와 평단은 80년대에 이르러 본격화된 소비사회의 새로운 양식들이 드릴로의 이 소설에서 전형적으로 포착되었다고 인식했다. 가령 지시대상 없는 기표가 실재를 대신했다고 보는 보드리야르의 시뮬라크르나, 후기 자본주의 문화논리의 작동방식을 분석한 제머슨의 이론들이 그의 소설 속에서 문학적 형상화를 얻었다고 보았던 것이다.[124] 즉 텔레비전과 상업광고가 일상의 보이지 않는 목소리(백색소음)를 형성하고, 대형 쇼핑몰에서의 소비행위가 가족생활의 중심을 차지하는 현실은 90년대 이후 우리에게도 이미 낯익은 모습으로 들어온 것이라 하겠다. 이런 점에서 『화이트 노이즈』는 테크놀로지와 소비자본주의가 상호 강화하면서 각 개인의 생활과 그들의 존재 및 사유방식까지 압도하는 현대 미국사회 -미국화된 세계- 의 초상이라 할 만하다.[125]

『화이트 노이즈』는 미국의 블랙스미스라는 소도시에서 평범한 가정을 이루고 있는 잭 글래드니의 삶 속에서 빚어지는 이야기이다. 미국의 블랙스미스란 소도시에 어느날 시커먼 검은 덩어리가 피어오른다. 유독물질을 실은 탱크차가 도시 외곽에서 탈선하면서 도시 전체가 검은 구름에 뒤덮이는 사건이 발생한 것이다. 이 사태로 대학교수로 평화로운 삶을 살던 잭 글래드니 가족에게 시련이 찾아온다. 이들은 끝없이 이어지는 피난행렬에 합류하여 간신히 목숨을 건지고 검은 구름은 결국 자연적으로 흩어지지만, 오염물질에 노출된 잭은 언제 죽을지 모른다는 사망선고를 받게 된다. 문제는 이 사건을 처리하는 시스템의 비인간적 측면들이다. 심각한 피해를 야기한 유독가스 유출이 있었음에도 정부는 이를 데이터화하는 데만 치중하고, 인간 개개인의 생명에는 관심이 없다. 이 데이터는 전문가들의 손에 넘어가고 일반인들의 접근은 통제된다.

여기서 드릴로는 거대해진 테크놀로지와 더이상 이를 통제하지 못하게 된 인간문명의 어리석음을 꼬집고 있다. 충격적인 것은 인간문명이 끊임없이 인재(人災)를 재생산할 동안 잭과 같은 보통 사람들은 각종 상업광고와 TV, 매거진에서 흘러나오는 '소음'에 파묻혀 그 어떤 저항도 하지 못한다는 것이다. 『화이트 노이즈』는 실제 현실과 각종 미디어에서 재생산된 현실 간의 구분이 모호해진 포스트모던 사회를 소설적으로 형상화한 뛰어난 작품이다.

1부에서는 미디어와 죽음, 소비사회 등에 중독된 미국사회를 이야기한다. 먼저 소설속 등장인물들이 미디어의 중독으로 인한 현실과 모사현실의 경계적 인식[126]에 대해 들려준다. 잭의 가족을 묶어주는 것은 라디오와 TV, 그리고 주말이면 함께 하는 쇼핑이다. 특히 큰아들 하인리히는 라디오에 중독되어 눈으로 보이는 현실도 보도와 맞지 않으면 믿지 않는다.

> "오늘 밤에 비가 올 거예요."
>
> "지금 오고 있는데." 내가 말했다.
>
> "라디오에서는 오늘밤이라고 했어요."....
>
> "앞 유리를 봐." 내가 말했다. "저게 비가 아니야?"
>
> "방송에서 들은 대로 말하는 것뿐이에요."
>
> "라디오에서 들었다고 해서 우리의 감각에 대한 믿음을 중지해야 한다는 뜻은 아니야."
>
> "우리의 감각이라구요? 우리의 감각은 맞을 때보다 틀릴 때가 훨씬 많

아요. 이건 실험실에서 입증되었어요. 어떠한 것도 겉보기와 다르다고 하는 그 모든 원리들을 모르세요? 우리 자신의 정신 바깥에는 과거도 현재도 미래도 없어요. 이른바 운동법칙이란 거대한 사기예요. 소리도 정신을 속일 수 있어요. 소리를 못 듣는다고 해서 그것이 저 바깥에 없다는 뜻은 아니에요. 개는 들을 수 있어요. 다른 동물들도요. 그리고 개도 못 듣는 소리가 있다는 걸 확실히 믿어요. 그래도 그 소리는 공기 중에서 파동으로 존재해요. 아마 그런 소리는 결코 그치지 않을 거예요....

"비가 오고 있냐, 아니냐?" 내가 말했다.

"대답을 강요하지 마세요."[127]

글래드니와 아들 하인리히가 주고받은 대화에서 하인리히에게 현재 내리고 있는 비는 '진실' 이 아닌 것이다. 그에게 진실은 라디오이다. 라디오가 오늘밤에 비가 내린다고 예보했기 때문에 지금 내리고 있는 비는 의미가 없다. 오직 그에게 의미의 창이 되어주는 것은 라디오인 것이다. 라디오에서 말해지는 것만이 그에게는 진실인 것이다. 글래드니가 아무리 비라고 해도 소용없다. 그는 내리고 있는 비도 진짜 비인지 그 자체를 인정하려 하지 않는다.

"내 진실이 무슨 소용이에요. 내 진실이란 아무 의미도 없어요."....

"하지만 비가 오고 있는 것을 넌 보고 있잖니?"

"아빠는 태양이 하늘을 가로질러 움직이는 것도 보고 있어요. 그렇지만 태양이 하늘을 가로질러 움직이는 건가요, 아니면 지구가 돌고 있는 건가요?"

"난 그 유추를 받아들이지 않겠어."

"아빤 이게 비라고 너무 확신하고 있어요. 이게 강 건너 공장에서 나오는 황산이 아닌지 어떻게 아시나요?.... 아빤 지금 여기서 답을 원하시죠. 지금 여기서, 이 물질이 비라는 것을 입증할 수 있나요?.... 도대체 비란 게 뭐예요?"[128]

물을 끓여먹어야 한다는 것도 새삼스러운 이야기가 아니지만 스테피에게는 라디오가 말했기 때문에 그렇게 한다. 스테피에게는 앞서 하인리히와 마찬가지로 라디오가 말할 때에 비로소 의미 있게 다가오는 것이다. 라디오가 말하지 않으면 그에게는 진실이 아니다. 오직 라디오만이 진리를 매개하는 장치인 것이다.

"물은 끓여먹어야 돼요." 스테피가 말했다.

"왜?"

"라디오에서 그렇게 말했어요."

"항상 물을 끓여 먹으라고들 하지." 배비트가 말했다. "들을 때마다 새삼스러운 이야기야. 미끄러지는 방향으로 핸들을 돌리라는 것처럼 말이야."[129]

정보사회는 매개를 통하지 않고는 의미전달이 불가능하다. 매개된 정보들, 이미지들, 기표들로 가득차 있다. 텅 빈 기표이면서 히틀러처럼 권력을 누리는 정보사회의 카리스마는 다름 아닌 TV이다. 키세이(Douglas Kessey)는 드릴로의 전 작품을 논의하면서 소비사회의 불경스런 삼위일체를 라디오, TV, 주간지로 꼽았다. 그리고 일사불란한 행진이 우리의 불안을 다스리는 면에서 히틀러, 쇼핑몰, TV가 같다고 말한다. TV는 히틀러를 닮았다는 것이다.[130]

보드리야르의 표현을 빌면 TV가 바로 진실이다. TV는 사람들을 개별화시키고, 그들의 시선을 오직 TV만을 향하게 한다. 그리고 TV

에서 나오는 정보가 세계에 대한 나의 지식을 구성하고, 대화는 그것을 소재로 하며, 거기서 나온 사건과 영웅을 모르면 무시하거나 바보가 되고, 어떤 말이 참인가 거짓인가는 매체에 나온 것을 기준으로 하게 된다. 이제 TV가 진실을 만들며, TV가 바로 진실이다.[131]

TV의 위력과 미국 사회의 선정성을 풍자한 코진스키(Jerzy Kosinski)의 소설 『그냥 있기』(*Being There*, 1971)에서 주인공은 평생 TV를 보면서 살아온 청년이다. 머릿속은 텅 비고 오직 텔레비전 언어와 정원사의 언어밖에 모르는 그는 우연히 세상에 던져지고 장래가 촉망받는 정치인으로 부상한다. 미디어가 낳은 텅 빈 기표의 유희를 코믹하게 풍자한 블랙 코미디다. 드릴로의 암시는 이보다 더 심각하다. 기표는 언어의 내면에 숨은 본능과 연결되기 때문이다. 잭에게 독일어를 가르치는 던 롭은 사랑하던 어머니를 잃고 그 공허를 TV로 메운다. 그리고 그 후 일기예보와 기상학의 전문가가 된다. 기상학은 상실한 어머니의 대체물로 그의 공허와 불안을 충족시키며 그에게 평화와 아늑한 느낌을 주었다.[132]

> "어머니의 죽음이 내겐 엄청난 충격이었소. 난 완전히 맥이 빠졌고 신에 대한 믿음도 잃어버렸소. 위로받을 길 없이 전적으로 나 자신 속으로 침잠해 들어갔소. 그러던 어느 날 텔레비전에서 기상예보를 보았소. 반짝이는 지시봉을 든 기운 넘치는 젊은 남자가 나와서 알록달록한 위성사진 앞에 서서 앞으로 닷새간의 날씨를 예보하더군. 나는 그의 자기 확신과 노련함에 완전히 매료되어 그 자리에 앉아 있었소. 그건 마치 메시지가 기상위성에서 그 젊은 남자를 통해 캔버스의자에 앉은 내게로 전송되고 있는 듯했소. 난 위안거리 삼아 기상학에 관심을 가졌소.... 날씨야말로 내가 평생 추구해온 것임을 깨달았지. 그건 한 번도 경험해보지 못한 평화와 안정감을 주었소."[133]

여기서 미디어의 통제로 인해 모호해진 자아의 개념을 발견할 수 있다. 중세적인 봉건적인 질서 안에서는 가족이 '권위적인 개성을 재생산하는 공장' 이었고 아버지는 가족을 지배하는 위계질서의 상징으로 군림했다. 이것을 심리분석학적으로 말하면 아버지는 초자아이고 자아의 발생을 억압하며 정신적 사회화의 대리인 역할을 하는 것이다.

그러나 광고가 지배하는 자본주의 사회, 즉 자아를 억압하고 통제하던 초자아가 없는 사회에서 대리자아를 찾게 되는데, '자아 이상' (ego ideal)이 바로 그것이다. 사회생활에 필요한 행동의 기준은 이제 더 이상 아버지나 초자아에게서 나오지 않는다. 자아이상이 타인에게서 오는 것이다. 그래서 자아는 자기 자신과 타인을 매개하는 자율적인 주체가 되기 전에 자아이상이 바깥에서부터 직접 자아와 관련을 맺게 된다. 마르쿠제(H. Marcuse)는 이러한 자아의 인간을 '일차원적 인간' 이라고 불렀다. 이러한 인간유형의 사회에서는 대중스타, 광고 안의 탤런트나 배우, 그리고 광고 속의 상품이 자아 이상으로 기능하게 된다.[134)]

글래드니의 동료교수인 머레이에게도 TV는 자아이상으로서 중력의 구실을 한다. 그에게 TV는 자기 지시적이고 자기완결적인 매체이다. 글래드니의 히틀러학과 같은 엘비스 프레슬리학을 개설하기를 꿈꾸는 그는 학생들이 텔레비전을 정크메일이라고 한다면서 자신은 그것을 받아들일 수 없다고 말한다. 그에게 TV와 상품광고는 독송(讀誦)과도 같은 것이다.

> "텔레비전은 정크메일의 다른 이름일 뿐이래요. 하지만 난 그들에게 그걸 받아들일 수 없다고 말합니다. 난 두 달 이상 이 방에 앉아 유심히 듣고

메모하면서 새벽까지 텔레비전을 보고 있다고 일러줍니다. 멋지고도 겸허한 경험이라고나 할까요. 신비한 경험에 가깝지요."

"그래서 얻은 결론이 뭡니까?"....

"파장과 방사지요." 그가 말했다. "텔레비전 매체가 미국 가정의 원동력임을 이해하게 되었지요. 밀폐되고, 시간을 초월하고, 자기 완결적이고, 자기지시적인 매체지요. 그건 마치 바로 우리 집 거실에서 탄생하고 있는 하나의 신화 같고, 꿈결 같고 전의식적인 방식으로 우리가 알고 있는 무엇 같기도 해요. 난 거기 푹 빠져 있어요."

그는 여전히 은밀하게 미소 지으며 나를 쳐다보았다.

"텔레비전 보는 법을 배우셔야 할 겁니다. 그 정보에 자신을 개방해야 한다는 것이죠. 텔레비전은 엄청난 양의 심리적 정보를 제공합니다.... 난 학생들에게 묻습니다. "더 이상 뭘 더 원하느냐?"라고요. 그리드 속에 숨겨진 풍부한 자료를 보세요. 한 꾸러미의 화려한 포장 속에, 경쾌한 광고노래에, 삶의 단면을 보여주는 광고에, 어둠속에서 분출하는 상품들에, 낭독 같고 독송 같은 기호화된 메시지와 끊임없는 반복 속에 숨겨진 것들을 보세요.... 우리가 순수하게 반응할 줄 알고 우리의 신경질, 피로, 염증을 넘어설 줄만 안다면 이 매체는 사실상 신성한 공식들로 넘쳐나고 있어요."[135]

글래드니 가족은 매주 금요일에 갖는 가족모임에서 텔레비전을 본다. TV를 보는 한 가족이 되고 동질성을 느끼며 안도의 숨을 내쉰다. 그것은 하나의 원 안에서 춤을 추고 있다고 느끼게 만드는 아우라이고 인간의 내부에 잠재한 삶본능이다. 그것이 주는 쾌락은 죽음본능에 뿌리내리고 있다.[136] 가족들은 한자리에 모여 재난 다큐멘터리를 보면서 '숭고'의 감정을 경험할 수 있다.

"금요일인 그날 관습과 규칙에 따라 우리는 중국음식을 사가지고 와서 텔레비전 앞에 모여 앉았다. 홍수, 지진, 산사태, 화산분출 장면들이 방영되었다. 우리가 금요일 가족모임이라는 의무에 이날만큼 집중한 적은 한 번도 없었다. 하인리히는 뚱하지 않았고 나는 지루해하지 않았다. 남편이 자기 아내와 말다툼하는 시트콤을 보다가 울음을 터뜨릴 뻔했던 스테피도 재난과 죽음을 다루는 다큐멘터리 장면들에 완전히 몰입된 것 같았다.... 그 일 말고는 우리는 조용히 집들이 바닷속으로 쓸려 들어가고 밀려드는 용암덩어리에 마을 전체가 뿌지직 부서져 불타는 장면들을 계속 시청했다. 재난 장면이 나올 때마다 우리는 더 많은 것을, 더 크고 더 장엄하고 더 압도적인 것을 원했다.[137]

여기서 잠시 칸트의 숭고미(the sublime)에 대해 살펴보자. 칸트는 자연의 역학적 숭고와 관련, 위력이란 큰 장애를 압도하는 능력이라고 말한다. 동일한 위력이 자체로 위력을 보유하고 있는 것의 저항에 대해서도 압도적일 경우, 그 위력은 강제력이라고 한다. 자연은, 감성적 판단에 있어서 우리에게 어떠한 강제력도 없는 위력으로 고찰된다면, 역학적으로 숭고하다. 그리고 우리가 자연을 역학적으로 숭고하다고 판정하려면, 그것은 공포를 일으키는 것으로 표상되어야만 한다. 왜냐하면 감성적 판정에 있어서 장애를 압도하는 우월성은 단지 저항의 크기에 따라서만 판정될 수 있기 때문이다. 그러나 이제 우리가 저항하려고 노력하는 대상은 곧 악이며, 우리가 우리의 능력이 그것을 감당할 수 없음을 아는 경우라면, 그것은 공포의 대상이 된다. 그러므로 자연은 감성적 판단력에 대해 그것이 공포의 대상으로 고찰되는 한에서 위력으로 간주될 수 있으며 따라서 역학적으로 숭고하다고 간주할 수 있다. 그리고 만약 우리가 안전한 곳에 있다면, 그 광경이 두려우면 두려울수록 그만큼 더 매력적인 것이 되고, 그래서 우리는 이러한 대상들을 거꺼이 숭고하다고 부른다. 왜냐하면 이런 대상들은 정신력을 일상적인 평범함을 넘어서도록 고양시켜주며, 또 우리 내부에 있는 전혀 다른 종류의 저항 능력, 즉 절대적인 것처럼 보이는 자연의 엄청난 위력에 우리 자신을 견주어볼 수 있는 용기를 마련해주는 저항능력을 발견하도록 하기 때문이다.[138)]

글래드니 가족이 TV의 재난보도를 통해 단지 재난보도의 스펙터클을 즐기는 것이 아니라 공포를 주는 가공할 위력 앞에서 살아있음에 대한 안도감을 '소비' 하는 것이다. 그 소비는 인간의 죽음본능 앞에서 살아있음을 확인시켜주는 '생산적 위로' 인 셈이다. 이로 인해 가족들은 위안을 얻고 살아갈 용기를 다지게 된다. 이렇게 볼 때 TV의 재난보도는 칸트적 숭고미로 살펴보면 삶본능을 고양시켜주는 긍정적 작용을 한다고 할 수 있다. 문제는 TV가 재난보도를 하는 방식이다. 시청자들이 재난보도 자체를 스펙터클화하지 않으면 외면하기 때문에 갈수록 스펙터클 경향을 추구하게 되는 것이다.

『화이트 노이즈』 제2부에서는 보드리야르가 말한 시뮬라시옹(simulation)을 재현한다. 소설 속에서 공중 독가스 유출사건이 발생하자 재난현장은 모의대피 프로그램(시뮬라시옹)의 모델로 이용된다. 즉 실제 일어난 사건이 이미 만들어놓은 모의대피 프로그램에 맞추어 대응방안을 찾아나가는 모순적인 일이 발생하는 것이다.

먼저 공중 독가스 유출사건에 대한 라디오의 보도는 터무니없는 것이다. 정보 홍수시대에 살고 있지만 정작 사건이 발생하자 이에 대한 정확한 정보는 전달되지 않는 아이러니가 발생한다. 그럼에도 미디어에 중독된 사람들은 라디오의 정보를 믿는다. 라디오는 처음에 독가스유출사건이 아닌 단순 사건으로 보도했다. 그러다 점차 라디오는 공중 독가스 유출사건으로 정정한다. 치명적인 사건임에도 불구하고 사람들은 사건의 실체를 접할 수 없어 대처방법을 모르고 허둥지둥한다.

글래드니와 가족들은 이미 유독가스 공중 유출이 진행되고 있음에도 라디오나 텔레비전에서 정확한 사건의 실체를 보도하지 않아 심각하게 생각하지 않고 있다. 라디오에 중독된 하인리히는 라디오가 심각하게 보도하지 않기 때문에 심각한 일이 벌어진 것이라고 생각하지 않는다. 이들에게는 라디오가 어떻게 보도하는가가 중요할 뿐이다.

배비트와 하인리히가 검은 소용돌이 구름이 자기 집으로 올 수 있다고 말하자 아버지인 글래드니는 그런 일은 없을 거라고 말한다. 글래드니는 그 증거로 텔레비전에서 자신들이 살고 있는 곳과 같은 부유한 마을에서 재난이 일어나는 장면을 방송한 적이 없다고 강조한다. 재난이나 인재는 가난한 사람이 사는 마을에서나 일어나는 일이며, 이는 텔레비전 재난방송에서 늘 확인하는 것이라고 말한다. 즉 글래드니는 부자동네에서 재난이 발생하는 보도를 텔레비전에서 거의 방영하지 않았기 때문에 부자동네에서는 재난이 실제로도 일어나지 않는다고 생각하는 것이다.

하지만 이는 독해체계를 독점한 미디어가 만들어낸 편견일 가능성이 크다. 글래드니는 텔레비전이 만들어낸 파생실재를 진짜 현실로 믿는 것이다. 달리 말하면, 이는 매체에 의해 재생산된 현실이 추상성을 갖는다는 보드리야르의 말과 연결된다. 현실이 매체에 통해 전달될 때 어떤 질서 체계로서의 이데올로기적 구조 속에 놓여있는 기호로서 추상화된다는 것이다.[139] 가령 텔레비전에서 사건과 스펙터클, 뉴스와 광고는 서로 단속적으로 이어지지만 서로 모순되지 않는 메시지, 즉 방송이라는 추상적 차원에서 다른 기호들과 조합될 수 있는 기호로서 추상화된다. 현실세계의 독해체계를 결정하는 매체의 추상성은 사건들이 지니는 고유한 성격들을 약화시키고 중성화시킨다. 따라서 매체를 통해 확인하는 일상적 현실이란 현실자체가 아니라 현실의 현기증으로 바뀌게 된다.

> "이런 일은 노출된 지역에 사는 빈민들에게나 일어나는 법이야. 이 사회는 가난하고 못 배운 사람들이 자연재해나 인재의 주된 타격을 받도록 생겨먹었어. 저지대 사람들이 홍수피해를 받고, 판자촌 사람들이 허리케인이나 토네이도에 당한단 말이야. 난 대학교수야. 당신 텔레비전에서 홍수장면을 보여줄 때, 대학교수가 자기 동네에서 보트 타고 노 젓는 장면을 본 적 있어? 우리는 고상한 이름을 가진 대학 근처의 말끔하고 쾌적한 마을에 살고 있어. 이런 일은 블랙스미스 같은 곳에선 일어나지 않아."[140)]
>
> "난 그냥 대학교수가 아냐. 학과장이라구. 유독가스 공중 유출사건으로 대피하는 내 모습은 상상할 수 없어. 그건 초라한 시골 마을의 이동식 주택에 사는 사람에게나 일어날 법한 일이야. 물고기 부화장이 있는 그런 곳 말이야."[141)]

글래드니 가족은 "모든 거주지를 떠나시오. 지금 당장 떠나시오. 유독가스 사건입니다. 화학물질 구름입니다."[142)]라는 확성기의 말을 듣고 집을 떠난다. 미디어가 보도한 대로 부유한 마을에서는 재난이 일어나지 않을 것이라고 말하던 글래더니는 그제야 위험이 자신들에게도 닥쳐옴을 인식한 것이다. 사건은 점차 윤곽을 드러낸다. 당국은 당초 '깃털구름' 으로 발표했지만 '검은 소용돌이구름' 으로, 이어 '유독가스 공중유출사건' 으로 정정한 것이다.

하인리히는 라디오에서 “전에 방송한 것처럼 현기증이나 구토, 숨가쁨을 유발하지 않고. 대신 가슴이 두근거리고 ‘데자뷰’ 현상(실제로는 처음 대하는 것을 전에도 경험한 것으로 느끼는 정신현상)이 생기는”143) 것으로 정정방송을 했다고 말한다. 그런데 스테피가 데자뷰현상을 보였다. 라디오에서 정정방송을 했지만 스테피는 이를 듣지 못해 앞서 말한 증상을 보인 것이다. 글래드니는 아이들이 라디오에서 데자뷰 현상에 대해 들었기 때문에 마치 실재하는 것처럼 흉내낼 수도 있는지도 모른다고 생각했다. 만약 스테피가 의식불명, 경련 등의 정보를 라디오에서 들었다면 그 증상까지도 나타냈을지 모른다.

> 화학물질 폐기물에 노출된 사람이 데자뷰 현상을 경험하게 된다고 내게 말해준 건 하인리히였다. 그가 그 말을 했을 때 스테피는 그 자리에 없었지만 부엌 라디오에서 이 내용을 들었을 수도 있다. 십중팔구 스테피와 데니스가 라디오에서 손바닥에 땀이 나고 구토하는 증상에 관해 듣고 나서 그들이 실제로 그런 증상을 보였을 것이다.... 그렇지만 데자뷰 현상은 아미 나이어딘 감염의 주효한 증상이 아니었다. 의식불명, 경련, 유산이 데자뷰 현상을 대체했던 것이다. 만약 스테피가 라디오에서 데자뷰에 관해서 들었으되 나중에 이것이 더 치명적인 상태로 진전되었다는 정보를 놓쳤다면, 그것은 이 아이가 자기 자신의 암시 기제에 속을 수 있는 처지에 있다는 뜻일 수도 있다. 이 아이들은 뒤늦게 손바닥에서 땀이 났고, 뒤늦게 메스꺼워하더니, 또다시 뒤늦게 데자뷰 현상을 호소했다. 이 모든 것이 무엇을 의미하는 걸까?.... 이 아이가 암시를 너무 잘 받아들여서 방송되는 증세를 다 나타내게 될 것인가?144)

여기서 미디어 중독을 넘어 이른바 ‘미디어를 통한 자기재현’의

문제를 생각해볼 수 있다. 미디어가 말해지고 보여준 것만이 일상생활에서 그 가치를 지닐 수 있다면, 미디어가 재현하는 것은 현실에서도 그대로 재현되어야 하는 것이다. 데자뷰현상은 라디오에서 증상을 말했기 때문에 아이들은 그 증상이 자신에게 '발생' 해야 하는 것이다.

그래서 급기야 배비트는 글래드니에게 라디오를 꺼는 게 좋겠다고 말한다. 아데자뷰 단계에 있는 아이들이 라디오에서 더 치명적인 증상을 일으킬 수 있다는 말을 듣는다면 그 증상마저 보일 수도 있기 때문이다.

> "라디오는 꺼두는 게 좋겠어요." 그녀가 속삭였다. "그래야 딸애들이 안 듣지요. 걔들은 아직 데자뷰 단계에서 벗어나지 못했거든요. 그런 정도로 묶어두는게 좋겠어요."
>
> "그 증세가 진짜면 어떻게 하려고?"
>
> "어떻게 진짜일 수 있겠어요?"
>
> "그러지 말란 법도 없잖아."
>
> "애들은 방송될 때만 그런 증세를 보여요." 그녀가 속삭이듯 말했다.[145)]

유독가스 공중유출사건의 재난대피는 주정부의 모의대피 프로그램(시뮬라시옹)에 따라 이루어지고 있는 것으로 드러난다. 유독가스 공중유출사건은 가상대피때 적용하기 위해 만들어놓은 컴퓨터의 모의대피 프로그램에 따라 처리되고 있는 것이다. 글래드니가 유독가스에 노출된 것을 알고 현장에 있던 요원에게 가서 자신의 상태에 대해 문의를 하다 이러한 사실을 발견한다. 실제 사건이 모의 프로그램에 따라 처리되는 것이다. 즉 보드리야르가 말한 시뮬라시옹(모사현실)이 실재보다 선행하고 있다. 실재가 시뮬라시옹을 만들어내는 것이 아니라, 거꾸로 모사현실이 실재를 만들어내는 것이다.

그래서 가상대피 프로젝트의 담당자들은 실제 사건을 자신들의 모의대피 계획의 자료로 이용하고, 단지 그런 관점에서 의미를 부여할 뿐이다. 이들에게 개인의 목숨과 안위는 하나의 데이터로서, 혹은 모의 대피 훈련 수행을 방해하는 부수적 피해 정도로 인식되는 것이다. 이렇듯 물화되고 가상화된 현실 속에서 인물들은 점차 죽음에 강박되는 것이다.

"(완장에 쓰인 말을 가르치며) 씨뮤백(SIMUVAC)은 무슨 뜻이죠? 중요한 말인 것 같네요."

"모의대피(simulated evacuation)의 약자입니다. 재원확보를 위해 분투중인 새로운 주정부의 프로그램입니다."

"하지만 이번 대피는 모의가 아니잖습니까? 이건 실재인데요."

"알고 있습니다. 하지만 이번 사건을 모델로 이용할 수 있을 거예요."

"일종의 훈련으로 말입니까? 모의훈련을 위해 실제 사건을 이용할 수 있다고 생각하는 말씀인가요?"

"우린 곧바로 실전에 적용해봤어요."

"어떻게 되어가고 있습니까?"

"삽입곡선 그래프가 우리가 원하는 만큼 매끄럽지는 않습니다. 확률 오차가 있으니까요. 게다가 실제 모의훈련이라면 희생자들을 눕혀두었을 그런 장소에 희생자들을 눕혀놓지도 못하고 있습니다. 달리 말하자면, 희생자들을 있는 그 자리에 둘 수밖에 없다는 것이지요. 우린 급증하는 컴퓨터 소통량을 감당하지 못했어요. 유독물질이 갑자기 유출되어 이 지역 전체에 삼차원적으로 흘러넘친 겁니다. 오늘밤 목격하는 모든 일이 실제 상황이라는 사실을 고려하셔야만 합니다. 아직 해야 할 마무리 작업이 남아 있어요. 하지만 그런 걸 하는 게 바로 이 훈련입니다."

"컴퓨터는 어떻습니까? 지금 시스템을 통해 운용하고 있는 것은 실제 데이터 입니까, 아니면 훈련용 자료일 뿐입니까?"[146]

정보화시대에 엄청난 지식과 정보가 교환되지만 실제 사건이 일어났을 때에는 정부나 텔레비전 모두 정작 어떤 정보도 제공하지 않는다. 그래서 잭의 아들 하인리히는 정부의 위기대응능력 부재와 함께 정보홍수시대에 역설적으로 정보의 부재를 느끼며 "까마득한 과거로 내던져진 것 같다."고 비꼬듯이 말한다.

"갑자기 까마득한 과거로 내던져진 것 같아요."아이가 말했다....

"만일 내일 잠에서 깨어났을 때 아빠가 중세에 와 있고 그곳에 전염병이 창궐하고 있다면 할 수 있는 일이 뭐가 있나요? 의학과 질병에 관한 수많은 지식이 있다한들 말이에요. 여기는 거의 21세기이고 아빠는 과학과 의학에 관한 수백 권의 책과 잡지를 읽었고 텔레비전 프로그램도 엄청나게 보셨잖아요. 150만의 목숨을 살릴 수 있는 사소하지만 핵심적인 한 가지를 그 사람들에게 말해줄 수 있나요?"

" '물을 끓여서 먹어야 합니다.' 그렇게 말해주겠어."....

"지식이 허공중에 떠돌아다니기만 한다면 무슨 소용이 있겠어요? 지식은 컴퓨터에서 컴퓨터로 이동하지요. 그것은 매일 매순간 변하고 자라요. 하지만 어떤 것에 대해 실제로 아는 사람은 하나도 없어요."[147]

보드리야르는 정보와 통신의 발달은 동시성을 가져옴과 동시에 대중성을 유발한다고 지적한다. 동시에 제공되는 정보는 전체를 하나로 만들어 차이를 제거하고 거리를 제거함으로 하여 역설적으로 의미를 제거한다는 것이다. 그래서 정보가 제공되면 될수록 의미는 사라진다. 모든 것이 미분화의 덩어리 속으로 함몰된다.[148] 이 단계가 보드리야르가 말한 '함열' (implosion)[149]의 상태다. 함열은 시뮬라크르의 가장 대표인 기호만이 남아 실재를 대체하는 현상이다. 이는 대중매체가 현실을 반영하는 매개체가 아니며 본질적으로 반중재적이고 비추이적이며 의사소통을 방해하는 일방적 매체라는 것이다.

현실은 미디어의 재현에 의한 현실이 되면 그 현실은 언제든지 미디어의 필요에 따라 절취될 수 있다. 그 절취된 만큼 현실은 미디어 통제의 영역에 있다고 할 수 있다. 텔레비전에 의해 세계에 대한 독해체계가 독점 당하게 된 것이다. 즉 텔레비전에 의해 제공하는 일방적인 정보는 정작 현실에서는 정보로서의 의미를 지니지 못하는 것이다.

소설 속에서 텔레비전은 정작 유독가스 공중 유출사건에 대해 보도조차 하지 않는다. 왜냐하면 수백 명의 사상자도 발생하지 않았기 때문이다. 즉 텔레비전은 "2백 명이 죽고 희귀한 재난장면이 벌어져야만 헬기가 뜨고 방송사 기자들이 리무진을 타고 현장으로 몰려오는"것이다. 대피소에서 조그만 TV를 든 한 남자의 연설은 이런 텔레비전의 속성을 고발하고 있다.

> "방송엔 아무것도 나오지 않았습니다." 그가 우리에게 말했다. "한마디 말도, 화면 하나도 나오지 않았어요. 글래쓰버러 채널에서.... 화면 하나, 생방송 기사 하나 없었습니다. 이런 종류의 일이 너무 자주 일어나서 이젠 아무도 관심을 갖고 있지 않는 걸까요? 그 사람들은 우리가 어떤 일을 겪었는지 알고나 있는 걸까요? 우리는 놀라서 죽을 지경이었습니다. 지금도 그렇구요. 우리는 집을 떠났고, 눈보라 속에서 차를 몰았고, 유독가

스 구름을 목격했어요. 우리 위쪽 바로 거기에 있었던 그것은 치명적인 유령 같았습니다. 아무도 그런 것에 대해 내실 있는 취재를 하지 않는다는 게 말이나 됩니까? 삼십 초도, 이십 초도 안 됩니까? 그들은 이 일이 중요하지 않다고, 사소한 일이라고 우리에게 말하고 있는 겁니까?.... '텔레비전 방영은 이미 너무 많이 했어, 더 보여줘봐야 뭐 하겠어?' 이런 식인가요? 그들은 이게 실제상황이라는 걸 알지 못하는 건가요?.... 이백 명이 죽고 희귀한 재난 장면이 벌어져야만 그들은 헬기와 방송사 리무진을 타고 현장에 몰려오는 걸까요?... 주위를 둘러봐도 공식적인 방송기관의 반응은 전무합니다. 유독가스 공중유출 사건은 소름끼치는 일입니다. 우리의 공포는 어마어마합니다. 인명 손실은 크게 없었다 해도 우리의 고통에 대해서, 우리의 인간적 염려와 공포에 대해서 조금이라도 관심을 보여야 하지 않습니까? 두려움은 뉴스거리도 안 된다는 건가요?"

소설에서 텔레비전 매체는 유독가스 유출사건으로 인해 치명적인 유독물질이 난무하지만 즉각적인 인명손실이 발생하지 않는다며 현장취재도 하지 않은 채 재난보도에는 소홀하다. 즉 스펙터클이 없는 재난사건은 더 이상 재난사건으로 의미가 없다. 미디어가 보도하지 않으면 현실에서도 그 사건은 의미가 없고 심지어 일어난 사건이 아닌 것이다.

반면 3부에서 알 수 있듯이, 폭설에 대해 텔레비전은 민감하게 보도한다. 흥분한 사람들은 폭설예보를 듣고 허둥지둥 슈퍼마켓으로 달려가 사재기를 했다. 텔레비전이 눈을 예보하면서 사람들을 죽을 만큼 겁에 질리게 했기 때문이다. 이는 스펙터클을 추구하는 텔레비전의 즉물성을 그대로 드러내주는 것이다. 스펙터클화 경향은 드보르 등이 지적한 현대 소비사회의 산물이다. 드보르가 말한 것처럼 스펙터클은 그 자신 이외의 다른 것을 목표로 하지 않기 때문에 오직 스펙터클한 재난사건만이 스펙터클 뉴스로 '각광' 받으면서 '소비' 되는 것이다.

> 텔레비전에서 근엄한 표정의 남자들이 디지털 레이더 지도나 순간순간 바뀌는 지구사진 앞에서 임박한 재난예보를 할 때면, 특히 노인들이 그런 뉴스에 민감했다. 그들은 정신없이 서두르며 악천후가 밀어닥치기 전에 물건을 사재려고 슈퍼마켓으로 몰려들었다.... 노인들은 공포에 질린 채 쇼핑을 했다. 텔레비전은 그들을 분노로 가득 차게 하지 않을 때면, 죽을 만큼 겁에 질리게 만들었다.[150]

영상으로 옮겨지는 순간 재난은 실재보다 더 리얼하고 공포는 쾌락으로 변질된다. TV는 모든 공포를 모아 소비사회에 떠도는 유령인 죽음충동을 충족시키는데 봉사한다.[151] 어느 집 뒷마당에 죽은 시체가 묻혀있다는 제보가 들어와 TV가 시체발굴 현장을 중개하는데, 예상보다 시체 수가 적었다. 그러자 기자도 시청자도 실망한다. 이는 TV가 재난에 대한 보도를 할 경우 점점 더 재난의 강도를 높이지 않으면 온갖 광고와 이미지에 지친 소비자에게 충격을 줄 수 없다는 것을 의미한다.

> "그날 밤 텔레비전에서 경찰들이 베이커스빌에 있는 어떤 사람의 뒤뜰에서 시체가 든 가장을 실어내는 뉴스를 보았다. 기자는 시체 두 구가 이미 발견되었지만. 더 많은 시체가 바로 이 뒤뜰에 묻혀 있을 거라고 보도했다. 어쩌면 엄청나게 많을 수도 있다고 했다. 스무 구, 서른 구가 될 수도 있으며, 확실히 아는 사람은 아무도 없다고 했다. 기자는 그 구역을 가로질러 팔을 한번 휘둘렀다....

사흘밤 후 나는 이리저리 떠돌다가 하인리히의 방으로 들어갔다. 텔레비전이 잠시 이 방으로 옮겨져 있었다. 아이는 모자 달린 운동복을 입고 바닥에 앉아서 바로 그 장면을 생중계로 보고 있었다. 뒤뜰에는 투광조명이 비춰지고 곡괭이와 삽을 든 남자들이 흙더미 사이에서 작업하고 있었다.... 그 기자가 최근 소식을 전하고 있었다. 경찰은 확실한 정보가 있다고 말했고, 인부들은 조직적이고도 노련했으며, 작업은 이미 72시간 이상 진행되고 있었다고 했다. 하지만 시체는 더 이상 나오지 않았다.

기대가 무너졌다는 느낌이 너무도 압도적이었다. 슬픔과 공허감이 현장에 드리워졌다. 실의와 음울함이 가득했다. 말없이 이 장면을 지켜보던 아들과 나도 그런 감정을 느꼈다. 그 느낌은 전파를 통해 공기 속으로 스며들어 방안에 퍼졌다. 기자는 처음에는 그냥 사과하는 투였다. 하지만 다량의 시체가 없다는 문제를 계속 언급하면서 점점 절망적인 빛을 띠더니, 인부들 쪽을 가리키며 고개를 내저을 때는 동정과 양해를 간청할 것 같은 태세였다.

나는 실망하지 않으려고 애썼다.[152]

사람들은 정보의 홍수 속에서 지친다. 이때 기표에 오염된 뇌는 돌파구를 원하고 TV는 파국을 보여주어 그들을 기쁘게 한다. 화제, 지진, 홍수, 대량학살 등 재난의 보도를 사람들은 즐긴다. TV는 인간의 내부에 잠재한 삶본능의 다른 얼굴인 죽음본능을 자극하고 만족시킨다. 지루한 반복과 정보의 홍수에서 도피하여 평화를 추구하는 죽음본능은 파괴의 얼굴을 지닌다. "왜 점잖은 사람들도 TV에서 보도되면 재난과 참사를 즐기는가." 이 질문은 "왜 교양 있던 독일인들이 히틀러의 카리스마에 매혹되었던가"라는 질문과 같다. 그것은 그들의 파괴본능을 충족시켰기 때문이다. 완벽한 쾌락을 줄 것 같은 소비사회가 그것을 줄 듯 줄 듯 하면서 주지 못할 때 인간은 가끔씩 돌

파구를 위해 재난의 보도를 요구한다.[153]

다른 한편으로, 드릴로는 이 소설에서 칸트적 숭고미, 즉 자연의 역학적 숭고미와 함께 포스트모던 세계의 숭고미[154]에 대해서도 이야기한다. 칸트적 숭고, 즉 자연의 역학적 숭고의 경우 우리에게 어떠한 강제력도 없는 위력이기 때문에 두려우면 두려울수록 더 매력적으로 느끼게 된다. 반면 포스트모던 숭고미의 경우 자연의 산물이 아니라 테크놀로지의 산물이어서 그 자체가 섬뜩한 불길함을 내포하고 있다. 다음은 잭과 그의 가족들이 눈보라가 흩날리는 밤 교외에 있는 대피시설로 가던 도중 긴 차량 행렬 속에서 헬기의 조명을 받는 유독가스 구름을 목격하면서 공포와 경외감에 압도당한다.

거대한 검은 덩어리가, 나선형 날개 달린 갑옷을 입은 생물들의 호위를 받으며 밤하늘을 가로지르면서, 마치 북유럽 신화에 등장하는 죽음의 배처럼 움직이고 있었다. 우리는 어떻게 반응해야 할지 자신이 없었다. 그것은 너무도 가깝고 너무도 낮게 깔려 있으며, 염화화합물과 벤진, 페놀, 탄화수소, 혹은 그 밖의 무엇인지 정확히 알수 없는 유독성분으로 뭉쳐져 있어 보기에도 끔찍한 것이었다. 그러나 그것은 또한 장관이었고 획기적인 사건다운 웅장함을 지니고 있었으니, 조차장의 그 생생한 장면이나 박탈당한 자의 비참한 무리로서 아이들과 음식과 가재도구를 챙기고 눈 내리는 구름다리를 터덕터덕 건너던 사람들의 장면과 비슷했다. 우리는 공포와 더불어 종교적인 것에 근접하는 경외감을 느꼈다. 우리의 생명을 위협하는 그것에서 경외감을 느끼고, 그것을 우리 자신보다 훨씬 크고 강력하며 원초적이고 자의적인 리듬에 의해 생겨난 어떤 우주의 힘으로 보는 것은 확실히 가능한 일이다. 그것은 실험실에서 만들어진 죽음으로서 분명히 정의되고 측정될 수

> 있는 것이었지만, 당시 우리는 그것을 단순히 원시적인 방식으로 받아들여서 홍수나 토네이도처럼 철마다 일어나는 지구의 변덕으로서 통제 불가능한 어떤 것이라고 생각했다. 우리는 너무도 무력했기 때문에 그것이 인재(人災)라는 생각을 떠올릴 수 없었다.[155]

이 재난은 그 규모나 충격의 면에서 단테의 지옥 편을 연상시키며 사람들이 대피하는 광경에는 엑서더스의 장중함이 깃들어 있지만, 여기서 묘사된 현대의 재난을 목격하는 독자는 이전의 서사적 비극과는 다른 섬뜩한 불길함에 사로잡힌다. 인간 자신이 만든 재난 앞에서 어떤 반응을 보여야 할지 알 수 없다는 이 진술은 잭이 느끼는 공포와 경외감 모두 부자연스러운 것, 즉 "자연으로부터 유리된 욕망"으로서 테크놀로지의 산물임을 암시한다. 유독가스 잔여물이 섞여 현란하게 아름다워진 일몰을 보며 잭 일가는 위로받기도 하지만, 포스트모던 세계의 이 '숭고미'에 깃든 불길함을 떨치기에는 역부족이다.[156]

즉 포스트모던 세계에서의 숭고는 지구의 변덕에 의해 원시적이고 자연적인 재해에서 오는 것이 아니라 테크놀로지의 산물로 야기되는 것이다. 자연적인 재난이 아니라 테크놀로지에 의한 인재인 것이다.

이 소설에서 글래드니 가족들은 결핍을 채워줄 것 같은 미디어와 상품사회를 빨아들이고 그 힘으로 버틴다.[157] 텔레비전의 힘은 이미지이므로 그 이미지는 상품사회의 소비자들을 유혹하는 능력이 있다. 텔레비전의 이미지는 사람들의 상상력에 잠입하여 그들의 상상력 발동을 텔레비전의 이미지와 중첩되게, 또는 불가분의 관계로 설정한다. 따라서 텔레비전의 상업적 이미지는 모든 것을 매개, 중재하는 셈이다. 이 작품에도 좋은 예가 있다. 글래드니가 그의 딸 스테피

가 잠결에 속삭이는 내용을 들었을 때, 그것은 그에게 "마치 제식의 의미를 가지는 것처럼, 그리고 주술적 언어의 일부나 무아경의 성가" 인양 들렸다. 그는 스테피의 깊은 무의식으로부터 비밀의 단어들을 듣기 위해 머리를 앞으로 내민다. 그러나 그가 듣는 것은 단지 자동차의 이름들인 "도요타. 코롤라, 셀리카, 토요다 크리시다"등이다. 글래드니는 왜 그 단어들이 "아름답고 신비롭고 어렴풋한 경이감"이 있는가, 그 원천이 무엇이든지 간에, 어째서 그 발언이 찬란한 황홀경의 순간으로 그를 강타하는 영향력을 가지는가에 대해 궁금해 한다.[158]

잠시 후 아이는 다시 잠꼬대를 했다. 이번에는 잠결에 중얼거리는 소리가 아니라 또렷한 음절들이었지만 이 세상의 언어는 전혀 아니었다. 나는 알아들으려고 애썼다. 아이가 확실한 의미단위로 짜 맞혀지는 어떤 것을 말하고 있다는 확신이 들었다. 아이 얼굴을 보면서 기다렸다. 십 분이 흘렀다. 아이는 분명하게 알아들 수 있는 두 단어를 말했다. 친숙하면서도 손에 잡히지 않는, 말로 하는 주문이나 황홀경에서 읊는 멜로디의 일부처럼 의식적(儀式的)인 의미를 지닌 그런 단어들이었다.

도요타 쎌리카

한참이 지나서야 이것이 자동차 이름이라는 것을 깨달았다. 이 사실을 알고 나서 나는 한층 더 자지러지게 놀랄 뿐이었다. 그 말은 아름답고 신비했으며 아련한 경이로움으로 반짝거렸다. 그것은 쐐기꼴로 명패에 새겨 하늘에 띄운 고대 권력자의 이름 같았다. 그 이름은 상공에 뭔가가 떠돌고 있다고 느끼게 했다. 하지만 어떻게 이럴 수가 있겠는가? 단순히 상표명이고 평범한 승용차인 그것이. 불안한 잠결에 아이가 중얼거린 거의 별 의미 없는 이 단어가 어떻게 나로 하여금 의미를, 하나의 존재를 감지하게 만들 수 있단 말인가? 아이는 그저 TV에나오는 어떤 목소리를 따라하고 있었던 것이다. 도요타, 코롤라, 도요타 쎌리카, 도요타 크레씨다. 컴퓨터로 합성된, 다소간 보편적으로 발음될 수 있는 초국가적인 이름들.... 이 말이 어디서 나왔든지 간에 그것은 눈부신 초월의 순간에 겪는 충격으로 내게 다가왔다.[159)]

『화이트 노이즈』에서는 문맥에 상관없이 툭툭 튀어나오는 상표명과 아이들의 무의식까지 침투해 들어간 광고문구, 무시로 흘러나오는 텔레비전 소리 -이 소리들은 소설의 저변에서 끊임없이 울리는 '하얀 소음' 을 형성하고 있다- 는 이들의 일상이 소비주의의 위력에 저항할 여지없이 포획되었음을 알리는 효과적인 장치로 작동한다.[160)]

대중매체 시대의 사회현상에 주목했던 보드리야르는 시뮬라시옹 이론을 통해 "실재가 이미지와 기호의 안개 속으로 사라진다"는 명제로 대중매체 시대에 실재의 세계가 소멸된다는 점을 함축적으로 표현하고 있다.[161)] 보드리야르가 말한 대로 『화이트 노이즈』에서 개인으로서의 존재는 기호의 조작과 계산속에서 사라진다. 상표가 아이들의 무의식까지 파고들어간 것이다. 소비사회에서 소비의 진정한 주체는 개인이 아니라 기호의 질서가 되는 것이다. 사물이나 개인의 존재는 기호의 질서안에서 흡수되고 소멸된다.

> 그녀(배비트)에게 두려운 것은 홀로 남겨진다는 것이다. 공허, 온 우주에 드리운 암흑이 두려운 것이다.
>
> 마스터카드, 비자, 아메리칸 익스프레스.
>
> 나는 내가 먼저 죽고 싶다고 말한다. 그녀에게 너무도 익숙해져서 가련할 만치 결핍감을 느낄 테니까.[162)]

글래드니 부부가 죽음에 대해 생각하는 이 장면에서 갑자기 "마스터카드, 비자, 아메리칸 익스프레스"와 같은 신용카드 상표가 언급된다. 글의 전개과정에서 문맥에 전혀 관계없는데도 이는 다분히 의도적이라고 할 수 있다.

이 정도로 텔레비전 혹은 텔레비전 광고의 이미지는 모든 이의 무의식을 어떤 구조로 형상화한다. 왜냐하면 현대인의 주체는 대중매체가 산출하는 이데올로기 내에서 구성되고 주형되기 때문이다. 이 이데올로기적 패러다임은 라캉의 정의인 "무의식은 언어처럼 구조화되어 있다."와 등가이다. 왜냐하면 라캉에 의하면 무의식은 억눌려진 열망과 본능적 충동의 자족적인 영역에 의해서라기보다는 완전히 기표의 질서에 의해 조종되기 때문이다.[163)]

앞서 살펴본 바대로, 비릴리오에 의하면, 기술영상 시대에는 우발성의 원리에 따라 영상들이 갑자기 하나의 형세를 이룸으로써 기억으로서의 문화가 만들어진다고 한다. 의식적으로 전혀 예측하지 못했던 것들이 영상을 통해 서로 결합되고 축적됨으로써 의식적인 기억보다 무의식적 기억이 가능해진다는 것이다. 이 소설에서 불쑥불쑥 튀어나오는 상품명은 다름 아닌 주인공들의 무의식적 기억이 축적되어 이루어지는 것이라고 할 수 있다.

마지막으로 드릴로는 『마오Ⅱ』에 이어 『화이트 노이즈』에서도 현대 소비사회의 죽음의 문제를 엿보게 한다. 죽음의 문제는 이 소설 어디에서나 만날 수 있다. 글의 전개과정과는 관계없이 불쑥불쑥 죽음의 그림자가 튀어나와 죽음의 공포를 환기시킨다.

현대 사회에서 신문매체의 부고란은 산 자에게는 살아있음을 안도[164]하면서 죽음을 생각하게 하는 억압적인 공간이기도 하다. 즉 신문의 부고란은 죽은 자의 정보를 대면함으로써 산 자 또한 죽음에 강박되어간다. 이 소설은 잭을 비롯해서 등장인물들 대부분 미디어를 통해 '소비'되는 죽음을 마주칠 때마다 죽음의 공포를 체험한다. 그럴수록 이들은 텔레비전을 보거나 쇼핑을 함으로써 살아있음에 안도하면서 삶의 본능을 추구한다.

> 부고란을 읽을 때마다 나는 언제나 죽은 이의 나이를 확인한다. 그러면서 저절로 그 숫자를 내 나이와 연결 짓게 된다. 사년 남았구나, 라고 나는 생각한다. 구년 더 남았네. 이년 있으면 난 죽는구나. 죽는 때를 생각할 때보다 숫자의 힘이 더 명백해지는 순간은 없다. 때때로 나는 자신과 흥정하기도 한다. 예순다섯이라면, 칭기즈칸이 죽은 그 나이라면 흔쾌히 받아들이겠지?[165]

이 소설에서처럼 소비사회에서는 일상에서 끊임없이 죽음에 강박되어간다. 반면 산업사회에서 죽음은 생존의 문제와 연결되어 묘사되고 있다. 『난장이가 쏘아올린 작은 공』에서 난장이의 죽음은 생존의 벼랑에 내몰린 자의 죽음이다. 또 영수의 죽음은 현실 불모성에 저항하다 의도적으로 선택한 죽음에 해당한다. 즉 자본주의의 모순과 불법적인 행태를 고발하고 이를 깨우치기 위한 방편으로 자본가를 살인하고 그에 대한 법의 심판을 받은 것이다.

이러한 죽음은 릴케의 『말테의 수기』에 나오는 도시인들의 죽음과 맞닿아 있다. 릴케는 이 소설에서 "사람들은 살기 위해서 이 도시로 모여든다. 하지만 내게는 도리어 죽기 위해 모인다는 생각이 든다. 외출했다가 돌아왔다. 몇 군데의 병원을 보았다. 한 사나이가 비틀거리다 쓰러지는 것을 보았다. 사람들이 그 사나이 주위로 모여들었기 때문에 그 후에 어떻게 되었는지 보지 못했다."[166]로 시작한다.

또 릴케는 도시에서의 죽음은 "죽음의 대량생산"이라고 표현하면서 이와 같은 대량생산으로는 어느 누구도 침착하게 정성 들인 죽음을 맞이할 수 없다[167]고 묘사한다. 즉 산업사회에서는 개인의 고유한 삶이나 죽음은 없다. 이는 이 소설에서 주인공 말테가 어린 시절에 겪은 고향에서의 '큰 죽음'을 생각하면서 도시에서의 죽음을 떠올린다. 즉 주인공의 조부로 시종관이었던 브리게의 죽음은 '큰 죽음'이었다. 그 죽음의 소리는 집으로부터 멀리 떨어진 소작촌에까지 무려 두 달 동안이나 큰 소리로 들려왔던 것이다. 그러나 도시에서는 병원 침대에서 '대량생산' 하듯이 죽음을 생산해낸다. 또 길거리에서 느닷없는 죽음을 맞기도 한다.[168]

반면 『화이트 노이즈』에서는 이러한 죽음과 다르게 묘사되고 있다. 이 소설에서는 현대인들은 미디어를 통해 자주 죽음의 문제와 대면하기 때문에 죽음에 대한 두려움을 없애야 하며, 이를 위해서는 죽음을 '소비' 해야 한다고 말한다. 즉 미디어를 통해 자주 죽음의 문제와 대면하기 때문에 죽음의 공포로부터 벗어나기 위해서는 죽음을 '억압' 해야 한다는 것이다. 드릴로는 이러한 죽음의 억압에 대해 묘사하면서 억압이 일상화되고 있는 기술매체 시대의 부자연스러운 현실을 비판하고 있는 것이다.

"난 죽음에 대한 두려움을 왜 이렇게 오래, 이렇게 지속적으로 갖고 있었을까요?"

"그거야 분명하죠. 억압하는 법을 모르시니까요. 우린 모두 죽음을 피할 수 없다는 걸 알고 있어요. 그렇다면 이 엄청난 사실을 어떻게 처리하겠어요. 억압하고 위장하고 숨기고 배제하죠...."

"하지만 억압이란 부자연스러운 것 아닙니까?"

"공포가 부자연스럽죠. 번개와 천둥이 부자연스럽고요. 통증, 죽음, 현실, 이런 것들은 모두 부자연스러워요. 이런 것들의 있는 그대로의 모습을 우리는 견딜 수 없어요. 우린 너무 많이 알고 있어요. 그래서 억압, 타협, 위장에 의지하죠. 이것이 우리가 이 우주에서 살아남는 방식이에요. 이건 우리 종의 자연스러운 언어예요."[169]

(잭은) 아내의 젖가슴 사이에 머리를 파묻고 있었다. 요사이 자주 이렇게 하면서 지냈던 것 같다. 그녀는 내 어깨를 토닥거렸다.

"우리가 자신의 공포를 억압하지 않는 게 문제라고 머레이가 말하더군."

"그럼 억압하라는 거예요?"

"그런 재능이 있는 사람이 있고, 없는 사람이 있대."

"재능이라고요? 억압하는 건 시대에 뒤떨어진 거라고 난 생각했는데. 우리의 공포와 욕망을 억압하지 말라는 말을 오랫동안 들어왔잖아요. 억압이 긴장과 불안[170], 불행, 수백 가지 질병과 상태를 낳는다고 말이에요. 우리가 절대 하지 말아야 할 것이 뭔가를 억압하는 거라고 생각했어요. 사람들은 늘 우리가 가진 공포에 대해 이야기하라고, 우리의 감정과 접촉하면서 살라고 말해왔어요."

"죽음과 접촉하면서 사는 걸 염두에 두고 한 말은 아니지. 죽음은 너무도 강력해서 억눌러야 해. 그럴 줄 아는 사람들은 말이야."

"하지만 억압이란 전적으로 잘못되고 기계적인 거예요."[171]

이와 같이 소비사회에서는 미디어에 의해 소비되지 않는 것이 없기 때문에 현대인들은 미디어가 소비하는 것에 의해 끊임없이 억압당한다. 잭과 배비트 부부 역시 죽음의 문제로 강박되어 있다. 그러나 이들 부부가 죽음의 공포와 대면하는 방법은 상반된다.

잭은 히틀러 연구를 통해 죽음의 공포로부터 일시적으로 도피한다. 즉 잭은 홀로코스트나 재난과 살인자나 암살자에 대한 낡은 통계를 통해 매개된 죽음의 이미지를 지속적으로 반복함으로써 죽음으로부터 보호받는다고 느끼는 것이다.[172]

반면 배비트는 죽음의 공포를 잊기 위해 죽음의 공포를 잊게 하는 치료제 개발 프로젝트에 참가하면서 자아가 극도로 분열되고 만다. 타블로이드 신문에 '죽음에 대한 공포'[173]라는 광고가 등장하는데, 배비트는 죽음의 공포를 '치료'하기로 결심하고 그 약(다일러)을 얻기 위해 그 약의 실험대상이 된다. 더욱이 배비트는 실험약품 프로젝트 책임자에게 몸까지 주게 되는 어처구니없는 일을 겪게 된다. 그러나 다일러는 죽음의 공포를 치료하는 신약이 아니라 향정신제였을 뿐이다.

"분별없는 짓을 한 거예요. 미스터 그레이에게서 그 약을 얻으려면 그 길밖에 없었어. 그건 내 마지막 방책이자 마지막 희망이었어요. 처음엔 그에게 내 마음을 주었어. 그리고 나서 몸을 주었어요."[174]

이상에서 살펴본 것처럼 『화이트 노이즈』는 소비사회와 미디어 중

독의 사회 속에 숨은 음모, 테크놀로지에 대한 맹신 등과 연결 지어 논의할 수 있다. 글래드니 가족을 공동으로 묶어주는 것은 정다운 대화가 아니다. 라디오와 TV, 그리고 주말이면 함께 하는 쇼핑이다.

슈퍼마켓에서 잭은 아내에게 애정을 느낀다. 쇼핑을 하는 한 그들은 죽지 않는다. 정신적으로 한 집단이라는 편안함을 주는 곳은 살아있는 열반의 세계다. 슈퍼마켓은 흩어진 가족을 한곳에 모으는 리비도요, 공허를 채워주는 소비문화의 매혹적인 아우라다. 그곳에서 물건을 사는 한 그들은 죽지 않는다. 소비사회를 살아가는 이들은 집단적인 아우라, 즉 살아있음을 확인하기 위해 쇼핑센터로 간다. 그곳에서 물건을 소비함으로써 살아있음을 확인하고 아늑함을 느낀다는 것이다.

잭의 가족은 매주 금요일마다 함께 텔레비전을 본다. 큰아들 하인리히는 라디오가 말하는 것이 곧 현실이다. 실재보다 라디오의 정보가 곧 실재인 것이다. 눈으로 보이는 현실도 라디오가 말한 것과 맞지 않으면 안 믿는다. 또 정보홍수의 정보화시대이지만 정작 정보가 필요할 때에는 정보부재로 혼란을 가중시킨다. 소설 전반부에 나이 어딘D에 대한 정보부재가 이를 반증해준다.

드릴로는 이 소설에서 텔레비전 역시 밀폐되고 자기지시적인 매체로서 인간적 소통의 적절한 수단이 되지 못한다는 것을 암울하게 드러내고 있다. 정보를 제공하고 재난 현장을 적나라하게, 관음적으로 전달하는 현대 대중매체가 실생활에 필수적인 능력들을 배양하거나 타인의 고통에 대한 공감을 키워주는 역할과는 거리가 멀다는 것을 보여준다. [175]

의사소통의 수단이 발달되자 세계는 좁아졌지만 역설적으로 의미는 본래의 뜻을 잃어가고 있다. 매개의 수단들이 권력이 되거나, 미디어 보도 자체가 실재가 되어버린 이상한 시대가 된 것이다. 미디어가 넘치는 사회는 정보가 넘치는 사회이고 개인의 선택이 중시되는 사회라고 말한다. 그러나 보드리야르는 그렇지 않다고 말한다. 시뮬라시옹은 실재가 증발하고 모사가 실재를 대치한 현상이다. 미디어는 그 자체가 재현이 되어 소비자를 유혹한다. 영상이 반복되어 진리처럼 굳어지고, 모사가 원본보다 더 리얼해지고, 이미지로 가득찬 세상에서 인간은 주인이 아니라 거대한 시스템 속의 일부로 빠져나올 수 없게 된다. 드릴로의 소설을 바로 이런 함정을 보여준다.[176]

마치며 : 희망의 공간을 위하여

6

이 책에서는 거대담론이 아닌 일상생활과 관련된 미시담론을 통해 어떻게 일상생활 전반에 노동을 강제하고 나아가 소비까지도 강제하는 이데올로기가 작동하는지를 밝히는데 주안을 두었다. 자본주의 도시공간의 억압적인 개인의 일상생활에 대한 연구를 통해 어떻게 억압사회의 이데올로기가 재생산되고 또 이를 자연스럽게 받아들이는지, 또 매체가 그 과정에 어떤 역할과 기능을 수행하는지 등을 문화정치학적으로 살펴보는 데 있다.

우리가 살고 있는 소비사회는 자본의 욕망에 포획된 혹은 배치된 욕망이 대중들의 삶을 지배하고 있다. 배치된 욕망은 경쟁에 의해 개인들을 서로 적대화하면서 푸코가 말한 대로 단일한 저항을 어렵게 만든다. 즉 거시적이고 미시적인 지배체제에 대항하는 이데올로기적 사유의 부재를 드러낸다. 즉 이데올로기적 사유가 부재한 욕망의 편향화는 배치하는 구성적 욕망이 아니라 배치당하는 재현적 욕망으로 속령화되며, 개인들끼리의 사회적 연대는커녕 적대의 요소들을 더욱 가중시킨다.[177)]

근대사회는 국가주의와 공리주의의 이해관계에 따라 억압되고 왜곡된 인간형, 즉 '억압된 주체' 를 양산했고, 탈근대사회에서도 강제되고 억압된 현실을 자연스럽게 받아들이는 '냉소주의적 주체' 를 탄생시킬 수 있었다. '냉소주의적 주체' 역시 공리주의가 훈육한 억압된 주체들과 마찬가지로 자본가들의 자본의 축적에 봉사하는 인간형이라고 할 수 있을 것이다. 즉 '냉소주의적 주체' 는 다름 아닌 오늘을 살고 있는 우리들의 '얼굴' 이라고 할 수 있다. '냉소주의적 주체' 들이 있기에 자본주의는 온갖 모순에도 여전히 맹렬하게 작동하고 있는 것이다.

'냉소주의적 주체' 는 현대 소비사회의 인간형으로 보드리야르가 말하는 '소비인간' (LHomme-consommateur)의 또 다른 자아이기도 하다. '소비인간' 은 향유를 의무로 삼는 존재이다. 즉 다른 사람과의 차이의 욕구를 실현하기 위해 끊임없이 새로운 것을 소비하려는 인간이다.

이 책에서 이론화 및 텍스트 분석을 통해 알 수 있는 것은 근대의 억압되고 분열된 주체(공리주의적 인간)→탈근대의 냉소주의적 주체(소비인간)로 전화하고 있다는 것이다. 그렇지만 자본주의가 소비사회 단계에 진입하고 자율적인 주체가 되었지만 인간의 억압상태는 더욱 교묘하게 자본과 관료제에 포획되고 있음을 알 수 있다. 즉 르페브르의 소비조작의 관료사회나 르페브르의 이론을 이어받은 보드리야르의 소비사회론은 '지금-여기' 의 우리 사회를 분석해내는 데 유용한 이론이라고 할 수 있겠다.

이 책에서 분석한 세가지 텍스트에서 특히 주목되는 공통점은 외적 요인에 의한 단란한 '집(가정)의 파괴' 라고 할 수 있다.

먼저 조세희의 『난장이가 쏘아올린 작은 공』은 근대적 주체와 '소비인간' , 노동의 재생산으로 내몰리는 억압적인 일상을 그려내고 있다. 노동의 재생산과 주택의 문제에 대한 '테러리스트 사회' 적 속성을 재현하고 있다. 특히 『난장이가 쏘아올린 작은 공』이 자본과 관료에제 의한 집의 파괴, 나아가 달동네라는 공동체가 파괴되고 다시금 도시 변두리로 주변화되는 과정을 그리고 있다. 달동네는 도심에서 사라졌지만 결코 사라진 게 아니라 주변부로 이전되었을 뿐이다. 자본주의가 노동의 재생산에 의해 유지된다면 이를 담당하는 노동빈민은 결코 사라지지 않으며 그들이 갈 곳은 주변부로 자꾸만 밀려나는 달동네라고 할 수 있다.

최인호의 『이 지상에서 가장 큰 집』에서는 50년만에 겨우 마련한 집은 관료기구에 의해 여지없이 철거당하고 만다. 이 역시 국가라는 합법적인 폭력에 의한 집의 파괴를 그리고 있다.

드릴로의 『화이트 노이즈』 또한 탈근대 자본주의 사회에서 인간이 맹신하는 테크놀로지와 미디어에 의해 안락한 한 가정이 어떻게 파괴되는지를 재현해내고 있다. 블랙스미스라는 소도시에서 안락한 가정을 꾸려가던 한 가정은 테크놀로지의 재앙에 의해 가정의 평화가 깨어지고 죽음의 공포가 드리운다.

이들 텍스트는 현실 불모성을 재현해내고 있지만, 현실 전복성을 제시하지는 못하고 있다. 시각적 감응에 의한 억압과 이미지, 인위적 숭고미가 난무하는 탈근대적 자본주의 도시공간에서 개인의 구원 가능성은 대부분 환상성이나 추상적 유토피아에 의지하는 한계를 보이고 있는 것이다.

그렇다면 억압적인 일상에 대한 구원의 가능성은 보드리야르의 허무주의처럼 닫힌 채로 전망부재를 드러낼 수밖에 없는 것인가? 이에 대해 먼저 이데올로기적 환영에 의해 믿음이 자동화된 '냉소주의적 주체' 를 뛰어넘어 주체적 성찰의 가능성을 모색하기 우선 자본주의 대도시의 이상적인 주체로 벤야민의 '거리의 배회자'(flâneur)를 상정해 볼 수 있을 것이다.

벤야민에게 배회자는 과도기적 인물이다. 벤야민은 완전히 군중을 외부에서 제어할 수 있었던 사람과 대도시의 군중에 휩쓸려 사는 포우의 군중속의 사람의 중간 유형을 '거리의 배회자'로 명명한다. 군중 속의 사람은 오로지 거리의 군중에 휩싸여서 아무 생각 없이 여기저기를 정처 없이 돌아다니는 사람이며, 그에게는 오직 대도시라는 현실에서 살아가는 것이 중요하다. 그에 비해 '거리의 배회자'는 군중의 매력에 굴복을 하다가도 언제든지 그들과 거리를 취할 수 있는 성찰자이며 관찰자인 이중성을 띠고 있다.[178]

하지만 보들레르의 '거리의 배회자'는 자신이 본 대도시의 충격을 회상하고 성찰하면서 묘사하는 동시에 이러한 충격이 주는 불안에서 벗어나기 위해 그 현실과는 대조되는 꿈을 꾸고 환상을 좇아간다. 다시 말해 그는 대도시의 비참한 현실을 현실로서 인정하고 그것을 현대생활의 감추어진 중요한 면으로 부각시키고 있음에도 불구하고, 그런 현실에서 벗어날 수 있는 가능성을 항상 생각함으로써 대도시 현실에 대해 이중적 태도를 가지고 있다. 그는 대도시가 보여주는 실존의 곤경을 잊어버리기 위해 술에 취할 것을 권고하기도 한다. 그것은 대도시의 비참한 현실에 대한 보들레르의 '거리의 배회자'가 보여주는 이중적인 태도이다.[179]

그러나 자본의 욕망 기제가 엄격하게 작동하는 소비사회에서 주체는 본질적으로 '안'에서가 아니라 '밖'에서, 즉 '자기 자신'이 아니라 '타인'에 의해 규정되는 '타자성'의 사회임에 비춰볼 때, 배회자가 대도시의 현실에서 과연 성찰적 자세, 나아가 사회 변혁적 자세를 유지하기란 쉽지 않을 것이다.

따라서 자본주의 도시의 억압적인 현실에 대한 구원은 다시금 마르크스주의로 환원된다고 할 수 있다. 도시마르크스주의자들은 모순되고 억압된 도시공간이지만 인간적인 도시로 만들기 위한 다양한 실천을 모색하면서 도시에 대한 희망을 잃지 않았다. 도시를 모순과 실천의 장으로 보는 관점은 마르크스 이래 도시 마르크스주의에서 지속되어 온 입장이다. 이들에게 있어 도시는 자본주의적 생산양식이 구축되는 장이면서 동시에 그에 따른 모순, 가령 계급 불평등과 적대가 심화되면서 해결되는 장이다.

마르크스와 달리 르페브르는 도시화와 공간의 생산을 통해 자본주의 체제가 붕괴하지 않고 지속된다고 본다. 즉 르페브르의 표현을 빌면 공간의 사회적 생산을 통해 자본주의 모순이 해결된다는 것이다. 여기서 자본주의적 모순의 해결은 마르크스적 의미, 즉 자본주의가 모순에 의해 내적으로 붕괴하고 사회주의 체제로 이행하는 것으로서의 의미가 아니다. 즉 자본주의 체제가 모순을 일시적으로 극복하면서 체제를 연장해가는 의미에서 자본주의 모순의 해결을 뜻한다. 다시 말해 르페브르는 자본주의가 공간의 상품화를 통해 거대한 새로운 시장을 창출하고 있다는 것이다. 이렇듯 도시마르크스주의자에게 도시는 모순의 공간인 동시에 해방을 위한 투쟁과 실천의 공간이기도 하다.

그러나 공간을 점령하고 공간을 창조함으로써 공간에 대한 우월한 장악을 통해 자본주의가 생존해왔지만, 노동자의 빈곤화 문제와 일상의 억압문제는 오히려 더 심화되고 있다. 더욱이 화폐의 소유자가 공간과 시간을 지배함으로써 자본주의 사회의 게임규칙은 역시 이들 화폐 소유자, 즉 자본가들이 결정하고 있는 것이다.

그렇다면 자본주의 도시공간에서 국가와 자본가의 노동의 재생산

전략에 의해 초래되는 일상의 억압문제는 전복될 수 없는 것일까? 계급투쟁이 점점 공간 속에서 각인되고 있는 추세에서 노동계급도 공간지배력을 어느 정도 확보할 수 있을 것인가? 과연 자본주의의 억압 공간이 자본의 욕망에서 탈영토화 할 수 있을까?

여기서 르페브르는 이러한 일상의 소외와 억압을 극복하기 위해 '문화혁명' 론을 주창한다. 르페브르에 의하면 오늘날의 사회는 일상성이 지배하고 있다. 이 일상성은 계급의 전면적인 전략의 산물이다.[180] 그리고 이 일상성의 지배가 초래하는 가장 중요한 결과는 사람들이 일상생활 속에서 본래적인 인간의 자질을 잃어버린 채 잠재적인 로봇, 즉 '일상인' (homo quotidianus)으로 전락해 버린다는 점이다. 따라서 인간의 고유성을 되찾고 소외된 일상생활을 극복하기 위해서는 바로 일상성의 문제로부터 출발해야 한다는 것이다.[181]

르페브르는 일상성에 대한 문제 제기로부터 출발하는 총체적인 혁명을 '문화혁명' 이라고 불렀다. 문화혁명은 문화적인 수준에만 국한하지 않고 경제적인 수준과 정치적인 수준에서의 혁명적인 실천까지 함축하며 결국 일상성의 변화를 지향한다. 말하자면 그것은 생활양식으로서의 문화의 창조를 끊임없이 목표로 삼는 혁명인 것이다.[182] 르페브르는 근대 일상생활의 소외는 바로 이러한 문화혁명의 지속, 즉 영구 문화혁명을 통해 극복되어 갈 것이라고 주장하였다.

그렇지만 르페브르의 문화혁명론은 추상적이라는 비판을 받고 있다. 그는 소외극복의 일차적인 과제를 기본적인 개념들의 재건이라는 철학적인 작업에 두었다. 아울러 경제적 수준과 정치적 수준에서의 혁명적인 변화와 아울러 성 혁명, 도시 혁명, 축제성의 회복 등과 같은 변화들이 요청된다고 하였다. 변화의 양상 또한 총체적 인간에 부응하는 것이어야 한다는 것이다. 그러나 르페브르는 일상성-축제성의 대립을 극복하여 훨씬 확대된 형태로 축제를 되찾고, 일상에서 축제로의 이동이 도시사회에 의해, 또는 도시사회 속에서 완수하는 것이 마지막 문화혁명의 목표라고 말한다.

르페브르는 일상생활이라는 연구대상을 역사 혹은 전체 사회와의 구체적인 관련성 속에서 본격적으로 파악하려고 했다. 나아가 마르크스주의 속으로 이 문제를 끌어들였지만, 소외의 극복으로서 추상적인 문화혁명을 주창함으로써 유토피아적 한계에 머물고 말았다. 즉 르페브르는 일상생활에서 소외 극복의 실현을 위한 조건들을 구체적인 개인이나 사회집단 수준에서 제시하는 데에는 성공하지 못했다[183]는 평가를 받고 있다.

여기서 르페브르의 문화혁명론을 실증적으로 구체화한 것으로 볼 수 있는 하비의 '공간의 문화정치학'에 주목할 필요가 있다. 하비는 최근 계급갈등의 핵심은 공간이며, 공간지배력이라는 새로운 계급투쟁의 변수를 고려해야 한다고 강조한다. 노동자들에 의해 2개월 동안 자치정부가 수립됐던 파리코뮌[184]과 1877년 미국 철도파업[185]이 분쇄된 것은 공간에 대한 우월한 지배력이 대개 부르주아지에 있음을 보여주었다는 것이라고 주장한다. 이는 르페브르가 주장하는 문화혁명을 이루기 위해서는 무엇보다 실천전략이 요구됨을 알 수 있다. 그것은 인간 주체의 총체성 회복이라는 막연한 구호로는 이룰 수 없다. 따라서 하비는 앞으로 혁명의 정치가 성공하기 위해서는 "전국적인 공간을 지배하려는 공간전략을 통해 전국적인 권력을 튼튼하게 해야 한다."[186]며 공간전략의 중요성을 강조한다.

이와 같이 하비는 권력관계를 재구성하는 투쟁은 공간적 토대를 재조직하기 위한 투쟁이라고 강조한다. 자본주의 국가의 주요 과업의 하나는 다름 아닌 부르주아지가 통제하는 공간에 권력을 배치하는 한편 저항운동들이 지배할 잠재력이 큰 공간을 무력화시켜버리는 것이다. 역사적으로 노동자 운동이 실패한 것은 다름 아닌 부르주아지들처럼 전국적인 공간을 지배하는 데 대부분 실패했기 때문이다. 그 이유가 혁명적 열기 등 위기상황이 발생하면 지배계급은 언제나 국가권력을 빌려 공간을 지배하는 능력을 보전할 수 있었기 때문이다.

이렇게 보면 계급투쟁은 공간지배력을 획득하기 위한 '장소의 정치라고 할 수 있을 것이다. 하비에 의하면 공간은 계급관계의 핵심에 놓여있으며, 오늘날에는 계급투쟁이 더욱 더 공간속에 각인되고 있다. 공간을 지배하는 사람들은 항상 장소의 정치를 지배할 수 있다.

공간이 계급관계의 핵심에 놓여있다는 하비의 계급투쟁으로서의 공간전략은 자본의 욕망에 의해 지속적으로 '재영토화'[187]되고 있는 상황에서 노동자들에게 희망의 공간을 이야기할 수 있게 한다. 그것이 자본주의 사회에서 일상의 억압을 '최소화하기' 위해 공간의 '탈영토화'를 언급한 하비에 주목하는 이유이다. 인간에 의한 인간의 억압을 최소화하기 위해서는 전국적인 공간전략으로 부르주아지화한 공간의 지속적인 탈영토화를 통해 계급적 불평등을 개선할 수 있지 않을까.

그러나 자본주의 사회에서 이미 '공간의 자본화'가 가속화된 상태이기 때문에 탈영토화를 위한 공간전략에는 한계를 지닐 수밖에 없다. 더욱이 이미 공산주의(사회주의)는 유토피아적 프로젝트로서는 불신이 확산된 상태이고, 신자유주의 또한 점차 성공할 수 없는 유토피아적 프로젝트로서 이해되고 있다.[188] 때문에 공간문제와 관련한 실천은 자본주의의 근본모순을 해결하는 것과 연계되지 않고는 의미가 없을 것이다. 예컨대 도시사회운동은 신보수주의적 시민사회운동으로 왜곡될 수 있으며[189], 계급정치로부터 분리된 생태정치는 신비주의나 지배계급의 이해관계를 은폐하기 위한 자유주의적 이데올로로 전락할 수 있다[190]는 것이다.

여기서 하비는 상상의 자유로운 유희, '공간적 유희로서 유토피아'가 필요하다고 강조한다. 하나의 대안적 실천전략으로 하비는 포스트모던 실천론을 거부하고 공간의 구체성을 반영한 유토피아를 실천하는 것을 제시한 것이다. 즉 하비에 의하면, '공간적 유희로서 유토피아'는 사회적 관계, 도덕적 질서, 정치경제체제 등에 관하여 광범위한 흥미로운 사고를 탐구하고 표현하기 위한 창의적 수단이 되며, 활동가들은 이러한 수단을 통해 가능한 공간적 질서의 무한한 배열을 추구하게 된다.[191]

하비는 자본화한 공간을 전복하기 위한 유토피아적 실천전략으로 '반란적 건축가'(insurgent architect)라는 구체적인 방안을 제시한다. 하비는 '반란적 건축가'들이 미래의 세계를 만들어갈 수 있다고 강조한다.[192]

여기서 건축가는 직업인으로서의 건축가라는 좁은 의미가 아니다. 하비는 우리 모두가 일종의 건축가로서 볼 수 있다고 말한다. 우리가 일상적 행동을 하고 또한 그 행동을 통해 효과적으로 우리의 생활세계를 유지 · 구성 · 재구성하는 것처럼, 우리 자신을 '자신의 운명과 행운의 건축가'로 볼 수 있다는 것이다. 즉 우리 자신의 행위자를 위한 은유로서 건축가라는 인물을 채택하려는 것이다.[193] 그는 변화된 구조에 맞춰 전혀 새로운 건축물을 지을 수도 있고, 기존 구조를 허물고 새로운 건축물을 지을 수도 있을 것이다. 하비에게 '반란적 건축가'는 공간의 유토피아를 만들어나가는 이들로서 계급투쟁의 핵심에 존재하는 것이다.

하비는 혁명을 이룩하기 위해 변화를 위한 충동과 욕구의 어떤 집단화가 필요하다고 강조한다. 하비에 의하면, 그것은 기존의 지배적인 조건에 맞서는 유토피아 운동으로서 공통체주의이며, 시민권, 집단성과 집단의 책임에 우위를 둔다. 공동체를 만드는 것은 공간의 생산을 의미하며, 여기서 반란적 건축가는 새로운 규칙을 정하고 새로운 공간을 창출할 충분한 기회가 있다. 그리고 공동체의 개조와 재이미지화가 보다 일반적인 급진적인 반란적 정치를 통해서 이루어진다면 진보적인 방향으로 나아갈 것이다.[194] 그 점은 공간지배력을 강화하는 혁명적인 정치적 조직체에 의한 급진적 프로젝트가 있어야만 한다는 것을 의미한다.[195]

이 책에서는 '반란적 건축가'를 자본주의 도시공간의 일상적 억압을 전복할 수 있는 대안적 주체의 개념으로 제시하고자 한다. 하비가 제시한 '반란적 건축가'들이 의미 창조를 통해 기존 체계를 허물고 공간적 유토피아를 실천하는 혁명성을 지닐 수 있다면, 자본에 의해 지속적으로 재영토화된 도시공간의 일상적 억압을 지양하고 탈영토화된 새로운 공간으로 나아갈 수 있지 않을까.

그러나 자본화된 공간을 탈영토화하고 새로운 공간을 창출하기 위해서는 독해체계의 제국주의를 극복해야 하는 과제가 남아있다. 미디어에 의해 독점당한 독해체계는 화폐가 상품의 교환을 독점적으로 매개하는 것과 같다. 대중매체의 커뮤니케이션에 의해 독점적으로 매개되며 대중매체를 통해 확인하는 일상적 현실이란 현실의 현기증 혹은 현기증 없는 현실이되기 때문이다. 미디어의 재현에 의한 현실이 되면 그 현실은 언제든지 미디어적 필요에 따라 절취될 수 있다. 그 절취된 만큼 현실은 미디어 통제의 영역에 있다고 할 수 있다.

대중매체에 의한 의사소통의 상황은 생산-유통-소비의 구조에서 정보와 문화적 내용들이 일방적으로 흐르기 때문에 생산자와 소비자가 근본적으로 단절된 의사소통체계를 이루게 된다. 또한 대중매체를 통해 전달되는 메시지는 가공의 세계를 구성한다. 아무리 세밀하고 현실감 있게 사실이 재구성되더라도 그것은 현실을 소재로 한 시뮬라크르이거나 가공물의 성격을 벗어나지 못한다. 또 대중매체가 사회공간을 확장하는 효과를 가져다주지만 매체를 통한 현실의 확장은 역설적이게도 일상생활의 축소를 가져올 수밖에 없다.

대중매체의 일상공간 침해는 사회적 차원에서 볼 때 문화적 내용이 획일화되고 표준화되며, 일반인들을 문화의 주체가 아닌 객체로서 머물게 하는 결과를 낳는다. 이는 일상공간이 적극적인 문화공간으로서 기능하는 것을 저해하는 요인이 된다. 매체화된 문화는 적극적인 활동의 공간으로서 일상공간이 활성화되는 것을 방해할 수 있다.

매체에 의해 일상공간이 침식당하고 실재성과 비판의식이 부정당하면 미래에 대한 희망이나 예측을 불허하는 페시미즘으로 빠질 수 있다. 기술매체가 시뮬라시옹과 같은 인위적 조작에 의해 의미 없는 이미지의 파편을 만들어내면서 현실을 구속하고 실재를 미혹하기 때문이다. 지시대상 없는 기호, 외양으로만 존재하는 이미지들이 현실을 구성하고 미래를 무방향성으로 이끌어간다면, 모더니즘 미학에서 한 가닥 희망을 두었던 아우라의 상실은 해방으로 연결되지 않기 때문이다.

이에 따라 보드리야르와 플루서, 비릴리오 등의 매체미학은 기술매체가 진전할수록 그 매체에 의해 더욱 억압된다는 허무주의적 경향을 띠고 있다. 보드리야르는 탈근대의 대중매체들은 실재가 아닌 모방물인 시뮬레이션을 대량생산하고, 개인은 실재와는 관계가 없는 상품기호와 매체가 만들어 내는 표현 모방물의 상상적인 우주 속에 살게 된다고 지적한다. 즉 보드리야르는 소비사회를 분석하면서 기술매체가 주도하는 소비사회에서의 이른바 '매체 허무주의'와 함께 극도의 무력감을 드러낸다.

기술매체의 허무주의에 의한 탈근대 문화는 새로운 종류의 깊이 없는 김빠진 문화, 새로운 종류의 피상성을 특징으로 한다. 그로스버그(Lawrence Grossberg)는 포스트모던 감성을 '신명나는 허무주의??(Empowering Nihilism) 라고 비유하기도 한다. 탈근대 이미지가 정서적 몰입을 유도하기는 하지만 내용이 허무주의적이기 때문이다.

소비사회에서 생활세계는 단순히 존재의 조건으로서 주어지는 환경이 아니라, 제도적이고 매체적 장치에 의해 구획되고 변질되는 인위적 조정의 대상이다. 이러한 인위적 조정에는 항상 자본과 권력의 문제가 은폐되어 있다. 이것이 매체에 의해 훼손되고 있는 일상생활세계의 문제를 권력의 차원에서 바라보고 그 실천적 함의를 모색해야 하는 까닭인 것이다. 아울러 일상생활세계를 살아가는 구성원들도 단순히 수동적이고 피동적인 객체가 아니라 주체로서의 자각이 뒤따라야 함은 물론이다.

하비는 주체적 자각을 통해 공간유토피아를 만들어가는 이들로 '반란적 건축가' 를 설정하고 계급투쟁의 핵심에 존재한다고 강조한다. 그러나 반란적 건축가들도 기술매체에 의해 조장되는 매체 허무주의적 세례를 피할 수는 없다. 문제는 일상공간이 적극적인 문화공간으로서 기능하는 것을 저해하는 기술매체의 부정적 측면을 어떻게 극복하느냐에 달려있다고 하겠다. 그것이 자본의 욕망과 허무주의가 지배하고 있는 일상의 공간담론에 대한 매체미학의 과제일 것이다.

참고문헌

단행본

Attali, Jacques, *L'Homme Nomade*, Paris: Librairie Arthéme, 2003. 『호모 노마드 유목하는 인간』, 이효숙 옮김, 웅진 지식하우스, 2005.

Bachelard, Gaston, *La Po tique de l'espace*, Presses Universitaries de France, 1957. 『공간의 시학』, 곽광수 옮김, 동문선, 2003.

Baudrillard, Jean, *Simulacres et Simulation*, Paris: Éditions Galilée, 1981. 시뮬라시옹』, 하태완 옮김, 민음사, 1996.

-----, *La Société de Consommation : ses mythes ses structures*, Paris: Éditions Denoel, 1986. 『소비의 사회』, 이상률 옮김, 문예출판사, 1999.

Bennett, Tony, Graham Martin, Colin Mercer, & Janet Woollacott (eds.). *Culture, Ideology, and Social Process: A Reader*, London: Open University Press, 1981.

Berger, John, *Ways of Seeing*, BBC and Penguin Books, 1972. 『이미지』, 편집부 옮김, 동문선, 1990.

Castells, M., *The Urban Question*, London: Edward Arnold, 1977.

Debord, Guy, *La Société du Spectacle*, Paris: Buchet-Chaste, 1967. 『스펙터클의 사회』, 이경숙 옮김, 현실문화연구, 1996.

Deleuze G. and Guattari F., *Anti-Oedipus: capitalism and schizophrenia*, London, 1984. 『앙띠 오이디푸스』, 최명관 옮김, 민음사, 2000.

DeLillo, Don, *White Noise*, Penguin Books, 1986. 『화이트 노이즈』, 강미

숙 옮김, 창비, 2005.

Dickens, Charles *Hard Times.* (ed.) Fred Kaplan and Sylvère Monod, London: W. W. Norton, 2001. 『어려운 시절』, 장남수 옮김, 푸른미디어, 2003.

Eagleton, Terry, *Literary Theory*: An Introduction, Oxford: Basil Blackwwll, 1983. 『문학이론입문』, 김명환 외 옮김, 창작과비평사, 1986.

Engels, Friedrich, *The Condition of the Working Class in England*, ed. Victor Kierman, Harmondsworth: Penguin, 1987.

Faulstich, Werner, *Mediaen und Kultur*, Gottingen, 1991.

Feuerbach, L., *L'essence du christianisme*, Paris: Maspero, 1968.

Flusser, Vilem, *Ins Universum der technischen Bilder*, Gottingen : European Photography Verlag, 1999.

-----, *Kommunikologie*, Frankfurt a. M. : Fischer Verlag, 1998.

-----, *Medienkultur*, Frankfurt a. M. : Fischer Verlag, 1997.

Frank, *A. G., Capitalism and Underdevelopment in Latin America*, New York, 1969.

Guattari, F., *La revolution moleculaire*, Recherches, 1977.

Harvey, David, *The Limits of Capital*, Oxford: Blackwell, 1982. 『자본의 한계』, 최병두 옮김, 한울, 1995.

-----, *Social Justice and the City*, London: Arnold, 1973. 『사회정의와 도시』, 최병두 옮김, 종로서적, 1983.

-----, *Space of Hope*. Edinburgh University Press, 2000.『희망의 공간』, 최병두 외 옮김, 한울, 2002.

-----, *The condition of postmodernity*, Oxford: Blackwell 1989. 『포스트모더니티의 조건』, 구동회 외 옮김, 한울, 2000.

Habermas, J., *Theorie des kommunikativen Handelns : Zur Kritik der funktionalistischen Vernunft*, Bd Ⅱ, Frankfurt a. M. : Suhrkamp,

1981. 『의사소통행위이론 1,2』, 장춘익 옮김, 나남, 2006.
Jordan J. & Weedon C., *Cultural Politics: Class, Gender, Race, and the Postmodern World*(Oxford & Cambridge : Blackwell, 1995),
Marcuse, Herbert, *One-Dimensional Man : Studies in the Ideology of Advanced Industrial Society*, Boston: Beacon Press, 1964. 『일차원적 인간』, 박병진 옮김, 한마음사, 2002.
Kessey, Douglas, *Don DeLillo*, New York: Twayne P, 1993.
Landes, D. *Revolution in Time: clocks and the making of modern world*, Cambridge, Mass, 1983.
Le Goff, J., *Pour un atre moyenare : temps, travail et culture en Occident*, A. Goldmammer (tr.) *Time, Work and Culture in the Middle Age*, Uni. Chicago Press, 1980.
Lefèbvre, Henri, *Critique de la Vie Quotidienne*, t.2, Paris: L'Arche Editeur, 1961
-----, *Introduction á la Modernité*, Paris: Les Éditions de Minuit, 1962. 『모더니티 입문』, 이종민 옮김, 동문선, 1999.
-----, *Kritik des Alltagslebens*, Bd. Ⅰ, Ⅱ, Kronberg/Tau-nus : Athenaum Verlag, 1977.
-----, *La Révolution Urbaine*, Paris: Gallimard, 1970.
-----, *La Vie Quotidienne dans le Monde Moderne*, Paris: Gallimard, 1968. 『현대세계의 일상성』, 박정자 옮김, 기파랑, 2005.
-----, *The Production of Space*, trans. Donald Nicholson-Smith, Oxford: Blackwell, 1991.
-----, *Survival of Capitalism*, London: Allison & Busby, 1976.
Marx, K. and Engels, F., *Manifesto of the Communist Party*, Progress Publishers, 1952. 『공산당 선언』, 남상일 옮김, 백산서당, 1989.
Merrifield, Andy, *Metromarxism: A Marxist Tale of the City*,

Routledge, 2003. 『매혹의 도시, 마르크스주의를 만나다』, 남청수 외 옮김, 시울, 2005.

Morris, A. E. J., *History of Urban Form*, 3rd ed, Harlow, Longman, 1994.

Myers, Tony, *Slavoy Žižek*, Routledge, 2003. 『누가 슬라보예 지젝을 미워하는가』, 박광수 옮김, 앨피, 2005.

Orr, Leonard, *Don DeLillo's White Noise*, New York : Continuum, 2003.

Reader, John, *Cities*, London: William Heinenam, 2004. 『도시, 인류 최후의 고향』, 김명남 옮김, 지호, 2006.

Saunders, Peter, *Social Theory and the Urban Question*, London: Hutchinson & Co., 1984. 『도시와 사회이론』, 김찬호 외 옮김, 한울, 1998.

Thompson, E. P., *Customs in Common*, Merlin Press. 1991.

Virilio, Paul, *Vitess et Politique*, trans., M. Polizzatti, *Speed and Politics*, semiotext[e], 1986. 『속도와 정치』, 이재원 옮김, 그린비, 2004.

-----, *Die Sehmaschine*, Berlin: Merve, 1989.

Warren, Elizabeth, *The Two-Income Trap: Why Middle-Class Mothers and Fathers Are Going Broke*, Basic Books, 2003. 『맞벌이의 함정』, 주익종 옮김, 필맥, 2004.

강수택, 『일상생활의 패러다임』, 민음사, 1998.

게오르그 짐멜, 『짐멜의 모더니티 읽기』, 김덕영 외 옮김, 새물결, 2005.

그램 질로크, 『발터 벤야민과 메트로 폴리스』, 노명우 옮김, 효형출판, 2005.

그레이엄 터너, 『문화연구입문』, 김연종 옮김, 한나래, 1995.

김성재 외, 『매체미학』, 나남, 1998.

김영석, 『멀티미디어와 정보사회』, 나남, 1999,

김원익, 「릴케의 『말테의 수기』와 대도시 문제」, 연세대 대학원 박사학위논문,

1995.
김지운 외, 『커뮤니케이션비판이론』, 나남, 1991.
김현숙, 『디킨즈 소설의 대중성과 예술성』, 한신문화사, 1996.
노르베르트 볼츠, 『구텐베르크-은하계의 끝에서』, 윤종석 옮김, 문학과지성사, 2000.
데이비드 하비, 『도시의 정치경제학』, 초의수 옮김, 한울, 1996.
루돌프 힐퍼딩, 『금융자본』, 김수행 · 김진섭 옮김, 새날, 1994.
루이 알튀세, 『아미엥에서의 주장』, 김동수 옮김, 솔, 1998.
마르틴 하이데거, 『일상생활 비판 서론』, 이기상 옮김, 까치글방, 1999.
막스 웨버, 『프로테스탄티즘의 윤리와 자본주의 정신』, 박성수 역, 문예출판사, 1988.
미셸 푸코, 『감시와 처벌』, 오생근 옮김, 나남, 2003,
-----, 『담론의 질서』, 이정우 옮김, 서강대 출판부, 2000.
박만준, 『대중문화와 문화연구』, 경문사, 2002.
발터 벤야민, 『발터 벤야민의 문예이론』, 반성완 옮김, 민음사, 1983.
배영달, 『보드리야르와 시뮬라시옹』, 살림, 2005.
사회와철학연구회, 『한국사회와 모더니티』, 이학사, 2001.
소니라 리빙스턴 & 피터 런트, 『텔레비전과 공중』, 김응숙 옮김, 커뮤니케이션북스, 2001.
수잔 벅 모스, 『발터 벤야민과 아케이드 프로젝트』, 김정아 옮김, 문학동네, 2004.
신명직, 『불가능한 전복에의 꿈-「난장이가 쏘아올린 작은 공」의 환상성 연구』, 시인사, 2002.
알랭 드 보통, 『불안』, 정영목 옮김, 이레, 2005.
알랭 투렝, 『현대성 비판』, 정수복 외 옮김, 문예출판사, 1995.
알프 뤼트케 외, 『일상사란 무엇인가』, 이동기 외 옮김, 청년사, 2002.
에리 브랜트, 『이성의 힘-하버마스 '의사소통 행위이론' 에 대한 입문』, 김원식 옮김, 동과서, 2000.
오민석, 『정치적 비평의 미래를 위하여』, 단국대출판부, 2004.
윤혜준, 『포르노에도 텍스트가 있는가』, 나남, 2001.
이마누엘 칸트, 『판단력 비판』, 김상현 옮김, 책세상, 2005.
-----, 『아름다움과 숭고함의 감정에 관한 고찰』, 이재준 옮김, 책세상, 2005.
이무용, 『공간의 문화정치학』, 논형, 2005,
이선형, 『예술영화읽기』, 동문선, 2005.
이진경, 『근대적 시 · 공간의 탄생』, 푸른숲, 2004.
-----, 『노마디즘1,2』, 휴머니스트, 2002,
-----, 『필로시네마 혹은 영화의 친구들』, 소명출판, 2002.
-----. 『철학의 외부』, 그린비, 2002.
임영호 편역, 『스튜어트 홀의 문화이론』, 한나래, 1996.
자크 라캉, 『욕망이론』, 권태영 엮음, 문예출판사, 1994.
장 보드리야르, 『무관심의 절정』, 이은민 옮김, 동문선, 2001.
-----, 『세계의 폭력』, 동문선, 2003.
-----, 『사물의 체계』, 배영달 옮김, 백의, 1999.
-----, 『기호의 정치경제학 비판』, 이규현 옮김, 문학과 지성사, 1998.
장남수, 『디킨즈와 산업사회 비판』, UUP, 2004.
전규찬, 『포스트 시대의 문화정치』, 커뮤니케이션북스, 1998.
정남영, 『리얼리즘과 그 너머-디킨즈 소설 연구』, 갈무리, 2001.
조세희, 『난장이가 쏘아올린 작은 공』, 이성과 힘, 2000.
조지 카치아피카스, 『정치의 전복』, 윤수종 옮김, 이후, 2000.
지오반나 보라도리, 『테러시대의 철학』, 손철성 외 옮김, 문학과지성사, 2004.
최문규 외, 『기억과 망각-문학과 문화학의 교차점』, 책세상, 2003.
최문규, 『문학이론과 현실인식-낭만주의에서 해체론까지』, 문학동네, 2000.
최병두, 『근대적 공간의 한계』, 삼인, 2002.

최윤, 『숲속의 빈터』, 작가정신, 1999.

최인호 외 옮김, 『칼 마르크스 프리드리히 엥겔스 저작선집2』, 박종철출판사, 1992.

최인호, 『달콤한 인생』, 문학동네, 2002.

최진태, 『테러, 테러리즘, 테러리스트』, 대영문화사, 1997.

최효찬, 『테러리즘과 미디어』, 커뮤니케이션북스, 2001.

칼 마르크스, 『경제학-철학수고』, 이론과 실천, 1987.

-----, 『자본론1(하)』, 김수행 옮김, 비봉출판사, 2001.

-----, 『경제학 철학수고』, 김태경 옮김, 이론과 실천, 1987.

타카미자와 미노루, 『도시공학개론』, 장준호 편역, 형성출판사, 2000.

프랑코 모레티, 『근대의 서사시』, 조형준 옮김, 새물결, 2001.

프레드릭 제머슨, 『후기 마르크스주의』, 김유동 옮김, 한길사, 2000.

프리드리히 엥겔스, 「주택문제에 대하여」, 안효상 외 옮김, 『칼 마르크스 프리드리히 엥겔스 저작선집4』, 박종철출판사, 1995.

한국현상학회편, 『생활세계의 현상학과 해석학』, 서광사, 1992.

한상진 외, 『미셸 푸코론』, 한울, 1990.

헤르만 헤세, 『수레바퀴 아래서』, 김성호 옮김, 청목, 2005.

호르크하이머 & 아도르노, 『계몽의 변증법』, 김유동 옮김, 문학과 지성사, 2001.

논문

Castells, M., "Citizen Movements, Information and Analysis: An Interview with Manuel Castells", City7 (1997)

Chen K. H., "Post-Marxism : Between/beyond critical postmodernism and cultural studies", *Media Cultural and Society* 13 : 1, 1991,

Debord, Guy, "Introduction to a Critique of Urban Geography" (1955), in *Situationist International Anthology*, ed. trans, Ken Knabb, Berkerley : Bureau of Public Secrets, 1989.

Dickens, P. 1977, "Social change, housing and the state: some aspects of class fragmentation and incorporation", p. 393, in M. Harloe(ed.), *Proceedings of the Conference on Urban Change and Conflict*, London : Centre for Environmental Studies.

DeLillo, Don, "An Interview with Don DeLillo", Tom Leclair and Larry McCaffery Eds., *Anything Can Happen*, Urbana: U of Illinois P, 1983.

Fiske, John, "British Cultural Studies and Television-Criticism", *in Channels of Discourse: Television and Contemporary Criticism.* Robert Allen (ed.). London: Methuen, 1987.

Hall, Stuart, "The Rediscovery of 'Ideology' : The Return of the 'Repressed' in Media Studdies", in *Culture, Society and the Media.* Michael Gurevitch, Tony Bennet, James Curran, & Janet Woollacott(eds.). London: Methuen, 1982.

-----, "Cultural Studies and the Centre: Some Problem-atics and Problems", in *Culture, Median Language*, Stuart Hall, Dorothy Hobson, Andrew Lowe, & Paul Willis (eds). London: Huchinson. 1980.

Lefebvre, Henri, "Reflections on the politics of space", in R.

Peer(ed.), *Radical Geography*, Chicago: Maaroufa Press, 1977.

Osteen, Mark, "Becoming Incorporated: Spectacular Authorship and DeLillo's Mao Ⅱ." MFS. 45.3(1999).

Thompson, E. P., "Time, Work-Discipline, and International Capitalism." *Past and Present*. 38(1967).

Virilio, P., *Vitess et Politique*, trans. M. Polizzatti, *Speed and Politics*, semiotext[e], 1986.

Lyotard, J. F., 「포스트모더니즘이란 무엇인가?」, 김욱동 편, 『포스트모더니즘의 이해』, 문학과지성사, 1990.

강미숙, 「테크놀로지 시대의 욕망찾기/벗어나기」, 돈 드릴로, 『화이트 노이즈』, 강미숙 옮김, 창비, 2005.

강태완, "매체미학을 통한 탈시뮬레이션 전략", 김성재 외, 『매체미학』, 나남, 1998.

고길섶, 「"기관없는 신체"와 "이데올로기적 국가장치"」, 『문화과학』, 30.

권택영, 「죽음 충동이 플롯을 만든다 : 돈 드릴로의 『백색소음』」, 『영어영문학』, 47.1(2001).

-----, 「카메라의 응시와 작가의 존재방식-들릴로의 『마오Ⅱ』」, 『영어영문학』, 51.3(2005).

김광호, "아도르노의 미디어 비판에 관한 재조명", 김성재 외, 『매체미학』, 나남, 1998.

김석수, "야만의 시대, 휴머니즘에 사형을 고하다", 김호기 외, 『지식의 최전선』, 한길사, 2002.

김정숙, 「텍스트 새롭게 읽기 : 대립적 세계관에서 생태학적 세계관으로」, 『문예시학』, 5(1993).

김택환, "서구이성의 위기와 공론장의 미학", 김성재 외, 『매체미학』, 나남, 1998.

박길성, "정보사회, 유토피아인가 디스토피아인가", 김호기 외, 『자식의 최전선』, 한길사, 2002.

박선웅, “스튜어트 홀의 문화연구-이데올로기와 재현의 정치”, 『경제와 사회』, 45(2000.3).

박은정, 「토머스 핀천의 『바인랜드』: 대중매체의 이데올로기와 파시즘」, 『영어영문학』, 43.2(1997).

-----, 「히틀러에 대한 향수인가? 죽음에 대한 두려움인가?-돈 드릴로의 『무소음』에 나타난 모사현실과 문화제국주의」, 『미국학논집』, 29.1(1997).

발터 벤야민, “기술복제시대의 에술작품”, 『발터 벤야민의 문예이론』, 반성완 편역, 민음사, 1983.

양운덕, 「푸코의 권력계보학-서구의 근대적 주체는 어떻게 만들어지는가」, 『경제와 사회』, 35(1997, 가을호).

우찬제, 「대립의 초극미, 그 카오스모스의 시학」, 조세희, 『난장이가 쏘아올린 작은공』, 이성의 힘, 2000.

윤선희, “포스트모던 영상미학의 아우라와 시뮬라시옹”, 김성재 외, 『매체미학』, 나남, 1998.

윤혜준, 「대도시 소설에 있어서 ‘경험’(Erfahrung)과 ‘체험’(Erlebnis)-영국소설을 중심으로」, 연세대 비교문학 클로퀴엄 발제논문, 2002.10.

이경덕, 「Fredric Jameson의 역사주의적 상상력」, 연세대 박사학위논문, 1996.

-----, “욕망과 서사: 프레드릭 제임슨의 리얼리즘론”, 『문화과학』 제3호, 120~142쪽.

이경원, 「문명과 야만의 이분법: 계몽주의의 양면성과 식민지 타자」, 『외국문학』, 47(1996.6)

이득재, “광고, 욕망, 자본주의”, 목수현 외, 『광고의 신화, 욕망, 이미지』, 현실문화연구. 1993.

이상헌, “억압에 저항하는 건축을 추구하다.”, 김호기 외, 『자식의 최전선』, 한길사, 2002.

이선주, “『막내 도리트』에 나타난 근대 영국사회에서 돈과 신분의 역학구조”, 『영어영문학』 44.3(1998).
이영빈, 「앙리 르페브르의 일상생활 비판론 연구」, 『서양사론』, 54.
장남수, “『어려운 시절』을 통해 본 자본의 훈육전략”, 『영어영문학』, 49.3(2003).
조광익, 「근대 규율권력과 여가 관광: 푸코의 권력의 계보학」, 『관광학연구』 26(2002).
-----, 「탈근대 여가와 소비: 보드리야르를 중심으로」, 『관광학연구』 22.2(1998.8)
최문규, “기술공학적 매체 시대와 예술개념의 변화”, 『문학이론과 현실인식』, 문학동네, 2000.
-----, “문화, 매체, 그리고 기억과 망각”, 최문규 외, 『기억과 망각-문학과 문화학의 교차점』, 책세상, 2003.
홍준기, “일상의 문화에서 변혁의 가능성을 찾는다.”, 김호기 외, 『자식의 최전선』, 한길사, 2002.

주석

서장 – 문학을 매개로 '자본의 공간' 읽기

1) 전규찬, 97-98쪽

2) 위의 책 98쪽.

3) 위의 책 99쪽.

4) 이무용, 『공간의 문화정치학』, 논형, 2005, 49쪽

5) 위의 책 97쪽.

6) 이무용, 49-50쪽.

7) 위의 책, 50쪽.

8) P. Bourdieu, *Distinction: a social critique of the judgement of taste*, Harvard Univ. Press, 1987. 최종철 역, 『구별짓기: 문화와 취향의 사회학』, 새물결, 1995.

9) 박영님, "르페브르의 실천전략과 사회공간", 한국공간환경학회, 1996. 전기학술대회발표문, 3-4쪽. 이무용, 50-51쪽서 재인용.

10) R. Shields, 1989, Social spatialization and the built environment: the West Edmonton Mall, *Environment and Planning D*, vol.7, pp. 147-164, R. Shields,1991, *Place on the margin: alternative geography of modernity*, Routledge. 이무용, 51쪽서 재인용.

11) 이무용, 51쪽.

12) 위의 책, 95쪽.

1) 칼 마르크스, 『경제학-철학수고』, 김태경 옮김, 이론과 실천, 1987, 26쪽.

2) 위의 책, 17쪽.

3) 위의 책, 15쪽.

4) 르페브르(Henri. Lefèvbre)는 일상생활에 대한 대표적 연구자로 꼽힌다. 르페브르의 일상생활 연구는 소외의 탐구와 직결된다. 그에게 일상의 연구는 '사람이 어떻게 살고 있는가?' 에 관한 포괄적인 파악이다. 그에게 있어 현대인의 구체적 삶은 현대의 기술문명과 소비적 특성에 의하여 끊임없이 소외당하고 불만의 상태에 빠져 있는 것으로 포착되기 때문이다. 일상의 연구가 단순히 미시적, 단편적 수준에 머무는 것을 거부하고 개인과 사회 전체의 역동적이고 변증법적인 관계에서 다루어져야 한다는 것을 강조한다. 개인의 구체적 삶은 사회의 기술발전 단계와 전체 구조에 의해 크게 제약되기 때문이다. 이러한 관점에서 르페브르는 개인의 고유 영역으로 간주되는 욕구 자체가 사회 전체적 수준에서 창출되고 조정된다고 본다. 르페브르는 1946년에 『일상생활 비판』(*Critique de la vie quotidienne*) 제1권을 출간한 것으로 시작으로 1961년에 『일상생활 비판』제2권, 그리고 1968년에 『현대세계의 일상성』(*La vie quotidienne dans le monde morderne*) 등을 통하여 일상생활에 대한 연구를 집중적으로 다루었다.

5) Henri Lefèbvre, *La Vie Quotidienne dans le Monde Moderne*, Gallimard, 1968. 『현대세계의 일상성』, 박정자 옮김, 기파랑, 2005, 133쪽.

6) Lefèbvre, 『현대세계의 일상성』, 276쪽.

7) Andy Merrifield, *Metromarxism: A Marxist Tale of the City*, Routledge, 2003. 『매혹의 도시, 마르크스주의를 만나다』, 남청수 외 옮김, 시울, 2005. 182쪽.

8) 이영빈, 「앙리 르페브르의 일상생활 비판론 연구」, 『서양사론』, 54, 74쪽.

9) Lefèbvre, 『현대세계의 일상성』, 123-125쪽.

10) Jean Baudrillard, *Simulacres et Simulation*, Éditions Galilée, 1981. 『시뮬라시옹』, 하태완 옮김, 민음사, 1996, 265-266쪽.

11) Baudrillard, 『시뮬라시옹』, 220쪽.

12) Merrifield, 『매혹의 도시, 마르크스주의를 만나다』, 180쪽.

13) Lefèbvre, 『현대세계의 일상성』, 206쪽.

14) 위의 책, 206-208쪽.

15) 이영빈, 76쪽. 테러저널리즘 연구가들은 테러리즘이 본질적으로 커뮤니케이션적인 행위라고 주장한다. 즉 테러행위를 하는 목적이 메시지를 전하는 데 있다면서 행위를 '메시지' 로 정의 내린다. 이때 테러리스트들은 메시지를 전달하기 위해 미디어를 의도적으로 조작하려 하며 특정 수용자를 신중하게 겨냥해 그들이 원하는 행태적 반응을 이끌어 내려 한다는 것이다.

16) 위의 글, 77쪽.

17) 이와 관련, 데리다의 언급에 주목해봄직 하다. "괴물성이란 바로 저 스스로 생산하고 발명 하고 살찌우는 것 자체이다. 따라서 결코 망각될 수 없는 것은 바로 자가-면역 자체의 도착적 효과이다. 정신분석적 의미에서든, 정치적 의미에서든, 또한 정치-경제적 의미에서든, 억압이란 결국 자신이 무장 해제시키려고 하는 바로 그것을 생산하고 재생산하고 재발시킨다는 것이다." 지오반나 보라도리, 『테러시대의 철학』, 손철성 외 옮김, 문학과지성사, 2004, 184쪽.

18) Lefèbvre, 『현대세계의 일상성』, 276-277쪽.

19) 위의 책, 275-276쪽.

20) 헤르만 헤세, 김성호 옮김, 『수레바퀴 아래서』, 청목, 2005.

21) Lefèbvre, 『현대세계의 일상성』, 301-302쪽.

22) Henri Lefèbvre, *Introduction à la Modernité*, Les Éditions de Minuit, 1962. 『모더니티 입문』, 이종민 옮김, 동문선, 1999. 269쪽.

23) 오스망현상이란, 프랑스의 제2제정때 파리의 도심 개조를 총지휘한 오스망(Georges-Eugène Haussmann)에서 유래한 것이다. 오스망은 루이 나폴레옹 당시인 1853년부터 17년 동안 파리지사를 지내며 파리 개조사업을 주도해 '도시파괴기술자' 라는 악명을 얻기도 했다. 오스망은 파리지사를 지낼 당시 도시반란에 이용되는 건물을 없애고 치안유지를 목적으로 대대적인 재건축을 단행했다. 노동자 거주지역을 외곽으로 옮기고, 시내 도로망과 상하수도를 정비하여 시내를 관통하는 오늘날의 대로(大路) 체계를 고안하였다.

24) Lefèbvre, 『현대세계의 일상성』, 281-282쪽.

25) 위의 책, 278쪽.

26) 장 보드리야르, 『세계의 폭력』, 동문선, 2003, 11-14쪽.

27) 위의 책, 16쪽.

28) 이진경, 『노마디즘2』, 휴머니스트, 2002, 533쪽.

29) K. Marx, and F. Engels, *Manifesto of the Communist Party*, Progress Publishers, 1952, pp. 47-48. 『공산당 선언』, 남상일 옮김, 백산서당, 1989, 62-63쪽.

30) David Harvey, *Social Justice and the City*, London: Arnold, 1973. 『사회정의와 도시』, 최병두 옮김, 종로서적, 1983, 227-228쪽.

31) A. G. Frank, *Capitalism and Underdevelopment in Latin America*, New York, 1969, pp. 31-32. 하비, 『사회정의와 도시』, 228쪽에서 재인용.

32) Merrifield, 『매혹의 도시, 마르크스주의를 만나다』, 55-56쪽. 마르크스와 엥겔스는 '공산당 선언' 에서 돈의 관계로 변한 가족주의에 대해 말하고 있다. "부르주아지는 자신이 지배를 확립한 곳에서는 어디서나 모든 봉건적·가부장적·전원적 관계를 종식시켜왔다. 부르주아지는 인간을 '타고난 상하관계' 에 묶어놓는 잡다한 봉건적 끈을 가차 없이 끊어버렸으며, 그 외의 모든 인간관계를 적나라한 이기심, 냉혹한 '현금지불관계' 로만 만들어

놓았다.... 부르주아지는 가족으로부터 그 감정의 장막을 찢어내고 가족관계를 단순한 돈의 관계로 만들었다." 마르크스·엥겔스, 『공산당 선언』, 57-59쪽.

33) 마르크스는 화폐의 힘의 외면적인 마력을 이렇게 풍자한다. "화폐적 힘의 범위가 내 권력의 범위이다...나는 추하지만 나를 위해 가장 아름다운 여인을 살 수 있다. 그러므로 나는 추하지 않다....나는 어리석지만 화폐는 모든 사물의 실제적인 마음이고 그렇다면 어떻게 그 소유자가 어리석을 수 있을까? 게다가 그는 재능 있는 사람을 살 수 있고, 재능 없는 자를 지배하는 권력을 가진 사람은 재능 있는 자보다 더 재능 있는 자가 아닌가? 인간의 마음이 갈망하는 모든 것들을 살 수 있는 화폐에게 감사하는 내가 모든 인간의 능력을 소유한 것이 아닌가? 그러므로 나의 모든 무능력을 그 반대로 변형시키는 것은 바로 나의 돈이 아닌가?" K. Marx, *The Economic and Philosophic Manuscripts of 1844*, N. Y. : International Publishers, 1964, p. 167. 데이비드 하비, 『도시의 정치경제학』, 초의수 옮김, 한울, 1996, 238쪽서 재인용.

34) 유팔무 외, 『중산층의 몰락과 계급양극화』, 소화, 2006, 54쪽. 노동자의 노동으로 창조된 자본은 노동자를 짓밟고, 소소유자를 파멸시키며, 실업군을 창출하는 것이다. 결국 전반적으로 사회적 관계가 어떠한가에 따라 인간적 본질이 결정되는 자본주의사회에서는 비인간적인 힘이 지배적이므로, 인간 상호의 관계도 이해와 타산의 관계가 되고 인간이 인간성을 상실해 가는 상황(소외)이 발생하는 것이다. 마르크스·엥겔스, 『공산당 선언』, 23-25쪽.

35) 칼 마르크스, 『자본론1(하)』, 김수행 옮김, 비봉출판사, 810-811쪽.

36) 위의 책, 838쪽.

37) 위의 책, 809쪽. 맬더스도 '노동자를 근면하게 만들기 위해' 임금을 최저한도까지 억누르는 것이 필요하다고 생각하고 있다. 고전파경제학에서 잉여가치 또는 잉여생산물 중 가능한 많은 부분을 자본으로 재전환하는 것

이 역사적 필연성이다. 고전파 경제학에서 프롤레타리아가 잉여가치를 생산하는 기계로서의 의의밖에 없다면, 자본가도 역시 이 잉여가치를 추가자본으로 전환하는 기계로서의 의의밖에 없다. 위의 책, 811-812쪽.

38) 존 밸러즈, 『산업전문학교의 설립에 관한 제안』, 런던, 1692, p.2. 마르크스, 『자본론1(하)』, 839쪽에서 재인용.

39) 버나드 맨드빌, 『꿀벌들의 우화』, 제5판, 런던, 1728년, pp. 212-213, 328. 마르크스, 『자본론1(하)』, 839-840쪽에서 재인용.

40) 마르크스, 『자본론1(하)』, 841쪽.

41) 위의 책, 845-846쪽.

42) 위의 책, 861-862쪽.

43) 위의 책, 862쪽.

44) 위의 책, 864쪽.

45) 위의 책, 865-866쪽.

46) 위의 책, 898쪽.

47) 프리드리히 엥겔스, 「주택문제에 대하여」, 181쪽. 『칼 마르크스 프리드리히 엥겔스 저작선집4』, 안효상 외 옮김, 박종철출판사, 1995.

48) 맨체스터의 가난한 사람들의 주거환경에 대해서는 토크빌도 엥겔스나 디킨즈와 비슷한 기록을 남기고 있다. 이들은 모두 산업혁명으로 인해 거대 산업도시로 탈바꿈하는 맨체스터의 열악한 거주환경을 경험했다. "똥 무더기, 건축 자재 부스러기들.... 널빤지의 아귀가 들어맞지 않은데다 창문마저 부서진 단층주택들은 가난과 죽음 사이에 있는 인간들이 마지막으로 몸을 누일 수 있는 유일한 공간이다.... 지하실이 있는 곳도 있어 12명에서 15명의 사람들이 그 불쾌한 구덩이에 비집고 들어가 살았다...." 이 글은 프랑스의 자유주의적 정치가 알렉시스 드 토크빌이 1835년 영국 맨체스터를 둘러보고 쓴 글이다. 토크빌은 검은 연기에 늘 짓눌려 있는 맨체스터를 절반의 햇빛이 비추는 도시라고 불렀다. 하지만 "하수구처럼 더러운 이 곳으로부터 인류 최고의 산업이 발생하여 전 세계를 풍요롭게 적시는 것

이니, 지저분한 하수구에서 순수한 금이 흘러나오는 격"이라고 했다. 지극한 가난이 지극한 부를 생산한다니, 참으로 우울한 역설이다. John Reader, *Cities*, William Heinenam, 2004. 『도시, 인류 최후의 고향』, 김명남 옮김, 지호, 2006, 422-423쪽.

49) Merrifield, 『매혹의 도시, 마르크스주의를 만나다』, 88쪽.

50) 위의 책, 99쪽.

51) 엥겔스, 「주택문제에 대하여」, 232-233쪽.

52) 주택생산은 일정정도 교환가치를 목표로 생산되는 상품생산의 형태를 띤다. 주택은 노동력의 재생산과정에서 핵심적 요소를 구성하고 산업생산을 지속시키는 주요한 조건이며 나아가 생산 및 구입비용이 고가인 상품이다. 대부분의 소비상품과는 달리 주택은 노동자에게 일시불로 팔리기 힘들다. 만약 적절한 수준에서 노동력을 재생산하기 위해 충분한 주택이 생산되려면 주택구입을 위한 신용대출을 통해 생산자와 소비자 사이를 중재해 주거나, 주택이 제3자(민간 지주 또는 국가)에 의해 구입되어 소비자들에게 장기 임대될 수 있도록 하는 수단으로서 다양한 금융제도가 필요하다. 여기에 국가가 개입하는 틈이 존재한다. 즉 소비자 물가보다 급속하게 오르는 비싼 주택건설비로 인해 주택을 구매하는 것이 점점 더 어려워지기 때문이다. 그렇지만 국가가 임대료를 규제하거나 직간접적인 주택 공급 등 국가개입의 역할은 현실적 혹은 잠재적 주택 소비자의 요구보다는 자본의 요구 하에 있게 된다. Peter Saunders, *Social Theory and the Urban Question*, Hutchinson & Co., 1984. 『도시와 사회이론』, 김찬호 외 옮김, 한울, 1998, 256쪽.

53) 엥겔스, 「주택문제에 대하여」, 179쪽.

54) 국가는 지배계급의 도구에 불과하다는 입장으로, 마르크스는 헤겔의 관료제 관점을 비판하며 이를 이론화한다. 헤겔은 일반 이익(공익)을 대변하는 국가와 사익을 대변하는 시민사회간의 매개체적 교량 역할로 관료제를 파악하고 있다. 이에 대해 마르크스는 관료제는 보편성(공익)의 베일

을 쓰고 자신의 이익(사익)을 추구하는 존재에 불과하다고 비판한다. 마르크스는 『독일 이데올로기』(1846)에서 국가는 경제적 지배계급인 부르주아의 재산과 이익을 보호하기 위한 조직에 불과하다고 비판한다. 이어 『공산당 선언』(1848)에서 관료제는 부르주아의 이익을 관리하기 위한 집행위원에 불과하다는 계급론적 · 도구주의적 국가관을 주장한다.

55) P. Dickens, "Social change, housing and the state: some aspects of class fragmentation and incorporation", p. 393, in M. Harloe(ed.), *Proceedings of the Conference on Urban Change and Conflict*, London: Centre for Environmental Studies, 1977. Saunders, 『도시와 사회이론』, 260쪽서 재인용.

56) Saunders, 『도시와 사회이론』, 260쪽. 한국의 아파트정책에 대해 연구한 발레리 줄레조는 한국 아파트의 대량생산체제는 1970, 80년대 국가-재벌-중산층의 이해가 맞물려 나타났다고 분석한다. 권위적 정부는 중산층을 대단지 아파트로 결집시키고 이들에게 주택의 소유와 자산의 증가라는 혜택을 주었으며 이를 통해 그들에게서 정치적 지지를 얻어냈다. 그 아파트 공급에 재벌 건설사를 참여시킴으로써 서로의 이익을 추구했다는 것이다. 발레리 줄레조, 김혜연 옮김, 『아파트 공화국』, 2007, 후마니타스. 이는 요즘 우리나라의 주택정책을 보더라도 시사점이 크다. 국가는 주택정책을 해결하기 위해 정책들을 내놓지만 한편으로는 중산층과 자본가의 이익을 대변하는듯한 이율배반적인 정책을 발표하기도 한다. 한쪽에서는 주택가격을 잡기 위한 정책을 내놓지만 다른 한편으로 주택가격을 부추기는 정책을 동시에 내놓기도 하기 때문이다. 정부는 2006년 8.31일 주택가격 안정을 위한 부동산종합대책을 내놓으면서 송파신도시를 건설하겠다는 모순된 정책을 발표했다. 이로 인해 주택가격이 더 상승하는 결과를 낳았다.

57) Merrifield, 『매혹의 도시, 마르크스주의를 만나다』, 155쪽.

58) 위의 책, 153쪽.

59) Reader, 『도시, 인류 최후의 고향』, 417-418쪽.

60) 1800년 런던의 주거점유율은 한 주택당 9명이었고 파리는 주택당 20명, 빈은 47명으로 이들 도시보다는 나은 편이었다. Reader, 『도시, 인류 최후의 고향』, 418쪽.

61) 위의 책, 418쪽.

62) 바로크 양식은 오스망식 대로와 탁 트인 전망, 그리고 오페라하우스, 시청, 국립문서보관소, 도서관, 박물관, 미술관, 신축 궁전건물 등 수많은 위엄 있는 건물들로 특징짓는다. 이 양식은 16세기 이탈리아에서 처음 시작되어 17세기와 18세기에 유럽 전역에서 발전했는데, 전제 군주를 더욱 극적으로 돋보이게 하는 교묘한 장치다. 바로크 도시는 궁중과 추기경들과 귀족들과 기타 부유하고 영향력 있는 사람들의 과시를 위한 거대한 연극배경이나 마찬가지였다. A. E. J, Morris, *History of Urban Form*, 3rd ed, Harlow, Longman, 1994, p. 160. 위의 책, 412쪽서 재인용.

63) Reader, 『도시, 인류 최후의 고향』, 419쪽.

64) 위의 책, 234-236쪽. 이러한 현상은 '지금-여기' (hic et nunc)에서도 반복 재생산되고 있다. 서울의 경우 아파트 단지에는 임대주택이나 저평수 아파트가 들어가기 힘들다. 개발업자들은 저평수나 임대아파트를 분양해봤자 수익이 나지 않기 때문에 이를 선호하지 않는다. 또 중대형 평수의 입주자들은 자신들과 신분이 맞지 않고 또 주택가격을 하락시킬 수 있다면서 가난한 자들과 단지내 동거를 원하지 않고 있다. 이러한 이해관계가 맞물려 새로운 주거단지에도 계층적 분화현상이 일어나고 있는 것이다.

65) Henri Lefèbvre, "Reflections on the politics of space", in R. Peer(ed.), *Radical Geography*, Chicago: Maaroufa Press, 1977, p. 341.

66) Henri Lefèbvre, *The Production of Space*, trans. Donald Nicholson-Smith, Oxford: Blackwell, 1991, p. 33. 르페브르는 공간에 대한 일원적 이론을 제시하는데, 공간적 실천, 공간의 재현, 재현적 공

간 등 3개가 한 벌 개념을 이룬다. 공간적 실천(spatial practice)은 생산, 재생산, 특수한 위치와 어떤 주어진 사회적 편제의 공간적 배치 특성을 가리킨다. 공간적 실천은 언제나 사람들이 살아가는 세계와 그들의 세계, 특히 사람들의 일상세계에 대한 지각과 관련을 가진다. 공간적 실천은 일상의 현실성에 대한 의미(와 무의미)를 만든다. 그리고 노동, 놀이, 여가의 공간이 서로 연결되는 수단과 네트워크, 양식과 운동을 포함한다. 공간의 재현(representations of space)은 생산관계와 이런 관계가 강제하는 질서를 지칭하는데, 주어진 편제가 활용하는 의미화, 기호, 코드, 그리고 지식을 지시하는 것이다. 공간의 재현은 기념물, 탑, 공장, 사무지역, 그리고 억압적 공간에 내재되어 있는 관료적이고 정치적인 권위주의 속의 객관적 표현을 드러낸다. 그 공간들은 계급투쟁의 도구로 사용되기도 했다. 재현적 공간(representational space)은 심층 구조들, 복잡한 상징주의들로서 때때로 코드화되어 있으면서도 되어있지 않은, 사회적 삶의 비밀 또는 기저에 연결되어 있는 것들이다. 재현적 공간은 침실, 거주지, 광장, 교회, 묘지 등이다. Merrifield, 『매혹의 도시, 마르크스주의를 만나다』, 205-206쪽.

67) Merrifield, 『매혹의 도시, 마르크스주의를 만나다』, 205쪽.

68) Saunders, 『도시와 사회이론』, 169-170쪽.

69) Henri Lefèbvre, *Survival of Capitalism*, London: Allison & Busby, 1976, p. 20.

70) Henri Lefèbvre, *La révolution urbaine*, Paris: Gallimard, 1970, pp. 261-262. Saunders, 『도시와 사회이론』, 170쪽서 재인용.

71) 르페브르는 현대 자본주의 생산의 토대가 '공업' 으로부터 '도시' 로 전환되고 있다고 주장한다. 그는 이를 생산의 주요 기반이 농업에서 공업으로 변화한 초기 '산업혁명' 에 비유해 '도시혁명' 이라고 말한다. 르페브르에 따르면, 도시혁명은 도시사회를 만들고 이때 도시와 농촌의 물리적 구분의 중요성은 점점 감소하게 된다.

72) Saunders, 『도시와 사회이론』, 170쪽.

73) Lefèbvre, *The production of space*, p. 353 참조.

74) Saunders, 『도시와 사회이론』, 171쪽.

75) 위의 책, 171쪽.

76) 위의 책, 172-173쪽.

77) 위의 책, 172쪽.

78) 주거기계는 주택의 기능주의적 요소를 강조하는 모더니즘의 산물이라고 할 수 있다. 즉 합리성에 기반한 모더니즘의 건축은 노동의 재생산을 위한 주택의 대량생산을 낳았다. 그러나 르페브르의 신도시 무렝의 비판처럼 1960년대부터 미국과 유럽에서는 르 코르뷔지에와 그로피우스, 미스, 오드, 그리고 하네스 마이어의 건축으로 대표되는 모더니즘의 기능주의와 이상주의가 비판받기 시작했다. 르 코르뷔지에는 "집은 인간이 살기 위한 기계다"라면서 역사시대 양식의 집과는 다른 철근콘크리트로 만들어진 새로운 건축을 주장했다. 특히 그들의 모더니즘 건축이 추구해온 역사와 장식에 대한 부정, 추상적 단순성을 강조하는 형태미학, 그리고 구조적 합리성과 대량생산, 기능주의에 바탕을 둔 사회개혁의 이상이 비판의 대상이 되었다. 대신 이론가드은 건축과 도시공간이 갖는 다의성과 상징성을 강조하고 장식과 역사적 문맥에 복귀하여 건축이 갖는 의미를 되살릴 것을 주장했다. 이러한 모더니즘 건축을 비판하고 미국에서 기능주의적 근대도시의 문제점을 처음으로 비판한 사람은 제인 제이콥스였다. 포스트모더니즘 건축을 주장한 그는 『위대한 미국 도시의 죽음과 삶』(1961)에서 근대적 고층건물과 거대 블록에 대한 대중들의 불만을 지적하고 거대한 블록위주의 근대적 도심 재개발 방식을 정면으로 비판했다. 이상헌, "억압에 저항하는 건축을 추구하다" 김호기 외, 『자식의 최전선』, 한길사, 2002, 172쪽.

79) Lefèbvre, 『모더니티 입문』, 176쪽.

80) 위의 책, 176쪽.

81) Merrifield, 『매혹의 도시, 마르크스주의를 만나다』, 184-185쪽.

82) Lefèbvre, 『모더니티 입문』, 173-174쪽.

83) Merrifield, 『매혹의 도시, 마르크스주의를 만나다』, 189쪽.

84) 위의 책, 192쪽.

85) Saunders, 『도시와 사회이론』, 243쪽.

86) Merrifield, 『매혹의 도시, 마르크스주의를 만나다』, 336-337쪽.

87) 위의 책, 337-338쪽.

88) 위의 책, 338쪽.

89) 사회학적 상상력은 역사와 개인의 일생, 그리고 사회 속에서 이들 양자 간의 관계를 파악할 수 있도록 해준다. 이러한 상상력의 적용 배후에는 그의 속성과 존재를 영위하는 사회와 시대 속에서 개인의 사회적, 역사적 의미가 무엇인가를 알고자 하는 충동이 항상 내재되어 있다.

90) Harvey, 『사회정의와 도시』, 6-7쪽.

91) David Harvy, *The condition of postmodernity*, Cambridge, 1989. 『포스트모더니티의 조건』, 구동회 외 옮김, 한울, 2000. 266쪽.

92) 위의 책, 266쪽.

93) 위의 책, 271쪽.

94) 위의 책, 272쪽.

95) 위의 책, 288쪽.

96) 위의 책 278-279쪽.

97) 위의 책, 286쪽. 하비는 공간 정치경제학적 시각에서 '장소' 의 의미를 논하고 있다. 1970년대 이래 세계 자본의 급격한 재구조화로 인해 시 · 공간 압축(time space compression)이 가속화되고 공간장벽이 붕괴되어갔다. 따라서 그는 과거의 물적, 영토적 조건에 비추어 장소를 정의하던 방식이 사라지고, 은유적, 심리적 의미의 탐구에 새롭게 관심을 기울이게 됨을 지적한다. 영토위주의 장소에 바탕을 두고 형성된 정체성이 민족, 인종, 사회적 성, 종교, 계급 등의 차별화와 서로 겹치면서 장소정체성이 다중적으로 형성된다는 것이다. 그는 과잉축적의 위기를 공간적으로 돌파하

는 과정에서 장소간 경쟁이 핵심적인 문제로 부각되고, 차이와 타자성이 공간 속에서 생산됨을 '장소의 정치경제' 라는 개념으로 논하고 있다. 또한 경제적 목적으로 만든 광장이 문화적 장으로 대중주체들에게 전유, 활용되는 현상을 '자본축적의 문화정치' 라는 개념으로, 반대로 장소건설의 문화정치가 공간의 정치경제에 흡수되는 현상을 '장소의 정치경제' 로 설명하면서 공간과 장소를 매개로 벌어지는 정치경제학과 문화정치를 포괄적으로 언급하고 있다. D. Harvey, From space to place and back again: reflections on the condition of postmodernity, J. Bird et al.(eds), *Mapping the futures: local culture, global change*, London: Routledge, 1993 참고. 이무용, 52쪽.

98) Harvey, 『포스트모더니티의 조건』, 279쪽. 탈영토화와 재영토화에 대해서는, 이진경, 『노마디즘1』, 휴머니스트, 2002, 527-531쪽 참조. 이들은 '탈영토화에 관한 정리' 를 통해 재영토화를 개념화하고 있다. [정리1]은 "탈영토화되는 것은 재영토화되는 짝을 갖는다" 이다. 따라서 원래의 혹은 이전의 영토성으로 회귀하는 것과 재영토화를 혼동해서는 안된다. 그것을 통해 그 자체 탈영토화된 요소가 다른 요소-자신의 영토성을 상실한-의 새로운 영토성에 봉사한다. 가령 토지에 영토화되어 있던 중세의 농민들이 토지로부터 벗어나는 경우 다른 영토로 재영토화되어야 한다. 도시로 도망간 농민이라면 시장이나 상업으로 재영토화화 될 것이다. [정리2]는 "탈영토화하는 운동에서 가장 빠른 것이 반드시 가장 강도가 높거나 가장 탈영토화된 것은 아니다" 이다. 일반적으로 생각해보면, 가령 중세의 봉건적 토지소유에서 가장 먼저 탈영토화된 사람들은 도시로 도망간 사람들이다. 그런데 이들의 탈영토화 속도는 매우 빨랐지만 성벽으로 둘러쳐진 도시라는 영토 위에 재영토화되었고, 스스로를 농촌으로부터 분리하고 도시 이외의 지역으로 상업이 확장되는 것을 막아 그것을 도시 내부로 제한하려고 했다. 즉 또다른 탈영토화운동을 방해하고 제한했다. 이는 도시의 길드나 조합이 일부의 이익을 배타적으로 보장하는 특권단체가 되는 것으로

이어진다. [정리3]은 “가장 탈영토화되지 않은 것이 가장 탈영토화된 것 위에서 재영토화 된다”이다. 예를 들어 중세도시는 물론 중세귀족의 토지는 이른바 본원적 축적이 진행되면서 자본이라고 부르는 탈영토화된 흐름에 급속하게 재영토화된다. 이는 중세의 성이 호텔이나 관광지가 되는 것에서 쉽게 알 수 있다. 이진경, 『노마디즘1』, 휴머니스트, 2002, 527-531쪽.

99) G. Deleuze and F. Guattari, *Anti-Oedipus: capitalism and schizophrenia*, London, 1984. 『앙띠 오이디푸스(자본주의와 분열증)』, 최명관 옮김, 민음사, 2000.

100) 이무용, 41쪽.

101) Harvey, 『포스트모더니티의 조건』, 292쪽.

102) 위의 책, 293쪽.

103) Guy Debord, *La société du spectacle*, Buchet-Chaste, 1967. 『스펙터클의 사회』, 이경숙 옮김, 현실문화연구, 1996, 15쪽.

104) 위의 책, 11쪽.

105) Merrifield, 『매혹의 도시, 마르크스주의를 만나다』, 238쪽.

106) 위의 책, 242쪽.

107) 위의 책, 224-227쪽.

108) 공간의 정치경제학은 1970년대 이후 새롭게 등장하여 발달한 지리학 또는 좀 더 포괄적인 의미에서 공간연구의 한 패러다임으로 생성되었으며 기본적으로 마르크스주의적 방법론과 개념에 그거하고 있다. 최근에는 다양한 비판적 사회이론과 결합하여 당대의 자본주의적 공간을 분석하고 그 실천적 대안을 모색하고자 하는 일련의 이론적 경향을 일컫는다.

109) Lefèbvre, *Survival of Capitalism*, p. 21. 최병두, 『근대적 공간의 한계』, 삼인, 2002, 36쪽서 재인용.

110) 최병두, 『근대적 공간의 한계』, 36-37쪽.

111) D. Harvey, *The Limits of Capital*, Oxford: Blackwell, 1982. 『자본

의 한계』, 최병두 옮김, 한울, 1995.

112) 최병두, 『근대적 공간의 한계』, 38쪽.

113) 렉스와 무어는 주택계급론(1967)에서 초기 도시주거집단을 세 가지 유형으로 나누었다. 부의 소유 정도에 따라 입지적으로 구분된다. 첫째는 중상위계급으로 이들은 공장 등의 불쾌한 환경과는 떨어져 있으면서 상업 및 문화 중심지와 근접해 있는 비교적 큰 주택을 소유하고 있다. 둘째는 노동계급으로 소형주택을 임차하여 거주하고 있으며, 일상적인 빈곤에 대한 경험을 통해 집단적 일체감과 공조의식을 갖고 있다. 셋째는 중하위계급으로 임대주택에 거주하면서도 부르주아지 주택소유자의 생활을 갈망하는 성향이 강하다. 또 이들은 도시의 성장과정이 중심부로부터 외곽지역으로의 인구이동을 수반한다고 주장한다. 이것은 부분적으로 중심상업지구의 팽창에 기인하는 현상이기도 하지만, 한편으로는 근교의 신흥 주거지역을 선호하는 중간계급의 생활양식이 광범위하게 확산되었기 때문이기도 하다. 결국, 전문가와 기업주 등의 집단이 가까운 교외의 저택으로 이주하는 것과 동시에 중하위계급은 그보다 더 외곽에 위치하는 준독립주택지역으로 이주하게 되며, 마찬가지로 노동자들은 교외의 신개발 공공주택으로 재배치된다. Saunders, 『도시와 사회이론』, 121-122쪽.

114) Saunders, 『도시와 사회이론』, 38-39쪽.

115) 지젝의 '잉여쾌락' 개념은 마르크스의 상품분석에 나오는 '잉여가치'를 정신분석에 차용한 개념이다. 즉 욕망은 대상의 고유 가치와 교환 가치의 차액인 '잉여쾌락'에 의해 지속된다는 것이다. 잉여가치란 자본과 노동력의 '평등한 교환'이란 형식을 통해 자본가가 취하는 잉여의 내용물이다. 상품의 고유 가치와 교환 가치의 차액으로서 자본주의 사회는 이 잉여가치에 의해 지속된다. 마찬가지로, 인간은 결코 닿지 않는 근원적 욕망을 향한 추구를 멈추지 못한다. 그러나 막상 대상을 손에 넣는 순간 그 실체는 텅 빈 껍데기로 남아 욕망과 미끄러지면서 결핍을 낳는다. 영원히 채워지지 않는 이 결핍이 곧 '잉여쾌락'이며 인간이 살아가는 에너지다.

116) Tony Myers, *Slavoy Žižek*, Routledge, 2003. 『누가 슬라보예 지젝을 미워하는가』, 박광수 옮김, 앨피, 2005, 128쪽.

117) 위의 책, 128쪽. 슬로터다익은 1983년에 출판한 『냉소적 이성에 대한 비판』(*Kritik der zynischen Vernunft*)을 통해 냉소주의가 개인적 차원뿐만 아니라 제도적 차원에서 현대문화 전반에 작동하고 있음을 보여주었다. 하버마스를 정면 비판한 그는 냉소주의를 '계몽된 거짓의식' 내지는 '근대화된 불행한 의식'이라고 규정하였다. '계몽된 거짓의식'으로서 냉소주의는 삶을 기본적으로 값어치 없는 것으로 만들고, 그래서 우리가 할 수 있는 것이라곤 우리와 달리 생각하는 사람들을 비웃는 것뿐이라는 입장에 이르게 한다. 그러므로 냉소주의는 계몽 속에서 가르침을 받았지만, 더 이상 그것들을 실천할 수 없다. 그는 냉소주의의 부정적인 무력함을 벗어나기 위해서 탈형이상학적인 현실적 삶에 대한 긍정을 주장했다. 즉 고대의 견유학파(감각적이고 유물론적이며 인간과 동물의 차이를 거부하는 학파)처럼 지혜는 추상적 세계에 포함되어 있는 것이 아니라 오히려 살면서 사유하고 행동하는 구체적인 현실의 몸 속에 있다고 보았다. 그는 계몽 이후 도덕성, 이념들을 물질적인 현실과 분리시킨 입장보다는 현실의 몸 그 자체를 사랑하는 내재주의를 추구하고자 하였다. 그래서 그는 『유럽의 도가주의』(*Eurotaoism*, 1989)에서 비판이론, 마르크스주의 이론, 프랑크푸르트학파의 이론 모두를 추상적 상태에 머물러 있는 이론으로 바판하였다. 김석수, "야만의 시대, 휴머니즘에 사형을 고하다.", 김호기 외, 『지식의 최전선』, 한길사, 2002, 489-493쪽.

118) Myers, 『누가 슬라보예 지젝을 미워하는가』, 129쪽.

119) 위의 책, 131-132쪽.

120) 지젝에 따르면, 이데올로기는 단지 견디기 힘든 현실(reality)에서 벗어나기 위해 우리가 만드는 몽롱한 꿈과 같은 착각이 아니다. 이데올로기는 근본적인 차원에서 우리의 현실 자체를 유지하는 일에 기여하는 환상의 구성물이다. 그런 의미에서 이데올로기는 유효한 현실의 사회관계들을 구

성하며 따라서 견딜 수 없는 실재의 불가능한 핵심을 감추는 착각 혹은 환영/유령(illusion)이다. 이데올로기의 기능은 우리들에게 현실로부터 도피할 수 있는 장소를 제공하는 것이 아니라, 어떤 징후를 말해 주는 실재의 핵심으로부터 벗어난, 일종의 도피처인 사회적 현실 그 자체를 제공한다.

121) Myers, 『누가 슬라보예 지젝을 미워하는가』, 132-133쪽.

122) 김지운 외, 『커뮤니케이션비판이론』, 233쪽.

123) 루이 알튀세, 『아미엥에서의 주장』, 솔, 1991, 75쪽.

124) Myers, 『누가 슬라보예 지젝을 미워하는가』, 140-141쪽.

125) 알튀세, 99쪽.

126) 위의 책, 101쪽.

127) Myers, 『누가 슬라보예 지젝을 미워하는가』, 136쪽.

128) 믿음의 물질화와 관련하여 지젝이 이론적으로 참조하는 인물은 파스칼(B. Pascal)이다. 파스칼은 소위 '신에 대한 내기'로 유명하다. 그는 신을 믿는 것이 더 현명하며 신을 믿지 않으면 영원히 지옥에 떨어질 가능성이 있다고 말한다. 즉 "신이 존재한다는 쪽에 내기를 걸때의 손익을 따져볼 경우 이긴다면 모든 것을 얻게 되고 져도 잃을 게 없다. 그러니 망설이지 말고 신이 존재한다는 쪽에 내기를 걸어라"라는 것이다. 이 내기는 계산과 논리에 따른 것이기 때문에, 신을 믿는 것은 진정한 믿음이 아니라 단지 사리에 맞는 것에 불과하다고 할 수 있다. 이에 대해 파스칼은 진실한 믿음은 오직 의례에서만 발생할 수 있다고 대응한다. 그래서 파스칼과 지젝에게 기도, 세례, 미사와 같은 카톨릭 교회의 의례는 내적인 신념이나 이미 존재하는 믿음의 표현이 아니라, 그런 믿음을 위한 선차적인 전제조건이다. 즉, 이런 의례들이 내적 신념을 발생시키는 것이다. 우리의 믿음은 처음부터 객관적으로 의례 속에 있었다. 이를 깨닫게 될 때 우리는, 우리가 의례에 복종하기 시작했을 때 그것이 우리의 믿음 때문이었다고 믿게 된다. 다시 말해서 믿음의 의례는 소급적으로 의례에 대한 믿음을 생산한다. 위의 책, 136-137쪽.

129) 위의 책, 138-139쪽.

130) 위의 책, 150쪽.

131) 그래엄 터너, 『문화연구입문』, 김연종 옮김, 한나래, 1995, 41쪽.

132) Hall, Stuart, "Cultural Studies and the Centre: Some Problematics and Problems", in *Culture, Median Language*, Stuart Hall, Dorothy Hobson, Andrew Lowe, & Paul Willis (eds). London: Huchinson. 1980, p. 33. 터너, 39쪽서 재인용.

133) 김지운 외, 226쪽. 알튀세의 구조적 결정론은 인간주의뿐만 아니라 동시에 경험주의와 역사주의도 배격한다. 경험주의는 지식을 위한 기초로서 경험보다 고차적인 것은 없기 때문에 자본주의 하에서 억압받고 착취 받는 대중의 경험만이 자본주의 사회의 비판을 위한 기초가 될 수 있다는 믿음이다. 역사주의는 지식은 사회적으로 매개된 경험에 기초하고 사회적 실천을 통해서 검증되기 때문에 필연적으로 특정한 시공에서의 사회적 조건-따라서 역사적으로 상대적이고 그 속에서 사는 사람들에 의해 변화될 수 있는 조건-의 산물이라는 믿음이다. 이들 세 가지 마르크스주의적 유산을 알튀세는 마르크스주의의 과학적 해석이라는 그 자신의 독특한 구조주의적인 마르크스의 해석을 통해 배격한 것이다. 위의 책, 226-227쪽.

134) 이에 반해 그람시는 지배계급의 피지배계급에 대한 일방의 지배가 아니라 타협을 하며 그 타협점이 대중문화라는 헤게모니론을 펴고 있다. 그람시의 헤게모니는 정치적 개념이며, 발전된 서구 민주사회에서 자본주의의 억압과 착취에도 불구하고 왜 사회주의혁명이 일어나지 않는지를 해명하려는 것이다. 지배계층들은 단순히 사회를 통치하는 데 그치는 것이 아니라 도덕적, 지적 리더십을 가지고 사회를 이끌어 가는데, 헤게모니는 바로 이런 상황을 가리키기 위해 그람시가 사용한 개념이다. 이런 의미에서 이 개념은 억압과 착취에도 불구하고 다수의 합의와 고도의 사회적 안정이 이루어지고 있는 사회를 가리키는 말이다. 헤게모니는 반대 계급의 소멸을 통해서가 아닌 반대 계급의 이익을 헤게모니를 쥔 집단의 정치적 관계 내

로 '접합' 시킴으로써 이루어진다. 이는 알뛰세와는 다른 관점을 제공한다. 박만준, 『대중문화와 문화연구』, 경문사, 2002, 144쪽.

135) 제머슨은 1984년에 「포스트모더니즘, 또는 후기 자본주의의 문화논리」(Postmodernism, or, The Cultural Logic of Late Capitalism)라는 에세이를 발표하고, 1991년에 같은 제목의 책을 출간했다.

136) Harvey, 『포스트모더니티의 조건』, 95쪽.

137) 이득재, "광고, 욕망, 자본주의", 목수현 외, 『광고의 신화, 욕망, 이미지』, 현실문화연구, 1993, 25-26쪽.

138) 위의 책, 26-27쪽.

139) 박만준, 143-144쪽.

140) 이득재, 11쪽.

141) 소비시장은 19세기 초 대량생산이 이루어지지 전에는 상류층을 위한 제한된 시장, 즉 '엘리트 시장' 이었다. 이어 메뉴팩쳐의 단계로 접어들면서 사회적 가치가 검약과 절제에서 사치로 넘어가고 대량생산과 대량분배 단계로 접어들면서 물건을 사용하는 계층간의 경계가 없어지게 되고 '민족시장' 이 나타나기 시작했다. 스튜어트 유엔의 가설에 따르면 소비 '문화' 가 처음 나타난 것은 미국에서 1920년대의 일이었다. 이 때 소비가 아니라 소비문화라는 말을 사용하는 것은 소비가 하나의 체계를 이루어 물질적 유통과정을 주도해 나갔다는 뜻을 갖는 것이다. Stuart Ewen, *Captains of Consciousness : Advertising and the Social Roots of the Consumer Culture*, New York: McGraw-Hill Book Company, 1976. 『광고와 대중소비문화』, 최현철 옮김, 나남, 1998 참조. 이 책은 산업화 과정 속에서 나타난 사회통제의 위기를 해소하기 위해 광고가 어떻게 이용되었고, 그 결과 대중소비 문화가 어떻게 형성되었는가를 1920년대 미국의 사례를 중심으로 분석하고 있다. 1920년대 초기 광고산업은 고전을 면치 못했지만 산업생산이 정착되고 생산력이 증가함에 따라 소비의 문제가 대두되었다. 이를 해결하기 위해 광고가 전면에 부상하였고, 광

고의 영향력은 시장 규모의 증가만큼 비례하여 증가하였다. 광고에 의해 소비가 이루어지면서 산업이 재생산되고 있는 것이다.

142) 이득재, 12쪽.

143) 위의 책, 12-13쪽.

144) 위의 책, 13-14쪽.

145) 위의 책, 14쪽.

146) 위의 책, 15-16쪽.

147) 위의 책, 16-17쪽.

148) 위의 책, 18쪽.

149) 위의 책, 19쪽.

150) 위의 책, 21쪽.

151) John Berger, *Ways of Seeing*, London: BBC and Penguin Books, 1972. 『이미지』, 편집부 옮김, 동문선, 1990, 218쪽.

152) 새롭게 창조된 욕구는 자유와 여가가 진정한 것이 아닌 것처럼 허위의 욕구이며 상상된 욕구일 뿐이다. 빌헬름 라이히(Willhelm Reich)는 이를 '창조된 욕구' 라고 했고 마르크스는 이것을 자연스런 욕구가 아니라 '사치스런 욕구' 라고 불렀다.

153) 이득재, 22-23쪽.

154) 이영빈, 77쪽.

155) Lefèbvre, 『현대세계의 일상성』, 208-213쪽.

156) 이와 달리, 제머슨은 욕망이란 어디까지나 체제에 대한 비판과 저항의 힘을 가진 것으로 개념화한다. 그리고 그 욕망은 역사 속에서 항상 해방과 자유를 쟁취하려는 싸움과 관련하여 역사적 형식과 내용을 갖고 있으며, 서사는 그 욕망의 역사가 드러나는 장이다. 이경덕, 「Fredric Jameson의 역사주의적 상상력」, 연세대 대학원 영문학과 박사학위논문, 1995, 31-32쪽.

157) Jean Baudrillard, *La Société de Consommation : ses mythes ses structures*, Paris: Éditions Denoël, 1986. 『소비의 사회』, 이상률

옮김, 문예출판사, 1999. 314-315쪽.

158) Baudrillard, 『소비의 사회』, 298쪽.

159) 배영달, 『보드리야르와 시뮬라시옹』, 살림, 2005, 37-38쪽. 가령 여성들이 화장할 때 소비하는 것은 화장품이 아니라 그것의 이미지인 아름다움과 유혹이며 화장품의 브랜드가 주는 사회적 권위와 과시의 소비인 것이다. 비싼 옷과 고급 브랜드의 옷이나 승용차를 탈 때 소비하는 것은 그것의 이미지인 여유로움과 사회적 신분인 것이다.

160) 배영달, 『보드리야르와 시뮬라시옹』, 39쪽.

161) 이는 마르크스가 『공산당 선언』에서 말한 "굳어진 모든 것은 사라진다" (All that is solid melts into air.)라는 문구를 연상시킨다. 그러나 그 의미는 다르다. "모든 고정되고 꽁꽁 얼어붙은 관계들, 이와 더불어 고색창연한 편견과 견해들은 사라지고, 새로이 형성된 모든 것들은 골격도 갖추기도 전에 낡은 것이 되어버린다. 딱딱한 것은 모두 녹아 사라지고, 거룩한 것은 모두 더렵혀지며, 마침내 인간은 냉정을 되찾고 자신의 실제 생활조건, 자신과 인류의 관계에 직면하지 않을 수 없게 된다." 마르크스·엥겔스, 『공산당 선언』, 58-59쪽.

162) 배영달, 『보드리야르와 시뮬라시옹』, 41쪽. 보드리야르의 사상은 다음의 문장에서 보듯이 포이에르바하의 영향을 받은 것으로 보인다. "우리 시대는 사실보다는 이미지를, 원본보다는 사본을, 실재보다는 표상을, 존재보다는 형상을 더 좋아한다." L. Feuerbach, *L'essence du christianisme*, Paris: Maspero, 1968, p. 108. 박재환, 23쪽서 재인용.

163) 조광익, 「탈근대 여가와 소비: 보드리야르를 중심으로」, 『관광학연구』, 22.2(1998.8), 332쪽.

164) 위의 글, 333-334쪽.

165) Baudrillard, 『소비의 사회』, 104-105쪽.

166) 조광익, 「근대 규율권력과 여가 관광: 푸코의 권력의 계보학」, 『관광학연구』, 26(2002), 259쪽.

167) 미셸 푸코, 『감시와 처벌』, 오생근 옮김, 나남, 2003, 222쪽.

168) 위의 책, 226쪽.

169) 위의 책, 230쪽.

170) 들뢰즈와 가타리는 『앙띠 오이디푸스 *L'Anti-Oedipe*』(1972)에서 "모든 기계는 흐름을 생산한다고 여겨지는 다른 기계에 연결되어 있는 한에서만 흐름의 절단을 생산한다"고 기계를 정의한다. 즉 이 세상의 거의 모든 것을 기계로 보는데, 이는 유물론에 바탕을 두고 있는 것이다. 인간만 기계가 아니라, 원시토지기계, 전제군주기계, 문명자본주의기계 같은 말을 쓰고 있는데, 어떤 사물이나 제도 같은 것들도 기계로 보고 있다. 이들은 인간을 욕망하는 기계로 본다. 정신분열증을 욕망의 분출로서 창조적인 성격을 지닌다고 보는 등 긍정적으로 평가한다. 즉 정신질환은 욕망의 좌절에서 생기는 것이요, 욕망은 처음부터 사회적인 것이어서 정치적 경제적 상황과 깊이 관련되어 있다는 것이다. 이런 점에서 프로이트의 정신분석을 비판한다. 프로이트는 리비도를 가족주의의 틀 안에 가두어놓았다는 것이다. 소위 오이디푸스 콤플렉스는 아버지-엄마-나의 삼각형화를 통하여 무의식이 꼼짝없이 병적 증세를 나타내는 정신질환이 되는 것이다.

171) 이진경, 『근대적 시 · 공간의 탄생』, 푸른숲, 2004, 57-59쪽.

172) 위의 책, 60쪽. 산업혁명 시기를 전후하여 일반사람들이 시간에 대한 관념을 지니게 되었다는 점을 생각할 수 있다. 전통적인 노동은 과업지향적인 것이었고 이는 대개의 경우 계절의 리듬이나 낮의 길이, 혹은 과제의 성질이나 가정의 사정에 맞추어서 일을 처리하는 식으로 드러나는 것이었다. 그러나 분업에 기초하여 운영되는 대규모의 공장제 새안에서는 정해진 시간에 일을 시작하고 일정 시간안에 주어진 작업량을 처리해내는 것이 절대시되었다. 산업혁명 시기에 시계의 보급이 대량으로 이루어진 까닭도 생산성 향상을 위해서는 시간을 통해 노동을 규제하는 것이 유리한데, 이러한 필요를 대규모로 정착시켜야겠다는 지배층의 요구가 반영된 탓인 것이다. E. P. Thompson, "Time, Work-Discipline, and

International Capitalism." *Past and Present*. 38(1967), p. 69.

173) Charles Dickens, *Hard Times*. (ed.) Fred Kaplan and Sylvere Monod, New York and London: W. W. Norton, 2001, p. 56.

174) Ibid., p. 184.

175) 장남수, "『어려운 시절』을 통해 본 자본의 훈육전략", 『영어영문학』, 49.3(2003), 522쪽.

176) D. Landes, *Revolution in Time: clocks and the making of modern world*, Cambridge, Mass, 1983, Harvey, 『포스트모더니티의 조건』, 268쪽서 재인용.

177) 이진경, 『근대적 시 · 공간의 탄생』, 59쪽.

178) 위의 책, 61쪽.

179) 위의 책, 61-66쪽.

180) E. P. Thompson, *Customs in Common*, Merlin Press. 1991. p. 385. 위의 책, 66쪽서 재인용

181) 이진경, 『근대적 시 · 공간의 탄생』, 66-67쪽.

182) "시간이 돈임을 잊지 마라. 매일 노동을 통해 10실링을 벌 수 있는 자가 반나절을 산책하거나 자기 방에서 빈둥거렸다면, 그는 오락을 위해 6펜스만을 지출했다고 해도 그것만 계산해서는 안된다. 그는 그 외에도 5실링을 더 지출한 것이다. 아니 갖다버린 것이다." 막스 베버, 박성수 역, 『프로테스탄티즘의 윤리와 자본주의 정신』, 문예출판사, 1988, 19쪽.

183) 베버, 114쪽.

184) 이진경, 『근대적 시 · 공간의 탄생』, 71-74쪽.

185) 위의 책, 74쪽.

186) 위의 책, 76쪽.

187) 최문규, "기술공학적 매체 시대와 예술개념의 변화", 『문학이론과 현실인식』, 문학동네, 2000, 397쪽.

188) P. Virilio, Vitess et *Politique*, trans., M. Polizzatti, *Speed and*

Politics, semiotext[e], 1986. 『속도와 정치』, 이재원 옮김, 그린비, 2004.

189) 이진경, 『근대적 시 · 공간의 탄생』, 77-78쪽.

190) Myers, 『누가 슬라보예 지젝을 미워하는가』, 107-108쪽. 지젝은 이에 대한 비유로 「절대적 허풍」(Absolutely Fabulous)이라는 코미디 프로그램에 등장하는 딸과 유사하다고 강조한다. 이 딸의 어머니는 지극히 자유로울 뿐만 아니라 학교를 빼먹은 딸과 함께 적극적으로 마약과 섹스를 하고, 술을 마시고, 돈을 낭비한다. 이는 굉장히 급진적인 행동처럼 보이지만, 오히려 딸을 공포에 몰아넣어 관습적으로 하던 위반행위들을 못하게 만든다. 결국 어머니에게는 매우 놀랄 일이지만, 딸은 지극히 보수적인 생활태도를 갖게 되어 열심히 공부하고 얌전하고 근실한 태도를 보임으로써 도리어 어머니에게 엄격한 규제를 가하는 방식으로 '위반을 한다.' 위의 책, 112쪽.

191) 위의 책, 113-114쪽.

192) 위의 책, 114-115쪽.

193) 지젝이 보기에 탈근대적 정치 담론은 자유주의-자본주의의 지평 안에서 발생한다. 우리는 그 지평 내의 서로 다른 부분들, 가령 어떻게 의료 서비스에 필요한 자금을 모을지, 그 중에서 세금의 비중은 얼마큼 할지 등에 대해서는 주장을 펴지만, 자본주의 자체는 결코 진지하게 문제 삼지 않는다. 위의 책, 122쪽.

194) 위의 책, 122쪽.

195) Baudrillard, 『소비의 사회』, 297쪽.

196) 위의 책, 305쪽.

197) David Harvey, *Space of Hope*. Edinburgh University Press, 2000. 『희망의 공간』, 최병두 외 옮김, 한울, 2002, 157쪽.

198) 위의 책, 167쪽.

199) 위의 책, 168쪽.

200) 위의 책, 169쪽.

201) 이와 관련, 이경원은 계몽주의자들이 이성에 근거하여 인간의 자유와 평등을 외치고 있을 때 식민주의자들도 동일한 논리로 유럽 문화의 우월함을 내세웠다면서 계몽주의자들이 의미한 이성은 그들이 속했던 유럽-백인-중산층-가부장제 사회의 가치를 대변한 것이라고 주장한다. 즉 계몽주의적 이성은 문명(이성)과 야만(비이성)의 이원론에서 드러나는 계몽주의와 식민주의의 상호관련성을 지닌다는 것이다. 이경원, 「문명과 야만의 이분법: 계몽주의의 양면성과 식민지 타자」, 『외국문학』, 47(1996.6), 178-180쪽.

202) 김택환, "서구이성의 위기와 공론장의 미학",김성재 외, 『매체미학』, 나남, 1998, 115쪽.

203) television과 democracy의 합성어로, 미디어정치, TV정치라고도 한다. TV · 라디오 · 인터넷을 통해 정치인들은 시민과 의견교환을 하고, 시민은 정치참여의 기회를 넓히는 등 새로운 형태의 정치문화를 의미한다. 이로 인해 후보자들의 진실보다 만들어진 이미지만을 유권자들이 보게 되므로 이미지정치를 조장한다는 비판이 있다

204) media와 democracy의 합성조어로 현대의 정치는 매스 미디어에 의한 민주주의라는 뜻이다. 이는 현대 사회에서 매스 미디어가 정치에 미치는 강력한 영향을 시사하는 말로 이 배경에는 사회구조의 변화, 즉 탈공업사회, 정보화시대가 깔려 있다. 오늘날 매스 미디어는 정치 형태도 바꾸어 놓고 있는데, 라네이(Austin Ranney)는 그의 저서 *Channel of Power*(1983)에서 매스 미디어는 정치 현실을 단순히 보도해 주는 것이 아니라 미국의 정치문화를 재형성해 주고 있다고 강조한다. 즉 매스 미디어는 정당을 약화시키는 대신 '미디어 카리스마'(media charisma)가 있는 정치지도자의 지위를 강화시킨다고 한다.

205) 김지운 외, 15-16쪽.

206) 위의 책, 133쪽.

207) 위의 책, 132쪽.

208) 위의 책, 167쪽. '문화산업' 이란 용어는 호르크하이머와 아도르노의 공저인 『계몽의 변증법』의 '문화산업: 대중기만으로서의 계몽' 에서 처음 사용됐다. 아도르노는 당초 '대중문화' 란 용어를 사용하려 했으나, 대중문화라고 하면 마치 대중들로부터 자연발생적으로 우러나오는 문화인 양, 현대의 민중문화형태인 양 그런 의미를 지니고 있기 때문에 문화산업을 택했다고 한다. 호르크하이머 & 아도르노, 『계몽의 변증법』, 김유동 옮김, 문학과 지성사, 2001.

209) 김지운 외, 169-170쪽.

210) 위의 책, 172쪽.

211) 김광호, "아도르노의 미디어 비판에 관한 재조명", 김성재 외, 『매체미학』, 나남, 1998, 181쪽.

212) 전통 마르크스주의는 문화 개념을 과소 평가 했다. 문화는 사회의 '상부구조' 에 불과했으며, 경제와 산업 구조의 부산물로 취급되었다. 문화연구는 이러한 시각에서 벗어나 마르크스주의 비판이론을 받아들여 기존의 권력 구조가 어떻게 형성되고 정당화되었는가에 대한 '경제주의' 해석을 비판한다. 알튀세는 핵심적인 이데올로기적 국가장치들은 경제구조만큼 중요하며, 문화연구에서는 문화가 단순히 경제구조에 종속되어 있지도, 독립되어 있지도 않다고 주장한다. 오히려 알튀세의 말대로 수많은 결정적인 세력들이 사회의 복합적인 통합을 위해 서로 경쟁하고 갈등하는 관계에 있다고 볼 수 있다. 알튀세는 여기서 상이한 시점에서 상이한 사람들에게 상이한 방식으로 작동하는 결정 구조가 사회 경험에 대한 '중층결정' (overdetermining)적인 통제를 행사한다고 주장한다. 중층결정 과정을 통해 나타난 메커니즘이 바로 이데올로기이다. 터너, 38-39쪽.

213) 터너, 14쪽.

214) 위의 책, 227-229쪽.

215) 임영호, 255-256쪽.

216) 김지운 외, 279쪽. 홀에 따르면, 뉴스 제작자들이 강조하는 균형, 중립성, 객관성, 전문직주의 그리고 합의 등의 원칙들은 그들로 하여금 권력으로부터 자율적인 위치를 점하도록 보이게 하지만, 실제로는 지배 이데올로기를 재생산한다. 미디어 담론의 이데올로기적 효과는 그것에 의한 현실의 특정한 재현을 당연한 것으로 인식하게 하는 점이며, 이로써 이데올로기 자체가 은폐된다. 또한 미디어 담론의 이데올로기적 작용은 무의식적이며 상식적인 분류체계에 의해 특정 개인 혹은 집단을 범주화하고 '성스러운' 의미를 부여한다든지 예를 들어 불량배, 음모자, 선동자, 질서파괴자 등으로- 그들을 포섭 혹은 배제시키는 효과를 일으킨다. 박선웅, "스튜어트 홀의 문화연구- 이데올로기와 재현의 정치", 『경제와 사회』, 45(2000.3), 149-171쪽.

217) Werner Faulstich, Mediaen und Kultur, Göttingen, 1991, s. 10. 최문규, "기술공학적 매체 시대와 예술개념의 변화", 384-385쪽서 재인용.

218) 최문규, "기술공학적 매체 시대와 예술개념의 변화", 385쪽.

219) 노르베르트 볼츠, 『구텐베르크-은하계의 끝에서』, 윤종석 옮김, 문학과 지성사, 2000.

220) 미학이라는 명칭이 처음 등장한 것은 18세기 독일의 미학자 바움가르텐(Baumgarten)이 사용하면서부터였다. 바움가르텐이 미학을 "감성적 인식에 관한 학문"이라고 규정하면서부터였다. 바움가르텐은 고대 그리스어인 '아이스테시스(aisthesis)'라는 단어를 기초로 해서 미학이란 명칭을 만든 것이다. 일종의 감성적 지각이자 감응적 지각인 것이다. 바움가르텐이 '미학'이라는 명칭을 통해 시도하고자했던 것은 독일 관념론 철학 체계에서 늘 이차적이고 부차적인 것으로 다루어지고 있는 감성과 지각을 철학적 체계 내에서 설명하기 위함이었다. 매체미학 또한 넓은 의미에서 보면 이러한 시도들 중의 하나라고 볼 수 있다.

221) 발터 벤야민, "기술복제시대의 예술작품", 『발터 벤야민의 문예이론』,

반성완 편역, 민음사, 1983, 200-204쪽.

222) 벤야민, “기술복제시대의 예술작품”, 206쪽.

223) 윤선희, “포스트모던 영상미학의 아우라와 시뮬라시옹”, 김성재 외, 『매체미학』, 나남, 1998, 252쪽.

224) 벤야민, “기술복제시대의 예술작품”, 207쪽.

225) 시뮬라크르는 실제로는 존재하지 않는 대상을 존재하는 것처럼 만들어 놓은 인공물을 지칭한다. 시뮬라크르는 흉내 낼 대상이 없는 이미지이며, 이 원본 없는 이미지가 그 자체로서 현실을 대체하고, 현실은 이 이미지에 의해서 지배받게 되므로 오히려 현실보다 더 현실적인 것이다. 결국 시뮬라크르는 실재보다 더 실재적인 것이다. 이 시뮬라크르는 어떤 기왕의 실재 존재하고 있는 것하고는 아무런 관계도 없다. 독자적인 하나의 현실이라 할 것이다. 오히려 지금까지 실재라고 생각하였던 것들이 바로 이 비현실이라고 하였던 시뮬라크르로부터 나오게 된다. 흉내 내거나 모방할 때는 이미지란 실제 대상을 복사하는 것이었지만, 지금은 오히려 실재 대상이 가장된 이미지를 따라야 한다. 상황이 완전히 전도된 것이다. Baudrillard, 『시뮬라시옹』, 9-10쪽.

시뮬라크르는 원래 플라톤에 의해 정의된 개념이다. 플라톤에 의하면, 사람이 살고 있는 이 세계는 원형인 이데아, 복제물인 현실, 복제의 복제물인 시뮬라크르로 이루어져 있다. 여기서 현실은 인간의 삶 자체가 복제물이고, 시뮬라크르는 복제물을 다시 복제한 것을 말한다. 복제되면 복제될수록 진짜와는 점점 거리가 멀어진다. 이 때문에 플라톤은 시뮬라크르를 한 순간도 자기 동일로 있을 수 없는 존재, 곧 지금 여기에 실재하지 않는 것이라 하여 전혀 가치가 없는 것으로 보았다. 시뮬라크르를 정의할 때, 최초의 한 모델에서 시작된 복제가 자꾸 거듭되어 나중에는 최초의 모델과 구분할 수 없을 정도로 뒤바뀐 복사물을 의미하게 된 것도 이러한 이유 때문이다.

226) 파생실재는 시뮬라시옹에 의해 새로이 만들어진 실재로서 전통적인 실

재와는 그 성격이 판이하다. 파생실재는 가장(假裝)이기 때문에 전통적인 실재가 가지고 있는 사실성에 의해서 규제되지 않는다. 그럼에도 이 파생 실재는 예전의 실재 이상으로 우리의 곁에 있으며 과거 실재가 담당하였던 역할을 갈취하고 있기에 실재로서, 실재가 아닌 다른 실재로서 취급하여야 한다. Baudrillard, 『시뮬라시옹』, 12쪽.

227) Baudrillard, 『시뮬라시옹』, 12쪽.

228) 윤선희, "포스트모던 영상미학의 아우라와 시뮬라시옹", 255-256쪽.

229) 벤야민은 영화에서 그 변혁의 원동력을 읽고 있다. 즉 복제품의 대량생산과 복제품의 현재화는 결과적으로 전통적인 것을 마구 뒤흔들어 놓았다. 이러한 전통의 동요는 현재의 인류가 처하고 있는 위기와 변혁의 또 다른 이면으로, 오늘날의 대중운동과 밀접한 관련을 맺고 있다. 벤야민은 영화는 이러한 대중운동의 가장 강력한 매개체가 된다고 보고 있다. 벤야민, "기술복제시대의 예술작품",202쪽.

230) Baudrillard, 『시뮬라시옹』, 91쪽.

231) 윤선희, "포스트모던 영상미학의 아우라와 시뮬라시옹", 257쪽.

232) Baudrillard, 『시뮬라시옹』, 96, 99쪽.

233) 윤선희, "포스트모던 영상미학의 아우라와 시뮬라시옹", 258쪽.

234) Baudrillard, 『소비의 사회』, 103쪽.

235) 배영달, 『보드리야르와 시뮬라시옹』, 42쪽

236) 위의 책, 43쪽

237) Baudrillard, 『소비의 사회』, 178-179쪽.

238) 위의 책, 179쪽. 마르쿠제(H. Marcuse)는 『일차원적 인간』(1964)에서 생산, 분배, 상품 소비욕구를 통제 관리할 수 있는 독점 자본주의에 기초한 자본주의 패권을 '일차원적 사회' 라고 규정하고, 이런 일차원적 사회에 사는 인간은 상품 시장에 얽매이며 매스 미디어의 광고에서 조장하는 욕구충동에 따라 소비하는 존재로 전락한다고 묘사하고 있다. 마르쿠제에게 있어 일차원성이란 구성원들 자신이 속한 사회와 인간에 대하여 내면

적인 모순을 느끼지 못하고 현재의 상태를 비판 없이 수용하는 태도다. 그에 의하면 일차원적 사회의 소비자들은 비민주적으로 통제, 관리되는 전체 속에서 조작당하는 대상에 불과하다. 특히 정치제조자와 정보의 조달업자에 의해 '일차원적 사유'가 체계적으로 조장된다. 아도르노가 '계몽'을 전체주의적이라고 규정한 것과 같은 맥락에서 마르쿠제는 '일차원적 사회'를 전체주의적이라고 규정한다. H. Marcuse, *One-Dimensional Man : Studies in the Ideology of Advanced Industrial Society*, Beacon Press, 1991. 『일차원적 인간』, 박병진 옮김, 한마음사, 2002.

239) Baudrillard, 『소비의 사회』, 283쪽.

240) 위의 책, 247쪽.

241) 위의 책, 268쪽.

242) 배영달, 『보드리야르와 시뮬라시옹』, 117쪽

243) 위의 책 44-45쪽

244) 위의 책, 45쪽

245) 강태완, "매체미학을 통한 탈시뮬레이션 전략", 김성재 외, 『매체미학』, 나남, 1998, 199쪽.

246) Baudrillard, 『소비의 사회』, 26쪽.

247) 위의 책, 179-180쪽.

248) 최문규, "문화, 매체, 그리고 기억과 망각", 최문규 외, 『기억과 망각-문학과 문화학의 교차점』, 책세상, 2003, 381-382쪽.

249) Vilém Flusser, *Medienkultur*, Frankfurt a. M. : Fischer Verlag, 1997, p. 66. 위의 책, 384쪽서 재인용.

250) Paul Virilio, *Die Sehmaschine*, Berlin : Merve, Verlag, 1989, p. 137. 위의 책, 385쪽서 재인용.

251) Virilio, *Die Sehmaschine*, p. 123. 위의 책, 386쪽서 재인용.

252) Virilio, *Die Sehmaschine*, p. 290. 위의 책, 390-391쪽서 재인용.

253) 위의 책, 392-393쪽.

254) Vilém Flusser, *Ins Universum der technischen Bilder*, Gottingen: European Photography Verlag, 1999, p. 62. 위의 책, 393쪽서 재인용.

255) 위의 책, 394쪽.

256) Flusser, *Ins Universum der technischen Bilder*, p. 66. 위의 책, 394-395쪽서 재인용.

257) 이미 조지 오웰은 소설 『1984』에서 정보사회의 비관주의적 전망을 담아 '기술파시즘'(techno-fascism)에 대한 우려를 제기한 바 있다.

258) 미국의 문화연구가인 그로스버그에 의하면, 미국사회에서 나타난 포스트모던 문화의 특징은 허무주의적이고 냉소적인 현실의 인식(혹은 현실인식의 거부)과 행동양식이 지배적이며, '순수한 비순수'(authentic inauthenticity), '신명나는 허무주의'(empoweringnihilism), '사실주의적 아이러니'(realistic irony) 등으로 표현되는 세계가 주류를 이룬다. Lawrence Grossberg, Paula A Treichler, Cary Nelson, *Cultural studies*, New York: Routledge, 1992. 여기서 '신명나는 허무주의'의 경우 월드컵 축구대회 기간에 거리응원의 스펙터클을 조장하는 미디어의 사례를 대표적으로 들 수 있을 것이다. 대회가 끝나면 일상을 지배하던 스펙터클은 허무주의적 잔상으로 남게 된다.

259) 이기현, 『미디올로지: 사회적 상상과 매체문화』, 한울, 2003, 196쪽.

260) 위의 책, 197쪽.

261) 위의 책, 198-199쪽.

262) 위의 책, 203-204쪽.

제2부 - 욕망하는 자본과 공간의 시학

1) 다음과 같은 영수 아버지의 동화 같은 생각도 그 연장선에 있다 할 것이다. "아버지가 그린 세상에서는 지나친 부의 축적을 사랑의 상실로 공인하고,

사랑을 갖지 않은 사람 집에 내리는 햇빛을 가려버리고, 바람도 막아버리고, 전깃줄도 잘라버리고, 수도선도 끊어버린다. 그 세상 사람들은 사랑으로 일하고, 사랑으로 자식을 키운다. 비도 사랑으로 내리게 하고, 사랑으로 평형을 이루고, 사랑으로 바람을 불러 작은 미나리아재비꽃 줄기에까지 머물게 한다. 아버지는 사랑을 갖지 않은 사람을 벌하기 위해 법을 제정해야 한다고 믿었다." 조세희, 「잘못은 신에게도 있다」, 233-234쪽.

2) 윤혜준, 『포르노에도 텍스트가 있는가』, 나남, 2001, 399-400쪽.

3) 이진경, 『미래의 맑스주의』, 그린비, 2006, 63쪽.

4) 이진경, 『미래의 맑스주의』, 63-64쪽. 들뢰즈와 가타리의 욕망이론은 이와 다른 지평을 제공한다. 이들은 오이디푸스야말로 욕망하는 생산을 사회적 생산의 몰적 구성체로 집계해내는 억압 장치이며, 그것을 집행하는 정신분석은 오이디푸스를 사회적으로 확산시키는 권력의 도구라고 본다. 욕망은 그것의 배치에 따라 억압적 질서의 체계화일 수도 있고 그것을 돌파해내는 혁명적 탈주선일 수도 있다. 이런 이론에 근거하자면 욕망이론은 탈정치화를 부추기는 게 아니라 더 풍부한 정치적 실천을 징후한다. 이들이게 있어 욕망이란 신체적인 것이고 사회적인 것이자 생산하는 것의 개념 즉 욕망하는 생산이며 집합적 배치이다. 고길섶, 「"기관 없는 신체"와 "이데올로기적 국가장치"」, 『문화과학』, 30, 251-252쪽.

5) 이진경, 『미래의 맑스주의』, 64쪽.

6) 위의 책, 65쪽. 인간 본질이라는 것이 항상 지배계급이 자기중심적으로 형성해놓은 이데올로기의 일부였다면 피지배계급이나 소외당한 사람들은 그 인간의 범주에서 알게 모르게 제외되어 있었고 자명한 욕망을 지닐 권리도 없을 수밖에 없다. 욕망논의의 정치적 함의라면 인간의 주체와 본질을 상정할 때에 소외되었기 때문에 욕망에서도 소외된 사람들의 해방이라는 기획에 있을 것이다. 이경덕, 「Fredric Jameson의 역사주의적 상상력」, 31쪽.

7) 자본주의의 발전의 내용을 이루는 자본의 축적은 이미 성립하고 있는 자

본 · 노동관계를 전제한 그의 확충 · 발전을 의미한다. 그러나 이러한 자본 · 노동관계는 역사적으로 형성된 것이다. 이러한 자본축적에 대해 그것이 전제하고 있는 자본 · 노동관계 그 자체의 역사적 형성을 본원적 축적이라 한다. 자본주의가 생겨난 모체가 된 봉건사회의 생산적 기초는 자영농민 및 수공업자였다. 자본주의는 이 자영업자로부터 생산수단, 특히 자영농민으로부터 토지를 수탈해서 노동력과 생산수단의 자연적 결합을 파괴하고, 이렇게 해서 생산수단을 수탈당한 노동력을 자본을 위한 임금노동으로 전화시키고, 생산수단을 임금노동착취의 수단으로써 자본으로 전화시킬 때 성립한다. 자본주의적 생산의 출발점을 이루는 축적으로서 애덤 스미스가 말하는 선행적 축적에 해당한다.

8) 이진경, 『미래의 맑스주의』, 65-66쪽.

9) Jacques Attali, *L'Homme Nomade*, Librairie Arthéme, 2003. 『호모 노마드, 유목하는 인간』, 이효숙 옮김, 웅진 지식하우스, 2005.

10) 위의 책, 267쪽.

11) Attali, 260-261쪽. 프랑스에서는 모든 여행자들에 대한 감시를 철저히 하기 위해 도시의 숙박소 관리인들, 여인숙 주인 또는 그 밖의 유사한 일을 하는 사람들은 새로 나타난 자는 누가 됐든지 신고하라는 지시를 받았다. 1407년 11월 파리의 모든 여인숙 주인들은 여행자가 도착한 당일에 그 여행자에 대해 파리시장 측에 알릴 것을 여인숙 허가증에 명기했다. 숙박료를 내지 못하는 외국인들은 추방을 당하거나 강제 노동을 해야 했다. 1413년의 한 칙령에서는 확인되지 않는 떠돌이들이 이동을 하는 것은 '반항적 행위' 라고 규정하고 있다.(262쪽)

12) Attali, 262-263쪽.

13) 이진경, 『미래의 맑스주의』, 66쪽.

14) 위의 책, 67쪽.

15) 위의 책, 67-68쪽.

16) 이진경, 『필로시네마 혹은 영화의 친구들』, 소명출판, 2002, 279-280쪽.

이진경, 『근대적 주거공간의 탄생』, 소명출판, 2000, 제6장 참조.

17) 위의 책, 280쪽.

18) Gaston Bachelard, *La Poétique de l'espace*, Presses Universitaries de France, 1957. 『공간의 시학』, 곽광수 옮김, 동문선, 2003, 112쪽.

19) 위의 책, 112-113쪽.

20) 불안감은 역사적인 현상일 뿐만 아니라 심리적인 현상이기도 하다. 이것은 대지에 대한 인간의 관계와 사회에 대한 개인의 관계와 관련되어 있다. 중세에는 밤에 숲속을 방황하는 사람이라면 누구나 숲속에 악령이 살고 있다고 믿을 수밖에 없었다. 또 감히 가벼운 마음으로 도시의 문밖으로 나서지도 못했다. 반드시 무장을 해야 했다. 오늘날 뉴욕의 백인 중산층 거주자들도 이러한 상황에 익숙해 있다: 이들은 땅거미가 지기 시작하면 센트럴파크로 한 발짝도 떼어놓을 수 없다. 잘못하여 할렘행 전철을 타지 않도록 조심해야 한다. 자정이 지난 후에는, 그리고 여자인 경우에는 이 보다 훨씬 전부터 혼자 지하철을 타지 않도록 주의해야 한다. 움베르토 에코, 『포스트모던인가 새로운 중세인가』, 새물결, 1993, 33-34쪽.

21) Friedrich Engels, *The Condition of the Working Class in England*, ed. Victor Kierman, Harmondsworth: Penguin, 1987, p. 51.

22) 마르크스의 생산양식론에서 핵심적인 전제는 노동 개념이다. 사회적으로 필요한 의식주를 충족하기 위한 노동행위, 그것은 첫 번째 역사적 행위이다. 여기서 노동하는 행위자와 그 행위의 대상 사이에는 주체-객체 관계가 성립되며, 소외와 착취란 이러한 주체-객체 관계가 자본주의 생산양식 아래에서 왜곡됨으로 인해 발생하며, 그 왜곡된 관계가 곧 지배의 근원이라는 것이다.

23) 찰스 디킨즈, 『어려운 시절』, 장남수 옮김, 푸른미디어, 2003.

24) 주로 19세기 영국에서 유행한 윤리로서 행위의 기준을 '최대다수의 최대

행복' 을 추구하며 이를 위해 소수의 희생을 감내해야 한다고 주장한다. 대표적으로 원형감옥시설인 '팝옵티콘' (Panopticon)을 구상한 벤담에 의하면, 행복과 쾌락을 위해 수치로 계량화할 것을 주장하는 양적 쾌락주의자였다. 이는 작업능률을 올리기 위해 정해진 시간에 정해진 일을 계량적으로 정해 달성하는데 이용함으로써 자본의 훈육전략에 적합한 윤리로 부르주아의 자본축적을 강화시켜주었다고 하겠다.

25) 공리주의적 훈육전략은 바로 '사실' 에 바탕을 두고 있다. 사실은 '상상' (fancy)을 금기시한다. 사실은 무미건조한 통계나 수치만으로 제시하고 받아들이지만 상상은 그 통계와 수치 속에 내포되어 있는 의미를 중시하기 때문이다.

26) 장남수, "『어려운 시절』을 통해 본 자본의 훈육전략", 521쪽.

27) 위의 글, 522-3쪽.

28) 디킨즈, 『어려운 시절』, 13쪽.

29) 장남수, "『어려운 시절』을 통해 본 자본의 훈육전략", 526쪽.

30) 디킨즈가 쓴 산업소설의 중요한 특징은 노동자와 자본가 간의 갈등이 첨예한 계급사회의 모습이 부각된다. 그렇지만 디킨즈가 작품활동을 하던 19세기 중반에 도시라는 심기 불편한 어려운 소재를 단순화시키지 않고 도시의 다양성과 위험성을 작품에 그려낼 수 있었던 작가는 소수뿐이었다. 대표적인 빅토리아 시대 소설가들은 급변하는 도시 생활이 줄 수 있었던 무한한 소재를 회피하였다. 디킨즈와 비슷한 시대의 오스틴(Jane Austen), 엘레엇(Thomas Stearns Eliot), 하아디(Thomas Hardy)는 자신들이 어린 시절부터 익히 알던 작은 교구의 시골 공동체 속에서 인간생활과 인간관계를 다루었다. 아니면 콘라드(Joseph Conrad)나 포스터(Stephen Collins Foster)처럼 낯선 이국을 배경으로 보편적인 인간 심리와 선악문제를 탐색하였다. 빅토리아 시대 대부분의 작가들이 도시를 배경으로 한 소설쓰기를 회피한 것은 매혹적이면서도 너무도 위협적으로 보였던 당대의 변화무쌍한 도시를 어떻게 받아들여야 할지 몰랐던 때문인

듯하다. 그만큼 격동의 시대에 당혹한 그 시대 작가들이 급변하는 시대흐름과 호흡을 맞추기가 힘들었다는 의미일 것이다.

31) 이선주, "『막내 도리트』에 나타난 근대 영국사회에서 돈과 신분의 역학구조", 『영어영문학』 44.3(1998), 590-591쪽.

32) 르페브르에 따르면 서구에서는 1960년대부터 소비사회의 단계에 진입하고 있었다. 그리고 소비사회에 나타나는 단기간 노동과 고임금, 생산 바깥에서의 소비촉진을 통한 상대적 잉여가치를 창출하는 추세를 보이기 시작했다.

33) 신명직, 『불가능한 전복에의 꿈』, 시인사, 2002, 49-50쪽.

34) 김정숙, 「텍스트 새롭게 읽기: 대립적 세계관에서 생태학적 세계관으로」, 『문예시학』, Vol 5. 1993, 25쪽.

35) 조세희, 「내 그물로 오는 가시고기」, 『난장이가 쏘아올린 작은공』, 이성의 힘, 2000, 272쪽.

36) 신명직, 51쪽.

37) 우찬제, 「대립의 초극미, 그 카오스모스의 시학」, 조세희, 『난장이가 쏘아올린 작은공』, 이성의 힘, 2000, 341쪽.

38) 위의 책, 342쪽.

39) 정남영, 『리얼리즘과 그 너머-디킨즈 소설 연구』, 갈무리, 2001, 207쪽.

40) 조세희, 「난장이가 쏘아올린 작은 공」, 『난장이가 쏘아올린 작은 공』, 이성의힘, 2000, 124쪽.

41) 위의 책, 114쪽.

42) 위의 책, 84쪽.

43) 위의 책, 88-89쪽.

44) J. Habermas, *Theorie des kommunikativen Handelns: Zur Kritik der funktionalistischen Vernunft, Bd Ⅱ*, Frankfurt a. M. : Suhrkamp, 1981, 『의사소통행위이론2』, 장춘익 옮김, 나남, 2006. 6장 참고.

45) 조지 카치아피카스, 『정치의 전복』, 윤수종 옮김, 이후, 2000, 422-423쪽.

46) 이는 서울시가 추진하고 있는 재개발사업인 '뉴타운' 정책에서 그 징후를 엿볼 수 있다. 서울시조사에 따르면 '뉴타운' 사업의 경우 사업이 마무리된 성북구 길음 뉴타운의 원주민 재정착률은 23%에 불과했다. 특히 뉴타운 개발 사업은 강남권 수요를 흡수하기 위해 중·대형 평형 위주로 개발이 추진되고 있어 뉴타운 지역에 살고 있는 세입자들은 대부분 주거지를 다른 곳으로 옮길 수밖에 없는 실정이다. 또 뉴타운 지역 거주 세입자는 구역별로 전체 가구수의 80%에 달하지만 뉴타운 개발지역에 들어서게 될 임대주택은 전체 가구수의 17%에 불과하다. 실제로 서울시 산하 SH공사가 은평 뉴타운 원주민들의 이주 실태를 조사한 결과 6445가구 중 1705가구(26.5%)가 서울시 밖으로 이사한 것으로 밝혀졌다. 4가구 중 1가구는 서울을 떠난 셈이다. 이 중에는 수도권 외곽으로 떠난 경우도 130가구나 된다. 은평 뉴타운이 완공된 뒤 입주가 시작되더라도 높은 아파트 가격과 임대 아파트 비용 때문에 원주민 중 상당수가 재정착을 포기할 것으로 서울시는 보고 있다. 결국 뉴타운 정책이 서민과 세입자들의 주거 환경을 더욱 어렵게 만드는 것으로 드러났다. 〈경향신문〉, 2007년 2월 21일 보도

47) 담장이 있는 폐쇄된 거주지는 도심에도 있지만 교외화에서 잘 드러난다. 하비가 지적했듯이 이는 미국의 교외화가 전형적이다. 미국의 경우 내부도시의 이질적 인종구성과 공간편성을 벗어나기 위해 배타적으로 출입이 통제되는 '문이 있는 공동체'를 구축하고 있다. 하비는 이러한 미국식 유토피아 건설은 교외개발이라는 자본주의적 이해관계와 밀착되어 있다고 강조한다. 우리나라의 경우 서울 강남지역은 부동산가격의 폭등으로 인해 부유한 소수만 입장(거주)할 수 있는 '빗장도시'(gated city)로 변모해가고 있다.

48) 타카미자와 미노루, 장준호 편역, 『도시공학개론』, 형성출판사, 2000, 20-21쪽.

49) 조세희, 「잘못은 신에게도 있다」, 『난장이가 쏘아올린 작은 공』, 이성의 힘, 2000, 214-5쪽.

50) 조세희, 「기계도시」, 『난장이가 쏘아올린 작은 공』, 이성의 힘, 2000, 184-185쪽.

51) 위의 책, 185-186쪽.

52) 위의 책, 187쪽.

53) 조세희, 「잘못은 신에게도 있다」, 250-251쪽.

54) 조세희, 「난장이가 쏘아올린 작은 공」, 96-97쪽.

55) 푸코, 『감시와 처벌』, 222쪽.

56) 조세희, 「난장이가 쏘아올린 작은 공」, 102-103쪽.

57) 조세희, 「은강 노동 가족의 생계비」, 『난장이가 쏘아올린 작은공』, 이성의 힘, 2000, 198-199쪽.

58) 마르크스, 『경제학-철학수고』, 15-17쪽.

59) 조세희, 「은강 노동 가족의 생계비」, 200쪽.

60) 조세희, 「난장이가 쏘아올린 작은 공」, 86-87쪽.

61) 조세희, 「잘못은 신에게도 있다」, 218쪽.

62) 위의 책, 220쪽.

63) 엥겔스, 「주택문제에 대하여」, 239쪽.

64) 프랑코 모레티, 『근대의 서사시』, 조형준 옮김, 새물결, 2001, 206쪽.

65) 이러한 과정이 마르크스가 말한 '본원적 축적' 에 해당한다.

66) 조세희, 「난장이가 쏘아올린 작은 공」, 107쪽.

67) 조세희, 「내 그물로 오는 가시고기」, 292쪽.

68) 이진경, 『근대적 시 · 공간의 탄생』, 161-162쪽.

69) Charles Dickens, *Hard Times*. p. 41.

70) 장남수, "『어려운 시절』을 통해 본 자본의 훈육전략", 522-3쪽.

71) 조세희, 「잘못은 신에게도 있다」, 225-226쪽.

72) 조세희, 「난장이가 쏘아올린 작은 공」, 244쪽.

73) 호르크하이머 & 아도르노, 183-184쪽.

74) 조세희, 「내 그물로 오는 가시고기」, 299-300쪽.

75) Bachelard, 80-81쪽.

76) 위의 책, 95쪽.

77) 위의 책, 77쪽. 바슐라르는 포근하게 보호되는 집의 공간을 요나콤플렉스(Jonah complex)로 설명한다. 그것은 우리들이 어머니의 태반 속에 있을 때에 우리들의 무의식 속에 형성된 이미지로서, 우리들이 어떤 공간에 감싸이듯이 들어 있을 때에 안온함과 평화로움을 느끼는 것이 바로 이 요나콤플렉스이다.

78) 최인호, 「이상한 사람들」, 『달콤한 인생』, 문학동네, 2002, 277-292쪽. 단편 「이상한 사람들」은 4가지 이야기를 병렬적으로 구성한 것으로 「이 지상에서 가장 작은 집」의 세 번째 이야기이다.

79) 영희는 입주권을 헐값으로 사 간 투기자본가와 잠시 동거하며 몸을 주면서까지 입주권을 다시 찾아온다.

80) 최인호, 278쪽.

81) 위의 책, 279쪽.

82) 위의 책, 281-282쪽.

83) 위의 책, 282쪽.

84) 위의 책, 283쪽.

85) 양운덕, 「푸코의 권력계보학-서구의 근대적 주체는 어떻게 만들어지는가」, 『경제와 사회』, 35(1997년, 가을호), 126쪽.

86) Elizabeth Warren, *The Two-Income Trap: Why Middle-Class Mothers and Fathers Are Going Broke*, Basic Books, 2003. 『맞벌이의 함정』, 주익종 옮김, 필맥, 2004. 워런은 하버드대학 법대 교수로 1997년 미국 의회가 설치해 운영한 '파산조사위원회' 의 고문을 지냈다. 워런은 이 책에서 자녀들의 교육문제와 결부된 주택구입이 중산층의 위기를 불렀다고 분석한바 있다. 즉 미국 중산층의 위기는 자녀가 좋은 교육을

받도록 하기 위해 폭력의 위협으로부터 벗어난 도시 근교에 고가의 주택을 구입한데 있다고 진단했다.

87) 범죄가 도시만의 문제로 간주되지도 않았기에 이사해야겠다는 생각은 그다지 강하지 않았다. 그러나 자동차를 도난당하거나 근처 거리에서 무서운 살인사건이 일어났다는 뉴스가 대대적으로 보도될 때면 가정들은 시내보다는 교외가 더 안전한 곳이라고 믿게 된다. 미국의 한 연구에 따르면 볼티모어 중심부를 떠난 가정의 3분의1 이상과, 이주를 고려한 적이 있는 가정의 절반 이상이 범죄의 공포 때문에 그렇게 마음먹었다고 한다. Warren, 『맞벌이의 함정』, 46쪽.

88) 소비자의 비회전 채무는 1993년의 5000억 달러에서 2002년 1조 달러로 커졌다. 개인 가처분소득 대비 모기지 채무의 비율은 1973년 39.6%에서 2001년 73.2%로 커졌다. Warren, 『맞벌이의 함정』, 184쪽.

89) Warren, 『맞벌이의 함정』, 184쪽.

90) 워런은 『맞벌이의 함정』에서 금융재규제와 함께 교육개혁을 제안한다. 우선 오직 자녀를 좋은 학교에 보낼 목적으로 특정지역에 살 필요가 없도록 교육제도를 개혁해야 한다고 강조한다. 이를 위해 학군제를 폐지하고 학부모가 학교를 선택해 자녀를 보내는 학교선택바우처 제도를 도입할 것을 주장한다. 또 가정의 부담으로 남아있는 유아교육을 공교육화하고 대학등록금을 동결할 것을 제안하고 있다.

91) Warren, 『맞벌이의 함정』, 273쪽.

92) 위의 책, 283-284쪽.

93) 최인호, 284쪽.

94) 위의 책, 284쪽. 이 대목은 고골리의 소설 『외투』(1844)를 연상시킨다. 주인공 바슈마치킨은 가난한 하급관리로 페테르부르크의 살인적인 추위에 허름한 외투 때문에 고생을 한다. 그는 새 외투 비용을 마련하기 위해 차 마시는 것도 끊고 밤에는 촛불도 켜지 않은 채 절약하며 지낸다. 심지어 구두 뒤축이 닳지 않게 뒤꿈치를 들고 걷기도 한다. 결국 새외투를 입

은 주인공의 행복은 최인호의 소설에서처럼 결코 오래가지 않았다. 그가 새 외투를 입은 것을 기념해 그의 상사가 파티를 열어주었는데, 거기에 참석하고 귀가하다 불량배들에게 외투를 빼앗기고 만다. 파출소에 들러 이를 하소연하지만 오히려 냉담한 충고만 듣게 된다. 결국 이를 분하게 여기다 고열로 시름시름 앓다 끝내 숨지고 만다. 그리고 그는 혼령이 되어 그가 외투를 빼앗긴 거리에 출몰해 행인들의 외투를 빼앗아간다는 소문이 돈다. 실제 그의 외투를 빼앗은 불량배가 외투를 유령에게 빼앗기는 일까지 벌어진다.

95) 위의 책, 285-286쪽.

96) 위의 책, 287-288쪽.

97) 하버마스의 공개장(public sphere)은 공중, 즉 집합상태의 개인들과는 개념적으로 다르며, 사람들의 참여를 통해서만 구체적인 형태를 띠게 되는 제도를 의중에 둔 것이다. 그래서 하버마스는 정부의 개입 없는 의견형성의 장이라야 공개장이라고 명시하고 있다. 또 그가 의미하는 공개장의 원리는 여론의 기능이 보장받을 수 있는 규범모델과 행동양식들을 가리킨다. 이 속에는 모든 사람들의 접근 가능성이 보장되고 모든 특권의 배제가 포함돼야 한다. 이러한 조건이 충족되는 공개장에서 형성되는 여론이라야 정당성을 가지게 된다고 하버마스는 주장한다. 김지운 외, 183쪽.

98) 소니라 리빙스턴 & 피터 런트, 『텔레비전과 공중』, 김응숙 옮김, 커뮤니케이션북스, 2001, 46-47쪽.

99) Baudrillard, 『시뮬라시옹』, 130쪽. 예컨대 내부적인 동질성이 강한 전통적인 공동체는 텔레비전의 등장으로 인해 공동체 바깥의 경계들은 자연스럽게 해체된다. 즉 전통적인 공동체 사회의 경우 미디어에 의해 공동체의 경계가 스스로 해체되면서(외파) 공동체의 내부적인 차이들이 사라지게(내파) 되는 것이다.

100) 위의 책, 147-148쪽.

101) 위의 책, 106쪽.

102) Don DeLillo, *Mao Ⅱ*, New York, Penguin Books, 1991.

103) Thomas Pynchon, *Vineland*, New York: Penguin, 1990.

104) 권택영, 「카메라의 응시와 작가의 존재방식-드릴로의 『마오Ⅱ』」, 『영어영문학』, 51.3(2005), 623쪽.

105) 위의 글, 623쪽.

106) 위의 글, 624쪽.

107) Mark Osteen, "Becoming Incorporated: Spectacular Authorship and DeLillo's *Mao Ⅱ*", MFS. 45.3(1999), p. 650. 위의 글, 624쪽서 재인용.

108) 권택영, 「카메라의 응시와 작가의 존재방식-들릴로의 『마오Ⅱ』」, 624쪽.

109) DeLillo, *Mao Ⅱ*, p. 97.

110) Ibid., p. 102.

111) 테러리스트와 미디어의 관계는 상호 의존적이고 공생적이다. 테러리스트는 자신의 존재목적을 대외적으로 공표하기 위해서는 미디어가 절대적으로 필요하다. 테러리즘은 미디어의 공표 없이는 자신의 존재 목적을 알릴 수 없고 또한 공포를 확대재생산해 자신의 의도하는 바를 이룰 수 없기 때문이다. 저널리스트 역시 뉴스를 좇아 테러사건을 보도하기 위해 폭력을 사용하는 테러리스트들과 공생관계를 형성해야 한다. 이런 점에서 미디어와 테러리스트는 상호 공생적이고 의존적이다.

112) 권택영, 「카메라의 응시와 작가의 존재방식-들릴로의 『마오Ⅱ』」, 625-626쪽.

113) 위의 글, 626쪽.

114) 박은정, 「토머스 핀천의 『바인랜드: 대중매체의 이데올로기와 파시즘」, 『영어영문학』, 제43권 2호, 1997.

115) 위의 글, 327쪽.

116) 위의 글, 327쪽.

117) 위의 글, 327-328쪽.

118) 위의 글, 328쪽.

119) 위의 글, 328쪽.

120) 드릴로는 이탈리아계 미국인으로, 1971년 첫 장편 『아메리카나』(Americana)를 발표한 이래 1985년 『화이트 노이즈』, 1991년 『마오Ⅱ』 등 10여 편의 장편을 내놓았다.

121) Don DeLillo, "An Interview with Don DeLillo", Tom Leclair and Larry McCaffery Eds., *Anything Can Happen*, Urbana: U of Illinois P, 1983. p. 83.

122) 권택영, 「죽음 충동이 플롯을 만든다: 돈 드릴로의 『백색소음』」, 『영어영문학』, 47.1(2001), 139쪽.

123) Baudrillard, 『시뮬라시옹』, 265-266쪽. 따라서 전통적인 정치의 개념도 오늘에 와서는 전혀 통용될 수 없는 것이다. 정치란 목표로 내건 어떤 이상 주위에서 그 지배력을 갖는다. 쉽게 말하여 형이상학적 이상이 지배하던 시대에나 그 존재이유를 찾을 수 있을 것이다. 그러나 어떤 절대적인 진실이 없다면, 정치적 이념을 무엇으로 삼을 것인가? 이것이 바로 오늘날 정치가 텅 빈 공허한 연극무대가 되게 한 것이다. 정치는, 모든 정치는 따라서 자신의 지배를 정당화하기 위하여 끝없이 가치와 이상을 주입하여야 하는 힘겨운 노력을 하고 있는 이유가 여기에 있다.

124) 강미숙, 「테크놀로지 시대의 욕망찾기/벗어나기」, 돈 드릴로, 『화이트 노이즈』, 강미숙 옮김, 창비, 2005, 569-570쪽.

125) 위의 책, 570-571쪽.

126) 하네케(Michael Haneke)의 영화 '베니의 비디오' (1992)는 현실과 모사현실의 경계적 관점에서 상품 물신성과 시뮬라크르를 재생산하는 미디어를 비판하고 있다. 중산층 가정의 14세 소년 베니는 세상의 모든 것을 오직 비디오카메라에 비친 이미지로만 이해하고 경험하는 카메라 광이다. 그러다 어느 날, 부모가 집을 비운 사이 베니는 우연히 알게 된 소녀를 집으로 데려와 자신이 평소 즐겨보던 돼지 도살 장면 그대로 살해한다. 이

순간 베니의 얼굴에서 살인자의 자의식이란 보이지 않는다. 하네케는 베니가 소녀를 죽이는 장면을 고스란히 보여주는 것이 아니라, 베니의 방안에 설치된 비디오카메라가 녹화하는 TV 모니터 이미지로 보여준다. 실제와 미디어에 의해 중계되는 가상의 이미지를 구분하지 못하는 베니의 행위는 홀로코스트에서 보았던 제3제국 병사의 무감각한 살해행위와 흡사하다고 할 수 있다. 미디어, 특히 TV의 폭력성을 극단적으로 경계하는 하네케는 소년의 무감각한 살해행위를 통해 미디어가 만들어낸 시뮬라크르가 결국엔 폭력과 광기의 미디어 파시즘으로 발전할 것임을 직시한다.

127) DeLillo, 『화이트 노이즈』, 41-42쪽.

128) 위의 책, 42-44쪽.

129) 위의 책, 63쪽.

130) Douglas Kessey, *Don DeLillo*, New York: Twayne P, 1993, pp. 140-141. 권택영, 「죽음 충동이 플롯을 만든다 : 돈 드릴로의 『백색소음』」, 148-149쪽서 재인용.

131) Baudrillard, 『시뮬라시옹』, 68쪽.

132) 권택영, 「죽음 충동이 플롯을 만든다 : 돈 드릴로의 『백색소음』」, 149쪽.

133) DeLillo, 『화이트 노이즈』, 99-100쪽.

134) 이득재, 23-24쪽.

135) DeLillo, 『화이트 노이즈』, 91-93쪽.

136) 권택영, 「죽음 충동이 플롯을 만든다 : 돈 드릴로의 『백색소음』」, 149쪽.

137) 위의 글, 114-115쪽.

138) 이마누엘 칸트, 『판단력 비판』, 김상현 옮김, 책세상, 2005, 165-166쪽.

139) 배영달, 『보드리야르와 시뮬라시옹』, 43쪽.

140) DeLillo, 『화이트 노이즈』, 199쪽.

141) 위의 책, 204-205쪽.

142) 위의 책, 209쪽.

143) 위의 책, 203쪽.

144) 위의 책, 218-220쪽.

145) 위의 책, 232-233쪽.

146) 위의 책, 243-244쪽.

147) 위의 책, 260-261쪽.

148) Baudrillard, 『시뮬라시옹』, 265쪽.

149) 함열(implosion)은 폭발(explosion)과 방향이 반대인 같은 힘이다. 팽창, 진보, 식민화를 가치로 여겼던 모더니즘을 대변하는 것이 에너지의 폭발이었다면, 함열은 그와는 반대로 갈라지고 쪼개졌던 것들이 다시 분할 이전의 상태로 응축되어 가는 현상이다. 다름과 구분이 비구분으로 들어가는 현상을 말한다. 함열 현상은 실재가 사라지고 다름이 없는 시뮬라크르로 전환되는 것이고, 이어서 시뮬라크르의 가장 대표인 기호만이 남아 실재를 대체하는 현상이다. 위의 책, 42쪽.

150) DeLillo, 『화이트 노이즈』, 291쪽.

151) 권택영, 「죽음 충동이 플롯을 만든다: 돈 드릴로의 『백색소음』」, 151쪽.

152) DeLillo, 『화이트 노이즈』, 385-386쪽.

153) 권택영, 「죽음 충동이 플롯을 만든다 : 돈 드릴로의 『백색소음』」, 150쪽.

154) 리오타르(J. F. Lyotard)는 칸트의 『판단력비판』에서 숭고의 개념을 빌려 왔지만, 칸트와는 다르게 숭고를 말한다. 리오타르에 의하면, 숭고는 어떤 개념에 적합한 대상을 표상하지 못하는 경우에 일어나는 미적 현상이다. 이는 매우 강력하지만 동시에 모호한 감정이고, 즐거운 동시에 고통을 수반하는 감정이다. 조국을 침략한 제국주의에 항거하여 사우다 잡혀서 처형당하는 전사의 죽음, 죽은 아들 예수를 안고 비통해하는 어머니 마리아의 눈물, 꿈과 희망에 가득차 인생을 향해 질주하려는 젊은 렘트란트(Rembrandt van Rijn)의 기상, 혹은 압도할 듯이 감싸며 둘러친 저 거대한 봉우리들 등은 이런 장엄 내지 숭고한 감정을 일으킨다. J. F. Lyotard, 「포스트모더니즘이란 무엇인가?」, 『포스트모더니즘의 이해』,

김욱동 편, 문학과지성사, 1990, 274-275쪽. 리요타르는 숭고라는 개념으로써 근대(모던) 예술을 정의한다. 즉 "표상할 수 없는 것이 존재하고 있다는 사실을 보여주고자 하는 예술을 가리켜 '모던' 이라고 부르겠다는 것이다. 즉 숭고의 미학에서 본질적인 것은 "말해질 수 없는 것 혹은 표현될 수 없는 것을 암시하는 것"이라고 말한다. 예를 들어 레오나르도 다빈치의 '모나리자' 는 단지 한 여자의 얼굴이 아니라, 그 얼굴에 스며든 어떤 성스러움이 존재함을 보여주고자 하는 것이며, 그 얼굴의 미소로 신비하고 영원한 그 무엇을 상기시키려 한다. 뒤샹(M. Duchamps)은 소변기 앞에다 '샘' 이라고 써 놓음으로써 기계화된 생산을 통해 잃어버린 무언가를 상기시키려 했다. 이진경, 『철학의 외부』, 그린비, 2002, 336-337쪽.

155) DeLillo, 『화이트 노이즈』, 222-223쪽.

156) 강미숙, 테크놀로지 시대의 욕망찾기/벗어나기」, 576-577쪽.

157) 권택영, 「죽음 충동이 플롯을 만든다 : 돈 드릴로의 『백색소음』」, 154쪽.

158) 박은정, 「히틀러에 대한 향수인가? 죽음에 대한 두려움인가?-돈 드릴로의 『무소음』에 나타난 모사현실과 문화제국주의」, 『미국학논집』, 29.1(1997) 284쪽.

159) DeLillo, 『화이트 노이즈』, 272-273쪽.

160) 강미숙, 「테크놀로지 시대의 욕망찾기/벗어나기」, 572쪽.

161) 배영달, 『보드리야르와 시뮬라시옹』, 47-48쪽

162) DeLillo, 『화이트 노이즈』, 178쪽.

163) 박은정, 「히틀러에 대한 향수인가? 죽음에 대한 두려움인가?-돈 드릴로의 『무소음』에 나타난 모사현실과 문화제국주의」, 284-5쪽.

164) 톨스토이의 『이반 일리치의 죽음』의 경우 자신이 죽지 않은 것에 안도하는 대목이 나온다. "동료의 죽음이 사람들 저마다의 가슴속에 불러일으킨 것은 자리 이동이나 직위 변경에 관한 생각만은 아니었다. 비록 친한 동료가 죽었지만 막상 사망 소식을 접하자 으레 그렇듯이 자기가 아니라 그가 죽은 데 대해 안도하는 기분이었다." 레프 톨스토이, 『이반 일리치의 죽

음』, 고일 옮김, 작가정신, 2005, 12쪽.

165) DeLillo, 『화이트 노이즈』, 175-176쪽.

166) 라이너 마리아 릴케, 『말테의 수기』, 박환덕 옮김, 문예출판사, 1966, 9쪽.

167) 위의 책, 15쪽. 이에 대해 릴케는 이렇게 묘사한다. "이 훌륭한 디외 병원은 아주 오래된 병원으로서, 클로비스 왕(466-511) 시절에도 몇 개의 침대에서 사람이 죽어 나갔다. 지금은 5백59개의 침대에서 사람들이 숨을 거둔다. 이것은 죽음의 대량 생산이라고 할 수밖에 없다. 이와 같은 대량 생산으로는 어느 누구도 침착하게 정성 들인 죽음을 맞이할 수 없으나, 그것은 문제가 아니고 수(數)의 문제인 것이다. 지금 세상에 정성 들인 죽음 같은 것을 동경하는 자가 있을까. 그런 자는 한 사람도 없을 것이다. 그만한 여유를 가진 부유층까지도 요즘은 죽음에 대해서 무관심하고 냉담해지기 시작했다..." 위의 책, 15쪽.

168) 위의 책, 16쪽.

169) DeLillo, 『화이트 노이즈』, 502-504쪽.

170) 보통(Alain de Botton)은 현대인의 불안 심리는 사회적 지위의 추구에서 오는 일종의 강박관념으로 분석한다. 그는 현대인은 다른 사람들로부터 더 주목받기 위해 끊임없이 더 좋고 높은 사회적 지위를 추구하지만 항상 그 지위에서 추락할지도 모른다는 위기의식에 사로잡히면서 불안해한다는 것이다. 즉 그는 한 개인의 불안 가운데 많은 부분이 사회적 관계에서 나온다는 것이다. 즉 불안은 무엇보다 불황, 실업, 승진, 퇴직, 업계 동료와 나누는 대화, 성공을 거둔 걸출한 친구에 관한 신문기사 등으로 유발된다는 것이다. 보통이 분석한 사회적 지위에 대한 추구와 이로 인한 불안은 르페브르의 과잉억압의 '테러리스트 사회' 의 속성과 연결된다고 할 것이다. 알랭 드 보통, 『불안』, 정영목 옮김, 이레, 2005.

171) DeLillo, 『화이트 노이즈』, 515-516쪽.

172) Leonard Orr, *Don DeLillo's White Noise*, New York: Con-

tinuum, 2003, p. 31.

173) DeLillo, 『화이트 노이즈』, 522쪽.

174) 위의 책, 335쪽.

175) 강미숙, 「테크놀로지 시대의 욕망찾기/벗어나기」, 572쪽.

176) 권택영, 「죽음 충동이 플롯을 만든다 : 돈 드릴로의 『백색소음』」, 139-140쪽.

177) 고길섶, 「"기관 없는 신체"와 "이데올로기적 국가장치"」, 238쪽. 여기서 이데올로기적 사유라 함은 우리가 이데올로기적 존재로서 활동하고 있음을 인지하면서 이데올로기 비판을 수행하는 행위를 말한다.

178) 근대에는 이성에 의해 억압을 받았지만 탈근대를 표방하는 현대에서는 기술매체에 의해 시각적 감응이나 이미지 또는 감성에 의해 새로운 억압을 경험하고 있다. 해방과 억압의 측면에서 볼 때 포스트모더니즘(탈근대주의)은 '위장'이며 여전히 우리는 근대주의의 시대에 살고 있다고 말할 수 있을 것이다.

179) 김원익, 「릴케의 『말테의 수기』와 대도시 문제」, 연세대 대학원 박사학위논문, 1995, 63-64쪽.

180) Lefebvre, 『현대사회의 일상성』, 266쪽.

181) 위의 책, 259쪽.

182) 위의 책, 272쪽.

183) 강수택, 81쪽.

184) 1871년 3월 28일부터 5월 28일 사이에 파리 시민과 노동자들의 봉기에 의해서 수립된 혁명적 자치정부이다.

185) 철도 소유자들은 사태가 불리하게 전개되자 노동자들이 여러 지점에서 직장에 복귀했으며 파업이 끝났다는 거짓정보를 전신으로 전송해 파업을 유리하게 이끌었다. 이는 공간을 지배하는 우월한 힘으로 인해 자본가들은 불평등하지만 팽팽한 권력투쟁에서 추가적인 이점을 누렸다.

186) Harvey, 『포스트 모더니티의 조건』, 289-290쪽.

187) 재영토화는 국민국가 단위에서 멈추지 않는다. 경제, 환경, 그리고 정치의 관리를 위한 세계적 제도들은 초국적 규모의 지역적 블록을 가짐으로서 확대되어 왔고 강한 탈중심화의 과정이 또한 발견된다. 따라서 국가 운영은 전보다 훨씬 국제적인 화폐자본과 금융에 의해 길들여지고 있다. 이렇게 됨으로써 노동자의 신체는 세계화와 관련성이 더욱 증대되는 것이다. 따라서 하비는 세계화의 거시공간과 신체의 미시공간을 상호 관련성으로 이해할 것을 강조한다.

188) Harvey, 『희망의 공간』, 267쪽.

189) 최병두, 『근대적 공간의 한계』, 74-75쪽.

190) Harvey, 『희망의 공간』, 273쪽. 이에 대해서는 프랑스에서 일어나고 있는 예술가들의 공간점유운동을 들 수 있을 것이다. 법적인 자격이 없는 상태에서 물리적 공간을 점유하는 행동을 일컫는 '스쾃'(squrat)은 공간의 자본화에 의해 포획된 도시공간에서 새로운 대안운동으로 볼 수 있을 것이다. '스쾃'은 프랑스 68혁명 이후 문화운동의 하나로, 방치되었거나 버려진 공간을 예술가들이 문화활동을 통해 재활용한다는 개념을 품고 있다. 원래는 오스트리아 목동이 남의 풀밭에 들어가서 양을 먹이던 행위에서 유래됐다. 그러다 산업혁명 이후 도심의 노동자들이 잠잘 곳을 찾아 빈 건물에 들어가서 살기 시작하면서 본격적으로 쓰이기 시작했다. 공간의 공익적 활용보다 사적 소유권을 앞세우는 자본주의의 비인간적 논리에 맞설 때 이용되는 퍼포먼스로서 부르주아지화한 공간의 탈영토화 작업이라고 할 수 있을 것이다. 그러나 '스쾃'의 경우 공간의 자본화에 대한 저항운동으로 나아가기에는 한계를 띠고 있는 것으로 보여진다.

191) 위의 책, 10쪽.

192) 위의 책, 12쪽.

193) 위의 책, 13쪽.

194) 위의 책, 275쪽.

194) 위의 책, 324-325쪽.